WESTEND

Zum Buch

Dieses Buch nähert sich dem »Österreichischen«
mit Augenzwinkern und – wo es nicht anders geht –
mit Ernst. Es lädt ein zum Heurigen- und zum
Kaffeehausbesuch und liefert dazu gleich die nötige
Terminologie. Große und kleinere Helden des
Vaterlandes haben ihren Auftritt, und auch die Halsabschneider bleiben nicht unerwähnt, man mordet
ja schließlich nicht überall gleich. Und wer hierzulande dem Tod in die Arme fällt, hat wenigstens
die Aussicht auf eine »schöne Leich«. Doch lassen
Sie sich nicht irreführen: Schon Franz Grillparzer
wusste: »Es ist ein gutes Land.«

Harald Schume,
Wiener, wiewohl in der Steiermark geboren,
studierte Publizistik und Italienisch.
Danach arbeitete er zwei Jahre bei einer
Reederei in Italien, ehe er bemerkte,
wie sehr ihm Österreich fehlt. Seit 1996
beim *KURIER*, zunächst in der Sport-
redaktion, seit 2005 stellvertretender
Ressortleiter »Leben«.

Harald Schume

50 einfache Dinge, die Sie über Österreich und die Österreicher wissen sollten

WESTEND

Mehr über unsere Autoren und Bücher:
www.westendverlag.de

Die Deutsche Bibliothek verzeichnet diese Publikation
in der Deutschen Nationalbibliografie. Detaillierte
bibliografische Daten sind im Internet über
http://dnb.ddb.de abrufbar.

ISBN 978-3-938060-28-5
© Westend Verlag Frankfurt/Main im
Piper Verlag GmbH, München 2009
Umschlaggestaltung: Maßmann, Neuser GmbH, München
Umschlagabbildungen: Hans Huber /Getty Images
(oben); Mirabell Salzburger Confiserie- und Biscuit
Gesellschaft, Salzburg (unten).
MIRABELL® ist eine geschützte Marke der Kraft Foods
Unternehmensgruppe und wird in Lizenz genutzt.
Autorenfoto: Jörg Christandel
Typografie und Satz: Stefanie Silber Gestalten,
www.silbergestalten.de
Druck und Bindung: CPI – Clausen & Bosse, Leck
Printed in Germany

Inhalt

Vorwort 9

1 Die Nationalhymne – eine Bestandsaufnahme 10
2 Österreichische Sprache, schwere Sprache 15
3 Mozart und unsere Wiener Klassiker 18
4 Der Wiener Schmäh –
   eine Peinigung oder tatsächlich unterhaltsam? 23
5 Das Wiener Schnitzel und der Hang zum Heurigen 27
6 Powidltatschkerl und die Großmutter aus Böhmen 32
7 Das Fräulein und der Ober – die Kaffeehaustradition 34
8 Es wird ein Wein sein … 39
9 Jagatee und Skiwasser –
   Urlaub im Land der Almhütten 43
10 Wien, Wien, nicht nur du allein – Salzburg 47
11 Baustelle Westautobahn und das charmante Verhalten
   hinter dem Steuer 52
12 Dirndl und Lederhose – wie man sich in der Provinz
   fürs Schuhplatteln verkleidet 57
13 Opern- und Life Ball – der Tanz der Gegensätze 60
14 Orden muss sein 64
15 Wien, Wien, nicht nur du allein – Oberösterreich 68
16 Bussi, bussi – und baba sowieso 73
17 Der Herr Hofrat – die Titel-Kaiser 77

18 Sisi, Franz Joseph und die ewige kaiserliche Hoch-Zeit *82*

19 Die Weltmeister im Durchwursteln *86*

20 Die Großkoalitionäre und ihre Politik der kleinen Entwicklungsschritte *90*

21 Jörg – als die Sonne vom Himmel fiel *94*

22 Wien, Wien, nicht nur du allein – Kärnten *99*

23 Die lieben Nachbarn – wen wir warum mögen.
Oder auch nicht. *104*

24 Die Ski-Nation Nummer 1 – weil sonst keiner fährt? *109*

25 Karl Schranz – so gemein sind die anderen zu
unserem kleinen Sport-Land *113*

26 Wien, Wien, nicht nur du allein – Tirol *117*

27 Ein Piefke kommt selten allein – unsere Beziehung
zu den deutschen Urlaubsgästen *121*

28 Volksmusik liegt in der Luft *126*

29 Altes Wiener Leid im neuen Wienerlied *129*

30 Falco lebt! – Ein typisch österreichisches Schicksal *134*

31 Hans Moser und der Grant –
ein Garant für gute Laune *138*

32 Das Hunderl, sein Herrl und das Sackerl fürs Gackerl *140*

33 Wien, Wien, nicht nur du allein – Steiermark *145*

34 Arnold Schwarzenegger und der Grazer Weg *149*

35 Gutes neues Jahr! *152*

36 Das Neujahrskonzert –
alles Walzer, und die ganze Welt schaut zu *156*

37 Die Reserve-Österreicher –
gern schmücken wir uns mit den Leistungen der
Emigrierten. Mit einer Ausnahme … *159*

38 Friedrich Karl Flick und das Lösegeld für einen toten
Milliardär *164*

39 Wien, Wien, nicht nur du allein – Niederösterreich *168*

40 Hundert Jahre Stein – die Top Ten der berühmtesten
Verbrecher *173*

41 Helmut Elsner und der Zorn des kleinen Mannes *182*

42 *Kronen Zeitung* und ORF –
wer weiß, wo es täglich langgeht *186*

43 Córdoba – der sinnloseste Sieg für das fußballerische
Nationalgefühl *190*

44 Wie uns das Ausland einen Minderwertigkeitskomplex
einreden will *194*

45 Wien, Wien, nicht nur du allein – Burgenland *198*

46 Markus Rogan und Hermann Maier –
eine gelbe Kopfbedeckung wird weltberühmt *206*

47 Die Obrigkeitshörigkeit und die gelebte »Gutmütigkeit«
daheim *210*

48 Wien, Wien, nicht nur du allein – Vorarlberg *214*

49 Der Zentralfriedhof und die Beziehung zum Tod *219*

50 Worauf die Österreicher sonst noch stolz sind *223*

Österreichisch-Deutsch-Quiz *224*

Vorwort

In 50 einfachen Dingen, so lautet die gar nicht einfache Aufgabe, sei Österreich auf den Punkt zu bringen – Österreich und die 8,4 Millionen Österreicher. Aber wovon sprechen wir überhaupt? Wird nicht ein Oberösterreicher aus dem Innviertel in Sachen Sprache und Mentalität mehr Gemeinsamkeiten mit einem Bayern haben als mit einer Vorarlbergerin, und wird nicht diese größere Affinitäten zu einer Schweizerin erkennen lassen als zu einer Wienerin? Und doch sind beide angesprochen, wenn sich Politiker in ihren Sonntagsreden an Herrn und Frau Österreicher wenden, wenn in den Zeitungen zu lesen ist, dass ganz Österreich trauert, ganz Österreich jubelt oder ganz Österreich mitfiebert. Und das nicht nur in Zeiten der Grippewelle, sondern immer dann, wenn ein paar rotweißrote Athleten irgendwo an den Start gehen. Worin liegt also dieser »gemeinsame Nenner«? Und: Sind wir wirklich die, für die wir gehalten werden?

Dieses Buch nähert sich dem »Österreichischen« mit Augenzwinkern und – wo es nicht anders geht – mit Ernst. In locker assoziativer Abfolge und ohne Anspruch auf Vollständigkeit verbindet es Wissenswertes und Skurriles, Kulturelles und Kulinarisches, Geschichtliches und G'schichterln, österreichisches Seelen- und Ski-Heil. Es lädt ein zum Heurigen- und zum Kaffeehausbesuch und liefert dazu gleich die nötige Terminologie. Große und kleinere Helden des Vaterlandes haben ihren Auftritt, und auch die Halsabschneider bleiben nicht unerwähnt, man mordet ja schließlich nicht überall gleich. Und wer hierzulande dem Tod in die Arme fällt, hat wenigstens die Aussicht auf eine »schöne Leich«. Doch lassen Sie sich nicht irreführen: Schon Franz Grillparzer wusste: »Es ist ein gutes Land.« Sie zögern noch? Sie wissen nicht recht …? Dann sehen Sie selbst.

Die Nationalhymne –
eine Bestandsaufnahme

Da stehen sie nun, die Fußballer, aufgefädelt wie eine Perlenkette. Das Happel-Stadion in Wien ist ausverkauft, eine Blasmusikkapelle aus dem Burgenland donnert die *Marseillaise* oder *Fratelli d'Italia*, je nachdem, wer halt gerade hier ist. Hinter jedem Ton steckt Kraft, die Laute flößen Furcht ein, animieren zum Mitschreien, hallen wie Kampfansagen durch die Arena. Pause. Innehalten. Und jetzt, meine Damen und Herren, kommen wir zum gemütlichen Teil.

Viele Zuhörer fragen sich bei der österreichischen Bundeshymne, ob hinter diesen Klängen tatsächlich die Taktik steckt, die Gäste einzulullen, um sie dann mit Toren aus der Lethargie zu schießen. Fader geht's kaum, nein, eigentlich: Fader geht's auf keinen Fall. Und wer ist schuld? Die Deutschen! Weil die sich unsere gute alte Kaiserhymne 1922 für das Deutsche Reich ausgeborgt, durch die Nazis in aller Welt bekannt gemacht und sie dann für die Ewigkeit gestohlen haben. Das ist historisch zwar nicht ganz korrekt, aber es klingt so schön selbstmitleidig. Faktum ist, dass Joseph Haydns Hymne seit 1797 für die Habsburger gespielt wurde. Dass diese Hymne auch von Hitler übernommen wurde. Dass Unterrichtsminister Felix Hurdes nach dem Krieg sagte: »Jedes Abspielen der Haydn-Melodie würde im Ausland als Provokation empfunden. Es ist daher die Wiedereinführung der Melodie Haydns als österreichische Hymne unmöglich.« Also was tun?

Die Regierung startete ein Preisausschreiben. Gesucht wurde ein »Lied hymnischen Charakters, das den neuen österreichischen Bundesstaat und seine Menschen im In- und Ausland sowohl textlich als auch musikalisch würdigt«. Die Kunstexperten mussten an die 1800 Einsendungen durchackern. Bei den Melodien setzte sich das Freimaurerlied *Brüder reicht die Hand zum Bunde* durch, die damals bemerkenswerte Summe von 10 000 Schilling (heute 727 Euro) verdiente sich Dichterin Paula von Preradović. Am 7. März 1947 wurde die Volkshymne *Land der Berge, Land am Strome* erstmals im Radio gespielt, das Volk, also wir, hatten plötzlich wieder eine musikalische Identität. Weil aber die Freude an diesem Lied nicht ungetrübt sein kann, weinten die Österreicher der alten Haydn-Hymne nach. 1952, als Deutschland dieses Musikstück mit der dritten Textstrophe offiziell als Lied der Nation institutionalisierte, wurde sogar überlegt, die Hymne bei gemeinsamen Veranstaltungen zu verbieten. Weil es sich schließlich um österreichisches Kulturgut handle. Davon ist man Gott sei Dank wieder abgekommen.

1. Strophe:
Land der Berge, Land am Strome,
Land der Äcker, Land der Dome,
Land der Hämmer, zukunftsreich!
Heimat bist du großer Söhne,
Volk, begnadet für das Schöne,
Vielgerühmtes Österreich,
Vielgerühmtes Österreich.

Der höchste Berg ist der Großglockner in den Hohen Tauern (3798 Meter), gefolgt von der Wildspitze (3774 Meter) und der Weißkugel (3738 Meter), die sich in den Ötztaler Alpen befinden. Insgesamt gibt es, exklusive Nebengipfel, 26 Dreitausender. Der Hermannskogel im Wienerwald ist mit 542 Meter die höchste Erhebung in der Bundeshauptstadt. Die Donau ist nach der Wolga der zweitlängste Strom Europas. Sie entspringt zwar im Schwarzwald, ihre Pracht entfaltet sie aber erst in Österreich. Behaupten zumindest die Österreicher, die an ihrer »Schönen blauen Donau« gern Walzer tanzen. Anders als in Budapest fließt der Strom nicht durch das Wiener Zentrum. Im österreichischen Telefonbuch finden sich unter »Acker« 24 Eintragungen, die Bandbreite reicht von Aloisia bis Sandra. Weil Österreich ein gebirgiges Land ist, ist nur etwa die Hälfte der Landesfläche landwirtschaftlich nutzbar. Hauptsächlich werden Getreide, Mais, Zuckerrüben, Kartoffeln, Gemüse, Wein und Obst angebaut. Im Flachland haben viele Bauern auf Geflügel-, Schweine- und Rindermast umgestellt. Der Stephansdom in Wien ist seit 1365 Domkirche und seit 1469/1479 Kathedrale. Der Steffl, wie er liebevoll genannt wird, ist 107 Meter lang und 34 Meter breit, er gilt als eines der wichtigsten gotischen Bauwerke in Österreich. Im Nordturm hängt die drittgrößte Glocke Europas, die Pummerin, die nur zu Neujahr und zu hohen katholischen Feiertagen ertönt. Die Bezeichnung »Hammer« wird im Volksmund für Menschen verwendet, deren IQ sich jenem eines Halteverbotsschildes annähert. Frau von Preradović dürfte in ihrem Text aber auf die Handwerks- beziehungsweise Stahlindustrie angespielt haben. Linz und Leoben-Donawitz wurden nach dem Krieg zu Hochofen-Hochburgen, das Linz-Donawitz-Verfahren (LD-Verfahren), das Anfang der 1950er-Jahre kreiert wurde, gilt noch heute als eine der bedeutendsten Erfindungen in der Stahlindustrie: Roheisen wird mit technisch reinem Sauerstoff aufgeblasen und auf diese Weise speziell gehärtet. Die Zeile »Heimat bist du großer Söhne« sorgt seit Jahren für eine Gleichberechtigungsdiskussion. Die Umbenennung in »Heimat großer Töchter, Söhne« wurde bereits angedacht.

2. Strophe:

Heiß umfehdet, wild umstritten,
Liegst dem Erdteil du inmitten
Einem starken Herzen gleich.
Hast seit frühen Ahnentagen
Hoher Sendung Last getragen,
Vielgeprüftes Österreich,
Vielgeprüftes Österreich.

Was eine Sendung sein soll, kann uns die Autorin leider nicht
mehr mitteilen. Fest steht, dass in Österreich seit dem Jahr 2006
ein Postamt nach dem anderen geschlossen wurde. Zu hohe
Kosten. Die meisten Trafikanten (also Betreiber von Tabakläden)
verkaufen schon seit einiger Zeit keine Briefmarken mehr, dafür
muss man – richtig – auf ein Postamt gehen. Ein paar gibt's ja
noch. Umstritten war die Republik zuletzt unter der Mitte-
Rechts-Regierung Schüssel/Haider, als die Europäische Union
Sanktionen gegen das Land verhängte und uns plötzlich keiner
mehr lieb haben wollte. Ist auch vorbeigegangen. Nicht auszudenken, wir hätten uns gegen die Osmanen und Napoleon nicht
so wacker wehren können. Was wären wir jetzt? Vielleicht Türken? Oder Franzosen? Oder gar Deutsche? Wobei: Wirklich
schwer gemacht wurde Hitler der Einmarsch 1938 ja nicht. Hätten die Menschen damals nicht so wild gewinkt, hätten sie beim
Anschluss beide Hände frei gehabt, um sich zur Wehr zu setzen.
Die erste experimentelle Herztransplantation wurde 1905 in
Wien durchgeführt. An einem Hund.

3. Strophe:

Mutig in die neuen Zeiten,
Frei und gläubig sieh uns schreiten,

Arbeitsfroh und hoffnungsreich.
Einig lass in Bruderchören,
Vaterland, dir Treue schwören.
Vielgeliebtes Österreich,
Vielgeliebtes Österreich.

In Österreich gibt es dreizehn anerkannte Religionsgemeinschaften. Die katholische Kirche erfährt mit etwa 65 Prozent der Gesamtbevölkerung den größten Zuspruch, die Anzahl der Austritte steigt stetig. Meldungen von Priestern, die mit ihren Zöglingen nicht nur Kekse backen und von ihnen Schweigegelöbnisse der anderen Art verlangen, tragen das Ihre dazu bei. Der nächste Satz hat mit dem vorigen nichts zu tun, ich schwöre! Im Jahr 2007 saßen in den zehn niederösterreichischen Gefangenenhäusern und Strafvollzugsanstalten fast 2850 Häftlinge – das entspricht einer Überbelegung von etwa zehn Prozent. Im Gegensatz dazu ist das »Lebenslänglich« vor dem Traualtar rückläufig. Wilde Ehen funktionieren auch ohne Treueschwur. Die Regierung Faymann arbeitet derzeit daran, gleichgeschlechtliche Partnerschaften anzuerkennen und ein Lebenspartnerschaftsgesetz ins Leben zu rufen. Die Arbeitslosenquote lag im Mai 2008 bei 5,1 Prozent, in Deutschland im November desselben Jahres bei 7,1 Prozent. Arbeitsfroh und hoffnungsreich wenden wir uns jetzt den weiteren 49 einfachen Dingen zu, die Sie über Österreich und die Österreicher wissen sollten.

2 Österreichische Sprache, schwere Sprache

Werden dem deutschen Urlauber auf einer Speisekarte etwa »Eierschwammerl mit Semmelknödel« angeboten, so kriegt er gleich drei Fremdwörter auf einen Schlag vorgesetzt. Apropos Schlag: Der wird hierzulande zumindest verbal ohne die zugehörige Sahne serviert, wozu auch, in der Kürze liegt die Würze, und es muss doch jedermann klar sein, dass er zu seinem Topfen- alias Quarkstrudel oder seinem Eiskaffee keine Tachtel, keine Watschen, keine Tätschn aufgetischt bekommt, sondern steif gequirltes Obers.

Einige Gaststätten in klassischen Tourismusgebieten sind bereits entsprechend assimiliert, der Eierschwamm mutiert in vorauseilendem Gehorsam zum Pfifferling; die Semmel bedarf keiner Erklärung mehr, denn am Frühstücksbuffet herrscht Selbstbedienung, da ist es egal, wie das heißt, wonach man greift, es sei denn, das Gewünschte ist alle; dann würde der deutsche Mensch vermutlich fragen, ob es noch ein paar Brötchen gibt. Bleibt der Knödel. Lautmalerisch ist er eine rundere Sache als der Kloß, man hört förmlich, wie ihn die Köchin zwischen den gewölbten Handflächen rollt, und er lässt, in korrektem Österreichisch, keine erkennbare Mehrzahl zu: der Knödel, die Knödel, eine Regel, die von Wirtsleuten gern umgangen wird, denn man möchte dem Gast schon deutlich machen, dass er auf seinem Teller mehr als ein einsames Knöderl erwarten darf.

Verständnishürden erwarten den Nicht-Österreicher, in der Folge kurz »Nösi« genannt, auch bei der Lektüre von Texten österreichischer Autoren, die sich starrsinnig einem deutschen Lektorat widersetzen und keine Bereitschaft zeigen, alle ihre

Kästen gegen Schränke und alle Sessel gegen Stühle einzutauschen. Mitunter gehen solche Querelen sogar in die Literatur ein. Robert Menasse etwa fühlte sich nach einer Debatte mit seiner Lektorin dazu genötigt, seinen Roman *Sinnliche Gewißheit* um folgenden Dialog zu erweitern, in dem ein Nösi namens Norbert versucht, den korrekten Gebrauch von Sessel und Stuhl zu erläutern: »Moment mal, da ist schon ein Unterschied, also ein Stuhl, das ist ein Stuhl, nicht wahr, so ein Holzstuhl, verstehste, was Primitives, ein Sessel ist irgendwie bequemer, gepolstert zum Beispiel, also ein Sessel mit Armlehnen, bequemer, alles klar?« Worauf der Ich-Erzähler kontert: »Nein, das verstehe ich nicht. Darum sagt man ja auch Sessellift, weil dieser bekanntlich so gut gepolstert ist, während der Heilige Stuhl hingegen eine besonders dürftige und primitive Sitzgelegenheit ist, oder wie?«

An Publikationen, die versuchen, dem Nösi das Österreichische auszudeutschen, mangelt es nicht, und sie beginnen in der Regel so: »Österreichisches Deutsch unterscheidet sich in Teilen des Wortschatzes, grammatikalischen Besonderheiten, der Schreibweise und auch in der Aussprache von jenem Hochdeutsch, das in Deutschland durch den Duden kodifiziert ist.« Freilich werden diese Wörterbücher vorwiegend Übersetzungsarbeit leisten; die Besonderheiten von Grammatik, Betonung und Sprachmelodie hingegen können weiterhin Anlass zu Verblüffung und zu wechselseitiger Heiterkeit geben. Zum Beispiel wird ein Nösi mit Erstaunen feststellen, dass der Wiener nicht *an* seinen (leider viel zu früh verstorbenen) Wellensittich denkt, sondern *auf ihm*: »Da Schurli, I denk no so oft auf eam«, sagt er mit Wehmut im goldenen Herzen. Unbegreiflich ist andererseits dem Österreicher, warum der Norddeutsche jenen Ort, den man morgens zur Körperpflege aufsucht, genauso ausspricht

wie den Vornamen des männlichen Sprosses der Zeichentrick-
familie *Die Simpsons*. Ein ehemaliger Burgtheaterdirektor hatte
bei so manchem militanten Patrioten kein Leiberl, was nicht
heißt, dass ihm das T-Shirt fehlte, sondern dass er keine Chance
hatte, es ihm recht zu machen. Denn der Mann aus Bremen konnte nicht einmal das Wort »Chance« korrekt, also nach französi-
schem Vorbild aussprechen, sondern sagte beharrlich »Schang-
se«. Und so einer will heimische Theaterkultur vertreten!

Nicht nur bei der Bezeichnung von Einrichtungsgegenstän-
den und Nahrungsmitteln drängt es den Österreicher zur Extra-
wurst, er versteift sich auch darauf, wenigstens für zwei Monate
im Jahr einen eigenen Ausdruck zu verwenden. Beharrlich nennt
er den ersten Jänner statt Januar, den zweiten Feber statt –
rüschtig!, wobei der Feber langsam im Aussterben begriffen ist,
während sich der Jänner eisern hält. Und für manche Dinge, die
ihm wichtig sind und nach Differenzierung schreien, braucht er
einfach eine größere Vielfalt an Ausdrücken. Wenn es im Faröi-
schen vier verschiedene Begriffe für Nebel gibt, warum sollten
wir mit einem Wort auskommen, wenn wir sagen wollen, dass
einer benebelt ist, weil er zu tief ins Glas geschaut hat? Wir saufen ja nicht bloß – wie andere Nationen –, weil uns kalt ist, wir
sind Genusstrinker, und das führt dann auch zu ganz unterschiedlichen Trunkenheitsgraden, je nachdem, wie lang oder
ausgiebig wir genossen haben. Doch dazu später mehr. Auch
warme Getränke sind uns zu kostbar, als dass wir sie mit einem
einzigen Ausdruck (der vielleicht sogar noch mit »Kännchen«
beginnt) bedenken. Unsere Meisterschaft in der Kaffeesiede-
kunst steht unserer Fantasie bei der Namensfindung in nichts
nach, aber auch darauf kommen wir noch zurück.

Sprache ist Teil der Lebensform, sagte der Philosoph Ludwig
Wittgenstein und erläutert dies mit einem prägnanten Bild:

»Wenn der Löwe sprechen könnte, wir könnten ihn nicht verstehen.« Ist demnach der Österreicher des Deutschen Löwe? Verstehen uns die deutschsprachigen Nachbarn nicht, weil sie nicht wissen, wie wir leben? Wenn dem so ist, kann dieses Buch ein Wegweiser sein. Es hat sich auf die Suche nach den Eigenheiten der österreichischen Lebensform, dem Wesen des österreichischen Seins, des Österreicher-Seins gemacht. Wenn Sie es durchgelesen haben, ist vielleicht auch die eine oder andere sprachliche Wissenslücke geschlossen. Und zum Überprüfen des Gelernten gibt es am Schlus ein Quiz. Voi leiwand, was?

3 Mozart und unsere Wiener Klassiker

Im Jahr 2006 wäre *Joannes Chrysostomus Wolfgangus Theophilus Mozart*, genannt Wolfgang Amadeus, 250 Jahre alt geworden. Dieser Satz stand in einer österreichischen Tageszeitung und regt zum Überlegen an: Wie sieht ein 250-Jähriger aus? Jedenfalls war sein Heimatland, das nicht mit jenem seines Vaters korreliert (der war Deutscher), ein Jahr lang im Festrausch. Die rotweißrote, aber auch die internationale Unterhaltungs-, Glückwunsch- und Konsumgüter-Industrie feierte gekünstelt, verspielt und hausbacken mit dem waschechten Salzburger, der – kompositorisch gesehen – der Wiener Klassik zuzuordnen ist.

Unser musikalischer Gigant maß laut Überlieferung 1,58 Meter und wog fünfzig Kilo. Die Firma Schildkröt stutzte den Allgegenwärtigen auf 41 Zentimeter zurecht und brachte ihn als

Plastik-Samt-Brokat-Echthaarperückenpüppchen auf den Markt. Die 999 Exemplare waren sofort vergriffen.

Auch der deutsche Bildhauer Wolfgang Eckert aus Furtwangen versuchte, unseren Jubilar zu würdigen. Weil es nur wenige bildliche Originaldokumente gibt, orientierte sich der Nachahmungstäter an einem Mozart-Porträt des Hofmalers Johann Georg Edlinger. Eckerts Büste erinnert an einen Sumo-Ringer mit Glubschaugen und Mick-Jagger-Lippen. Würde die Firma Mirabell ihre Mozart-Kugeln in dieses Konterfei packen, müssten sie so groß wie Fußbälle sein.

Auf dem Torten-Sektor tat sich auch allerhand. Der Wiener k. u. k.-Hofzuckerbäcker Demel bastelte zwei ehemalige Politiker aus Marzipan, Außenministerin Ursula Plassnik und Bundeskanzler Wolfgang Schüssel, wobei Wolfi als Wolfi verkleidet wurde. Um die wahren Größenverhältnisse einzuhalten, wurde der 1,20 Meter große Schüssel auf einen halbierten Globus montiert.

Der südkoreanische Konditor Jeong Hong-Yeon wiederum verwendete Marzipan und Zuckerguss, um die Partitur vom Türkischen Marsch nachzubauen. Als Verzierung dienten 107 Diamanten. Man konnte das 4 Millionen Euro teure Ding also weder als Schmuck noch als Jause verwenden, im Zweifelsfall hat es sich Hong-Yeon als Brillantine in die Haare geschmiert.

Obwohl Wolferl nie in Argentinien war, eröffnete der Salzburger Bürgermeister Heinz Schaden einen Mozartplatz in Ushuaia, der südlichsten Stadt des Landes. Warum heißt die Salzburger Getreidegasse eigentlich nicht John-Lennon-Square? Auch der österreichische Botschafter in den Niederlanden, Erwin Kubesch, war recht umtriebig. Er taufte in Warmond eine Narzissensorte auf den Namen Amadeus Mozart, weil das »Internationale Blumenzwiebel-Zentrum« der Geburtsstadt des Genies Tribut zollen wollte.

Zwei-Phasen-Ultra-Pulver und Waschmaschinen dürften dem Musikus wenig gesagt haben, umso bemerkenswerter also, dass sich Calgon mit einer Mozart-Metallbox in limitierter Auflage als Gratulant eingestellt hat. Wolferl ist mit blauem Gesicht abgebildet. Soll er sich halt waschen!

Betörend originell war auch die Idee des Aktionskünstlers Stefan Novak, der seinen Oberkörper inklusive Kopf mit Marzipanmasse beschmierte. Fremde Leute bekamen kleine Holzspachteln und durften Novak vernaschen. Süß! Die Arbeit von Bodypainting-Vizeweltmeisterin Birgit Linke konnte sich wenigstens sehen lassen, sie malte einer schwangeren Frau eine täuschend echte Mozart-Kugel auf die Kugel.

Dem Deutschen Florian Meierott dürfte im Sommer recht oft sehr fad gewesen sein, er spazierte auf dem Weingut des Staatlichen Hofkellers in Würzburg mit seiner Violine zwischen den Rebstöcken auf und ab. Mehr als hundert Stunden hat der Musikus gefiedelt, im Frühjahr 2007 kamen zehntausend Flaschen einer Sonderedition auf den Markt. Motto: »Guter Wein dank Mozart.«

Ach ja, und dann gab es noch Mozart-Wurst, Mozart-Schokolade, Mozart-Ostereier, Mozart-Christbaumkugeln, Mozart-Kaffeetassen, Mozart-Joghurt, Mozart-Puppen, Mozart-Golfbälle. Wie sollen wir ohne diese Produkte leben?

Lieber Wolferl, wir sehnen uns so sehr nach deinem 300-er im Jahr 2056!

Neben dem begnadeten Musikus und seinen Kollegen Joseph Haydn und Ludwig van Beethoven haben wir noch weitere Wiener Klassiker zu bieten, die einzigartig sind auf der Welt:

Der *Würstelstand* ist der Vorläufer der McDonald's- und Burger-King-Nahversorgung, zu jeder Nachtzeit ideal für den kleinen Hunger zwischendurch und beliebter Treffpunkt jeglicher

Gesellschaftsschicht. Der Bauarbeiter jausnet zwischen Universitätsprofessor und Finanzprüfer. Und zwar: Burenwurst, Käsekrainer, Frankfurter (in Deutschland abwertend »Wiener Würstchen« genannt), Bosna, Waldviertler, Debreziner, Hot Dog oder Leberkäse. Auf Wunsch mit süßem oder scharfem Senf, Kren, Ketchup sowie einem Stück Brot oder einer Semmel. Dazu passt recht gut eine Dose Bier. Echte Wiener ordern oft »a Eitrige mit an Buckl«. Hiebei handelt es sich um eine Käsekrainer (weil wenn man hineinsticht, der Käse so schön gelb rausrinnt) mit einem Scherzerl, dem Randstück des Brotlaibes. Würstelstände wurden in der k. u. k.-Zeit eingeführt, um Kriegsinvaliden ein Standbein (zugegeben, das ist ein wenig geschmacklos) zu verschaffen. Ähnlich, wie es viele Jahre bei den Trafiken, wo Rauchwaren verkauft werden, der Fall war.

Der Prater ist eine große Parkanlage, in der die Habsburger ihrer Jagdleidenschaft frönten. 1766 gab Kaiser Joseph II. das Areal zur öffentlichen Benutzung frei, es wurde beliebtes Ausflugs- und Erholungsgebiet der Wiener. Der bekannteste Teil ist der Wurstelprater, ein Vergnügungspark, dessen Aushängeschild das Riesenrad ist. Es dreht sich seit 1897. Weiters beliebt: Geister- und Achterbahnen, Karusselle, Spiegelkabinette, Autodrom und Glücksspielhallen. Das *Schweizerhaus* ist berühmt für seine riesigen Stelzen und sein Budweiser Bier. Die Liliputbahn fährt Kinder über einen Rundkurs von fast vier Kilometern durch den Park.

Die Sachertorte ist eine Schokotorte mit Marillenmarmelade und Schokoglasur, die erstmals 1832 von Franz Sacher gebacken wurde. Sein Sohn Eduard, der beim Hofzuckerbäcker Demel in die Lehre ging, perfektionierte dort schließlich die noch heute verwendete Rezeptur. Später eröffnete Eduard das Hotel Sacher, und 1954 entbrannte ein Rechtsstreit zwischen den Häusern Sacher und Demel, wer denn nun den Markennamen »Original Sacher-Torte« führen dürfe. Zur außergerichtlichen Einigung kam es erst 1963, seither offeriert das Hotel Sacher die »Original Sacher-Torte« (zwei Marmeladeschichten), beim Demel wurde die Süßspeise mit einem dreieckigen Siegel als »Eduard Sacher-Torte« (eine Marmeladeschicht) angeboten. Heute heißt sie »Demel's Sachertorte«. Pro Jahr werden etwa 300.000 »Original Sacher-Torten« hergestellt und in die ganze Welt versandt.

Die Lipizzaner sind Warmblutpferde, die an der *Spanischen Hofreitschule* in der klassischen Dressur eingesetzt werden. Die Schimmel werden im Bundesgestüt Piber (Steiermark) gezüchtet und im Alter von dreieinhalb Jahren nach Wien zur Ausbildung überstellt. Im »Spanische Hofreitschule-Gesetz« steht: Das Unternehmen ist »zur dauerhaften Erhaltung und traditionsgemäßen Zucht der Pferderasse Lipizzaner, zur Erhaltung der Tradition und der Hohen Schule der klassischen Reitkunst, zur traditionsgemäßen Nutzung der betreffenden Teile der Hofburg und des Bundesgestütes Piber und damit zur Wahrung des öffentlichen Interesses am dadurch repräsentierten österreichischen und internationalen Kulturgut« verpflichtet. Womit wir auch einen Hupfer ins Amtsdeutsche hinter uns gebracht hätten.

4 Der Wiener Schmäh – eine Peinigung oder tatsächlich unterhaltsam?

Donau so blau,
Durch Tal und Au
Wogst ruhig du dahin,
Dich grüßt unser Wien,
Dein silbernes Band
Knüpft Land an Land,
Und fröhliche Herzen schlagen
An deinem schönen Strand.

So beginnt der *Donauwalzer* (Text von Franz von Gernerth und Musik von Johann Strauß Sohn), die »heimliche« Landeshymne von Wien, das bis 1922 Teil des Bundeslandes Niederösterreich war und es bislang noch zu keiner eigenen Hymne gebracht hat. Doch was hat es tatsächlich mit den »fröhlichen Herzen« auf sich?

Als der Schauspieler Karl Merkatz in den 70er-Jahren als Edmund Sackbauer in den österreichischen Wohnzimmern auftauchte, dominierte vor allem in der Bundeshauptstadt Empörung. In der 24-teiligen Serie *Ein echter Wiener geht nicht unter*, geschrieben von Ernst Hinterberger, wurde der Parade-Wiener als Prolet dargestellt, als primitiver Alkoholiker, der, ausgestattet mit der Grundintelligenz eines Goldhamsters, mit seiner Familie im zehnten Gemeindebezirk in der Hasengasse durch das Laufrad des Lebens hetzt. Mundl, wie er heute noch genannt wird, wurde mit Sätzen wie »Mei Bier is net deppert« oder »Jetzt hob i ma mit dem bleden Fress'n die Pratz'n verbrennt« zur Kultfigur. In gleichem Maße, wie er von vielen Wienern verachtet wurde (»So eine Gemeinheit, das sind doch nicht wir, was sollen sich die Leute denken …«), wurde er von Zusehern aus der Provinz geliebt (»Genau so führen sich die großkopferten Wiener auf, genau so, besser kann man sie nicht beschreiben …«). Mit der ihm eigenen Bauernschläue meisterte der Elektriker und Hobby-Gewichtheber wohlbekannte Alltagssituationen: Streit in der Familie, Geldsorgen, Ehekrise, Auflehnung gegen das Kleinbürgertum und den Kapitalismus, brutalverbale Meinungsverschiedenheiten. Auch wenn er seinem Sohn Karli nahezu in jeder Folge »a Watsch'n« angetragen hat, »dass da 14 Tog da Schädl wackelt« – gewalttätig wurde der Mundl nie. Er wusste sich halt nicht anders zu helfen. Mit der zum Argumentieren nötigen Rhetorik, die ein Rausreden, ein »Durchlavieren« ermöglicht hätte, wurde die Figur von Autor Hinterberger nicht ausgestattet. Ruhepol in der Familie Sackbauer war Ehefrau Tonerl, die den Wüterich immer wieder mit liebevoller Hinterlist zur Räson brachte, ohne dass Mundl dies bemerkte.

Kurzer Einschub: Ich widerspreche diesen Kritikern aufs Heftigste. *Ein echter Wiener geht nicht unter* zeigte das wahre Leben, jenes, das es in Wien tatsächlich spielt. Es gibt heute noch jede Menge Mundln, vor allem in den Arbeiterbezirken Favoriten, Simmering und Rudolfsheim-Fünfhaus. Viele von ihnen lenken Taxis oder Pferdekutschen, arbeiten als Kellner oder sind als Hausmeister beschäftigt. Das ist nicht abwertend gemeint, denn alle Mundln verfügen in ihrem Inneren über das Goldene Wiener Herz, das nur dann zum Vorschein kommt, wenn sie von der Melancholie übermannt werden und an Selbstmord denken. Wenn sie also sehr traurig oder noch mehr betrunken sind.

Die echteren Wiener behaupten von sich, den »Schmäh« erfunden zu haben. Das Wort hat mit Verschmähen nichts zu tun, per se hat es mehrerlei Sinn: Einen Schmäh kann man machen (jemandem einen Bären aufbinden, einen Witz erzählen); Schmäh kann man haben (blitzschnelles, schlagfertiges Reagieren auf Gesagtes); Schmäh kann man führen (nicht ernst gemeinte Konversation betreiben); Schmäh kann man draufhaben (nicht ganz uneigennützige Tricks anwenden); man kann jemanden am Schmäh halten (verarschen); schmähstad kann man sein (wenn man keine passende Antwort weiß und »baff« ist); ein Schmähtandler ist jemand, der laufend Unwahrheiten in Umlauf bringt; kurz: die Summe aus diesem Ganzen ist der Wiener Schmäh, eine riesige, nicht näher definierbare Luftblase. Weil Humor ist, wenn man trotzdem lacht.

Unumstrittene Wiener »Schmähführer« sind die von Johann Nestroy ins Bühnenleben gerufenen Figuren, allen voran der Kommis Weinberl aus der Komödie *Einen Jux will er sich machen,* der seines Lebens als biederer Gemischtwarenhändler überdrüssig ist und auch einmal ein »verfluchter Kerl« sein möchte. Er sperrt den Laden zu und macht sich zusammen mit dem Lehrling Christopherl auf, um in der Stadt einmal ordentlich einen draufzumachen. Dabei gerät er in Situationen, die ihm jede Menge Mutterwitz, Schlagfertigkeit und Rausredevermögen abverlangen, er erfährt sozusagen eine Crashkurs-Ausbildung zum echten Wiener.

Neben den Film- und Bühnen-Wienern gelten Taxifahrer, freilich nur die immer seltener werdenden Eingeborenen, als Großmeister in der Kunstrichtung »Schmäh erzählen«. Sie wissen nicht nur von sonderbaren Fahrgästen zu berichten, sie können auch richtige »Schlawiner«, Schlitzohren sein, wie etwa in der folgenden Geschichte:

Der Taxler begrüßt den offensichtlich deutschen Fahrgast mit fadem Aug' und einem unfreundlichen »D'Ehre! Wohin, der Herr?« – »Luftbadgasse zwo, sechster Bezirk.« Los geht's, und wie es der Zufall will, ist der Taxameter bereits vor dem Einsteigen aktiviert. Die Ampel blinkt einmal Grün, der Wagen hält selbstverständlich. Ein Zeitungskolporteur offeriert *Krone* und *Kurier*. Er trägt einen schwarzen Schnurrbart. »Nix wie Tschusch'n mehr in dera Stodt«, sagt der Taxler, »nehman olle den Unsrigen die Orbeitsplätz' weg. Soll'n g'fölligst daham wos hackl'n, de Gfraster. Und olle ham's an Hauf'n Kinda. Wer glaub'n S' zoit den fia dee, na wer? Mia!« (Diese Passage wird nicht übersetzt, es ist wahrscheinlich besser so – jedenfalls geht es um Ausländer, die den Österreichern die Arbeitsplätze wegnehmen und sehr viele Kinder haben, für die die Österreicher angeblich zahlen müssen.) Der Fahrgast sagt nichts. Auch nicht, als der Taxler einen Wagen, der rechts aus der Seitengasse einbiegen will, gewähren lässt. Und vorbei am Belvedere. Und vorbei an Schönbrunn. Und vorbei am Westbahnhof. »Wo san Sie übahaupt her?«, fragt der Lenker, bevor er in die Luftbadgasse einbiegt und 47 Euro verlangt. »Das kann Ihnen doch egal sein. Jedenfalls lebe ich seit sieben Jahren in Wien. Ich kenne mich hier gut aus und lasse mich von einem Taxifahrer nicht verarschen. Sie haben vier Umwege genommen, geben Sie mir sofort Ihre Dienstnummer!« Worauf der Taxler kleinlaut stammelt: »Owa an Schmee wird ma do no moch'n deaf'n. Wissen S' wos, geb'm S' ma an Zwanz'ga und mia san pari. *(Geben Sie mir 20 Euro und wir sind quitt.)*« Abgang.

Anderes Metier, andere Geschichte: Ein Schuhverkäufer kniet vor einer älteren Dame, die sehr viel Wert auf ihr Äußeres zu legen scheint. Sie ist schick gewandet, wiewohl ein wenig rundlich. Endlich scheint das passende Modell gefunden. »Und, was meinen Sie, junger Mann?!«, fragt die Dame hoffnungsvoll. Er antwortet: »No, in die Schucherln mochen S' aber an schlanken Fuß, gnä' Frau!« Vorhang zu.

Hat der Bursche das exakt so gemeint, wie er es gesagt hat? Wie ist das verschmitzte Lächeln in seinem Gesicht zu erklären? Warum hat die Dame dennoch das Gefühl, zuvorkommend bedient worden zu sein? Richtig, weil es auch den charmanten Wiener Schmäh gibt, um den die Wiener von der ganzen Welt beneidet werden. Glauben zumindest die Wiener. Es ist diese einzigartige Mischung aus Verharmlosung, Hinterlist und Boshaftigkeit, die diesen Menschenschlag so liebenswert macht. So unvergleichlich. Man weiß nie, woran man ist. Stets bleibt ein Anflug von Zweifel zurück, auch beim Taxifahrer. Hat der vielleicht eine eigenwillige Verhörtaktik bei seinem Fahrgast angewandt? Wollte er über Umwege dessen Einstellung zu Ausländern erforschen, um seiner Gattin zu Hause erzählen zu können: »Die ärgst'n Rassist'n san die Auslända söwa!« Wir werden es nie erfahren. Und das ist gut so.

5 Das Wiener Schnitzel und der Hang zum Heurigen

Von oben, also oberflächlich betrachtet, sieht Österreich aus wie ein Wiener Schnitzel, heißt es. Doch wer hat Österreich schon als Ganzes von oben gesehen, außer vielleicht der Astronaut Franz Viehböck oder der liebe Gott? Wie haben sie Österreich erkennen können ohne Atlas, der die Landesgrenzen aufzeigt?

Also bleiben wir auf dem Boden, und zwar auf jenem der Tatsachen. Selbstverständlich ohne dabei Klischees zu bedienen. Das kleine Österreich ist das Filetstück Europas. Die Umzingler ernähren sich hauptsächlich von Weißwurst, Spaghetti, Cevapcici, Szomlauer Nockerln und Zigeuner-Schnitzel. Wobei die Österreicher ja bekannt politisch korrekt und an Weltoffenheit kaum zu überbieten sind: Angeblich soll es hierzulande bereits Millionen geben, die im Gasthaus statt Zigeuner-Schnitzel ein »Sinti-Wiener« ordern. Negerbrot, eine Schokolade mit Erdnüssen, soll ob ihres Namens aus dem Verkehr gezogen werden. Die Umbenennung der Firma Eskimo in »Inuit« wurde angeblich auch schon angedacht. Haben Sie das jetzt tatsächlich geglaubt?

Was den Deutschen ihr Sauerbraten mit Klößen, ist den Österreichern das Wiener Schnitzel. Vorzugsweise vom Kalb und hauchdünn geschnitten, wird es mit Mehl, Ei und Semmelbröseln paniert und in Schmalz oder Öl herausgebacken. Doch Vorsicht! Sowohl »Panier« als auch »gebacken« erfreuen sich mehrerer Bedeutungen.

Hat ein Österreicher beim Heurigen zu viel vom Grünen Veltliner getankt, ist er nicht sturzbetrunken, sondern entweder voll fett, in der Glut oder eben in der Panier beziehungsweise anständig paniert. Zu festlichen Anlässen legt er nicht den Sonntagsanzug an, sondern die Einser-Panier. Kommt es auf dem sportlichen Sektor zu Demütigungen von Nicht-Österreichern, etwa einem 5:0 im Fußball gegen Deutschland, so sind diese paniert worden, und zwar ordentlich. Sollten Sie aber irgendwo das Wort »Kokospanier« lesen, denken Sie sich einfach einen Bindestrich zwischen die Buchstaben S und P und nicht weiter darüber nach.

»Gebackener« wiederum steht in Ostösterreich abwertend für Homosexuelle. Der Begriff dürfte sich von »Warmer« ablei-

ten, und weil es in der kalten Küche doch recht heiß hergeht …
Vermeiden Sie es tunlichst, einen Österreicher mit dem Wort
»Gebackener« zu bedenken. Erstens, weil Sie dann womöglich
auf Verdacht eine Watsch'n, also Maulschelle, verpasst bekä-
men; zweitens, weil er Sie ohnehin nicht verstünde. Bei der
dialektalen Anwendung »Bochana« scheidet zumindest Punkt
zwei als Ausrede aus.

Ähnlich Charmantes ist über das zweite Nationalgericht zu
berichten. Das Faschierte. Der Hackbraten, vorzugsweise mit
Erdäpfelpüree, also Kartoffelbrei verdrückt, muss auch als Sinn-
stifter für einen erhofften, baldigen Abgang herhalten. Wenn jemand in Österreich zu Ihnen sagt: »Geh, faschier' di«, dann sind
Sie ihm nicht sonderlich sympathisch. Freilich erwartet man
nicht, dass Sie in eine Wurstmaschine mit laufendem Motor
hüpfen, ebenso wenig wie Sie der Aufforderung, sich über die
Häuser zu hauen, buchstäblich nachkommen müssen; Sie sollen den missmutigen Gesellen einfach in Ruhe lassen und Ihres
Weges gehen. Von der Frage »Warum?« ist unbedingt abzura-
ten, sie kann Ihre Gesundheit gefährden.

Als Nachtisch empfiehlt sich der Kaiserschmarren mit
Zwetschkenröster. Obwohl man gern abwertend »So ein
Schmarr'n« sagt, ist die Süßspeise äußerst beliebt. Womit der
zwiespältige Charakter der Österreicher, von dem später noch
die Rede sein wird, einmal angeschnitten ist. Den Pflaumen
kommt auch mehrerlei Bedeutung zu. Die Wendung »Mein lieber Freund und Zwetschkenröster« heißt zwar im Grunde genommen gar nichts, bei genauerer Betrachtung ist auch sie ne-
gativ behaftet und kann mit »kleiner Trottel« übersetzt werden.
Ein Zwetschkerl wiederum ist ein Schnaps, im Fachjargon Sli-
vovitz genannt. Und ein Zwetschkenkrampus schleppt nicht,
wie Sie vielleicht annehmen würden, das Gepäck des Nikolaus,

nein, dabei handelt es sich schlicht um ein Hendl, also ein Zniachterl, also eine halbe Portion.

Vor allem im östlichen Raum, um und in Wien, in Niederösterreich, im Burgenland sowie in der Südsteiermark ist regelmäßig ausgesteckt. Heißt: Die Weinbauern, die nur zu bestimmten Zeiten im Jahr aufsperren dürfen, hängen ein Koniferenbündel, einen Buschen, vor ihre Schank. Was den Betrieb zur Buschenschank macht. Der Heurige ist ein Wein aus jenem Jahr, in dem wir uns gerade befinden. Oder auch der frischeste, das hängt davon ab, ob die Lese heuer oder noch im Vorjahr stattgefunden hat. Alles klar? Geselligkeit ist Trumpf beim Heurigen, es wird mancherorts musiziert, geschunkelt und mitgesungen. Je später die Stunde, desto mehr. Aber das liegt wohl am Grad des Fetzens, der kein Lappen ist, sondern die Panier.

Die Kellner bringen die Getränke und Speisekarten an den Tisch, das Essen muss aber meist beim Buffet geholt werden. Die Renner sind Aufstriche wie Liptauer, Schmalz, Bratlfett'n und Verhackertes. Besser, Sie wissen nicht genau, was das ist. Ein Tipp: Kosten, vielleicht schmeckt's Ihnen ja. Auch kalter Schweinsbraten mit Kren und Senf ist gefragt. Biertrinker sollten ihre Vorliebe hintanstellen und einen G'spritzten bestellen. Der ist im Gegensatz zum gleichnamigen Schnösel eine 50:50-Mischung aus Weißwein und Soda, in größeren Ländern wird auch gern »Schorle« dazu gesagt.

Beim Heurigen lässt sich's herrlich melancholisch sein. Der Wiener von Welt schaut tief ins Glaserl und sieht, wie schlecht es ihm eigentlich geht; dass sich alle gegen ihn verschworen haben; dass nichts mehr so ist, wie es einmal war. Dann zerdrückt er eine Träne und scheißt auf alles und jeden. Genau! Und mit viel Pech kommt auch noch ein Geiger oder ein Ziehharmonikaspieler und singt traurig vom »Herrgott aus Stein«. Das freut den

Wiener, denn er weiß: Er ist nicht allein in seinem Elend. Doch wehe, er wird von einem Touristen angesprochen! Probieren Sie's doch aus – dann blüht er auf und wird Ihnen erzählen, wie toll Wien ist. Er wird sich zu Ihnen setzen und den ganzen Tisch unterhalten. Sie werden sich vor Lachen auf die Schenkel klopfen und daheim referieren, welch lustige Gesellen die Österreicher doch sind, wie dort der Schmäh regiert. Und dass man sich mit einem charmanten »Servus« zuprostet.

Dass die Wiener im Fiaker, der Pferdekutsche, zum Heurigen fuhren, ist geschätzte 120 Jahre her. Zu unzeitgemäß, zu uncool, zu teuer. Außerdem stehen die Droschken auf dem Heldenplatz, mitten im Stadtzentrum – bis die an der Wohnungstür wären, vergingen Stunden. Also bieten die Kutscher den Touristen kleine und große Innenstadt-Runden an, der Preis variiert und ist stolz wie die Rösser. Die meisten Wiener reisen per Straßenbahn oder Taxi nach Grinzing oder Neustift, wo es die traditionsreichsten Heurigen gibt. Das Auto bleibt daheim. Weil die Polizei ja auch nicht blöd ist und sich gern auf den Abfahrtsstraßen postiert, ist sie dank jahrzehntelanger Erfahrung mit den »Angeflaschelten« resistent gegen Ausreden. Wer die 0,5-Promille-Grenze überschritten hat, muss mit einer hohen Geldstrafe rechnen oder gar den Führerschein abgeben. Und dann ins Taxi steigen – denn den Kieberern, wie die Inspektoren, freilich hinter deren Rücken, genannt werden, ist es egal, ob ein Einheimischer, Pole, Deutscher, Rumäne oder Schweizer beteuert, dass er ja eh nur ein bisserl vom Wein gekostet hat.

Aber das wird anderswo auch nicht anders sein.

6 Powidltatschkerl
und die Großmutter aus Böhmen

Die Habsburger schufen durch ihre ausgeklügelte und teilweise unverschämt inzestuöse Verheiratungstaktik ein riesiges Imperium. Neben den heutigen Bundesländern Nieder- und Oberösterreich, Tirol, Salzburg, Vorarlberg, Kärnten und Steiermark gehörten der Österreichisch-Ungarischen Monarchie bis 1918 die Kronländer Böhmen, Mähren, Österreich-Schlesien, Krain, Galizien und Bukowina, Dalmatien und das österreichische Küstenland (Görz, Istrien und Triest wurden gemeinsam verwaltet) an. Das Staatsgebiet umfasste die heutigen Staaten Österreich, Ungarn, Slowakei, Tschechien, Slowenien, Kroatien, Bosnien und Herzegowina, Teile Polens, Serbiens, Montenegros, Rumäniens, Italiens sowie der Ukraine und hatte im Jahr 1914 an die 52,8 Millionen Einwohner. Drei Länder mehr, und die sechzehn Mannschaften hätten eine Fußball-Europameisterschaft unter sich ausmachen können.

Mit der Industrialisierung erlebte Wien ab Mitte des 19. Jahrhunderts einen enormen Bevölkerungszuwachs. Die Einwohnerzahl stieg bis 1910 auf zwei Millionen, das sind etwa 300 000 mehr als heute. Die Stadt wurde zum Schmelztiegel von Menschen unterschiedlicher Herkunft, Kultur und Religion. Fragen Sie einen älteren Wiener, der nicht Helmut Novotny, Horst Pospisil oder Ernst Bratschitsch heißt, woher seine Großeltern stammen! Man sagt sogar, wer nicht mindestens eine Oma aus Tschechien hat, sei kein echter Wiener. Die böhmischen Damen waren beliebte »Dienstmädchen«, die – gegen Kost, Logis und kargen Lohn – hauptsächlich in gut situierten bürgerlichen Haushalten arbeiteten. Sie putzten, wuschen die Wäsche, betreuten die Kinder. Und: Sie bereicherten mit ihren Kreationen die österreichische Kultur, die bis heute von der Reichhaltigkeit ihrer Kochkunst profitiert. Sie zeigten uns, wie man richtig gute Mehlspeisen bäckt, die uns nicht »powidl«, also nicht egal sind. Das gleichnamige Zwetschkenmus findet sich in Buchteln, Golatschen, Germknödeln und natürlich in den Powidltatschkerln, den berühmten Täschchen aus Kartoffelteig, die in leicht gesalzenem Wasser gekocht und anschließend in gerösteten Semmelbröseln gewälzt, mit Zucker bestreut und warm serviert werden. Bei den Palatschinken ist man weniger wählerisch, die Eierpfannkuchen werden meistens mit Marillenmarmelade, aber auch mit Ragout gefüllt. Weil sich Omas Wiener Enkel nicht von Süßem allein ernähren kann, hinterließ sie ihm die Rezepte für Haluschka (ein Mischmasch aus gekochten Bandnudeln mit Topfen und Speckwürfeln), Schinkenfleckerl (Hilfe!, wie beschreibt man Fleckerl? Also das sind diese kleinen Nudeln, die aussehen wie das Windows-Logo der Firma Microsoft; und die werden mit Zwiebel, Schinken oder Geselchtem vermengt) sowie für Knödel mit allen nur erdenklichen Füllungen oder als Beilage. Auch der etwas streng riechende Olmützer Quargel (in Deutschland nennt man ihn Handkäse) und die Kartoffelpuffer stammen aus dem heutigen Tschechien.

Die »traditionelle Wiener Küche« basiert aber nicht nur auf Einflüssen aus Böhmen. Wir bedanken uns auch bei den Ungarn, dass sie das Gulyas erfunden haben, das aus würfelig geschnittenem Wadschinken, Zwiebel und edelsüßem Paprika hergestellt wird. Saftgulasch unterscheidet sich von Rindsgulasch dadurch, dass es nicht mit Mehl gestäubt wird und seine Bindung nur durch den höheren Zwiebelanteil erhält. Der Ferrari unter den Gulaschen (sagt man so?) ist das Fiaker-Gulasch, das der Herr Ober mit Frankfurter Würstel, Spiegelei und einer fächerartig geschnittenen Essiggurke an den Tisch bringt. Der Strudel, dessen Geheimnis auf einem hauchdünnen, von Hand gezogenem Teig beruht, entspringt ebenfalls der magyarischen Fantasie – in Wien wird er als Apfel-, Topfen- oder Blunz'n (Blutwurst)strudel angeboten.

Mahlzeit!

Das Fräulein und der Ober – die Kaffeehaustradition

Ob 20 oder 64, ob Jungfrau oder vierfache Mutter – jedes weibliche, dem Service-Personal zuzurechnende Wesen, das in einem Wiener Kaffeehaus Ihren Tisch kreuzt, ist als »Fräulein« anzusprechen. Und jeder Kellner ist ein »Herr Ober«, beides will die Tradition so. Das Kaffeehaus, bei dem die Betonung wie beim Getränk auf dem -fee liegt, ist über die Jahrhunderte zum Rückzugsort geworden. Dort kann man in Ruhe Zeitung lesen, in die Luft schauen, schreiben oder nachdenken. Kurz: den Herrgott einen guten Mann sein lassen. Viele Österreicher, meist ältere, verbringen Stunden bei einer einzigen Tasse Kaffee. Kein Herr Ober schaut sie schief an, wenn sie sich nicht dem Konsumwahn unterordnen, die penetrante Frage »Darf's noch was sein?« wird höchstens einmal gestellt. Im Gegenzug für ihr diskretes Auftreten gegenüber Stammgästen dürfen die Ober schon ein wenig sehr arrogant sein, das stellen sie auch gern zur Schau, wenn zum Beispiel Gäste hereinschneien, die entweder noch nie da waren oder denen man den Touristen an der Nasenspitze ansieht. Dazu diese Anekdote aus dem Jahr 1990.

Ich war neu in Wien, und als Neuer in Wien will man gern all die Dinge anschauen, die man in der österreichischen Provinz nur übers Fernsehen kennenlernen durfte. Deshalb begab ich mich ins *Café Hawelka* in der Dorotheergasse, das 1939 von Leopold und Josefine Hawelka eröffnet worden war. Nach dem Krieg trafen einander hier Schriftsteller und Künstler zum Meinungsaustausch, der Liedermacher Georg Danzer wurde 1976 mit dem Lied »Jö schau« (»… was macht ein Nackerter im Hawelka?«) bekannt.

Das Lokal dürfte seit 1939 nicht renoviert worden sein, die Sessel waren dementsprechend wackelig. Der Ober begrüßte mich mit einem herzlichen »Do kennen S' net sitzen, do is reserviert«, also näherte ich mich demütig dem mir zugewiesenen Platz. »So«, sagte der Ober, »und wos hätt ma jetzt gern?« Dieses kurz hervorgestoßene »ma« bedeutete »wir«, obwohl der Ober selbst keine Bestellung aufgeben wollte. Er hätte auch gleich »Sie« sagen können, aber Wien ist anders und wird es immer sein. Etwas eingeschüchtert vom herrischen Auftreten des Obers, stieß ich leise »Einen Cappuccino, bitte« hervor. Darauf er: »Samma in Italien, oder wos? Bei mir kriegen S' a Meloooonsch, an klanan Braunan oder an Mokka. Oiso!?« – »Eine Melange, bitte.« – »Und wos dazua?« – »Ein Stück Sachertorte, bitte.« – »Hamma ned, do miassn S' ins Sacher geh'n!« – »Was haben Sie denn, bitte?« – »Gugelhupf oder frische Buchteln von da Schefin.« – »Also gut, einmal Gugelhupf, bitte.«

Nach etwa fünf Minuten kam der Ober mit einem Tablett zurück, auf dem sich eine Tasse Kaffee und ein Glas Leitungswasser befanden. Wie aus dem Nichts knallte er mir einen Teller vor den Latz, drauf lagen zehn Stück Gugelhupf. »Na bumm«, dachte ich, »die haben aber große Portionen.« Und ich begann, die Süßspeise in mich hineinzustopfen. Nach dem fünften Stück wurde mir bereits etwas flau im Magen, aber: Ich bin ja nicht blöd, dass ich etwas stehen lasse, ich zahle ja dafür!

»Na, der Herr, war's recht?«, fragte der Ober seltsam schmunzelnd. »Danke, war gut. Die Rechnung bitte.« – »Na, der Herr, wie viel Stück hamma denn g'habt?« – »Das ist doch egal, oder? Eine Portion halt«, stammelte ich ratlos, bevor mich der Ober aufklärte: »Wissen S' was, Sie sind da im Hawelka. Bei uns wird nach Stück verrechnet.« Ich armer Schlucker schluckte, denn mir schwante Böses. »Macht 223 Schilling, der Herr«, sagte er und wartete mit gesenktem Blick, ehe ich ihm untertänigst mitteilte, zum Bankomat gehen zu müssen. Weil 16,20 Euro für einen Studenten, der allein in ein Kaffeehaus geht, im Jahr 1990 doch ein ziemlicher Haufen waren. Meine Jacke ließ ich als Pfand hängen, bei der Tür hörte ich den Ober murmeln: »Der Volltrottel – was frisst er denn auch alles z'samm!« Seitdem habe ich das *Café Hawelka* nur noch einmal betreten – als ich dem Ober 230 Schilling auf den Tisch legte und voller Inbrunst sagte: »Passt schon, der Rest ist für Sie.«

Erst vor kurzem hab' ich wieder durch die Eingangstür geschielt. Traumatisiert. Unfähig, einzutreten. Das *Café Hawelka* mutet immer noch heruntergekommen an, nein, es sieht wie viele Wiener Kaffeehäuser richtig abgefuckt aus. Im Fachjargon wird das mit »Wiener Gemütlichkeit« umschrieben. Oder mit »zweites Wohnzimmer«. Sieht Ihr Wohnzimmer aus wie ein Wiener Kaffeehaus? Glück gehabt! Die Einrichtung ist dennoch meist stilvoll, Klassiker sind runde Tische mit hellen Marmorplatten und Beinen aus Gusseisen. Bei den Sesseln ist die berühmte Manufaktur Thonet ein Dauerbrenner, am beliebtesten ist das schlichte Modell Nr. 14, das war auch schon immer so. Neben Kuchen, in Österreich Mehlspeise genannt, werden überall Torten, Toasts und Würstel angeboten, in Ausnahmefällen auch Hauptgerichte. In Österreich gibt es an die 8500 Kaffeehäuser, davon knapp über tausend in der Hauptstadt. Hinzu kommen Espressi und Konditoreien, sodass die Wirtschaftskammer Wien fast 2700 Kaffeehausbetriebe zählt. Statistiken belegen, dass mehr als ein Drittel der Kaffeegenießer zwei- bis dreimal pro Woche ein Kaffeehaus besucht, neunzehn Prozent sogar täglich. Die meisten Kaffeehäuser verlagern im Sommer ihre Aktivitäten ins Freie und bauen Schanigärten auf, damit man nach oder während der Zeitungslektüre die Passanten beobachten und über sie lästern kann. In Gedanken. Außer man ist Stammgast. Dann winkt man diskret den Ober an den Tisch und tuschelt über die Touristen und deren Unfähigkeit, adäquate Bestellungen aufzugeben.

Und was lernen wir daraus, außer, dass es Sachertorte nur im Sacher gibt und dass ein Teller keine Portion sein muss? Dass man ein Kaffee-Lexikon durchforsten sollte, ehe man nach Österreich reist. Dort sind, ohne Anspruch auf Vollständigkeit, folgende Variationen zu finden:

- Ein kleiner oder großer *Schwarzer,* auch Mokka genannt, ist ein dünner, aber kräftig schmeckender Kaffee. Durch die längere Extraktionszeit als beim italienischen Espresso lösen sich auch die bitteren Gerbstoffe aus dem Kaffee.
- Ein kleiner oder großer *Brauner* ist die Bezeichnung für einen Schwarzen, der mit Obers (Sahne) versetzt wird. Das Obers wird meist in einem separaten Kännchen auf dem Tablett serviert, der Gast kann nach eigenem Gutdünken das Mischungsverhältnis bestimmen.
- Eine *Schale Gold* ist in Wahrheit ein Brauner, der durch einen zusätzlichen Schuss Obers die goldbraune Farbe bekommt.

- Ein *Verlängerter* ist ein kleiner Brauner, Mokka beziehungsweise Schwarzer, der mit der doppelten Menge Wasser hergestellt wird.
- Eine *Melange* ist eine Halb-halb-Mischung aus Verlängertem und heißer Milch. Wird, ähnlich dem Cappuccino, mit Milchschaum serviert.
- Der *Franziskaner* ist eine Melange mit Schlagobers statt Milchschaumhaube.
- Der *Kaffee verkehrt* oder *Milchkaffee* besteht aus viel Milch mit wenig Kaffee. Serviert wird eine große Schale aufgeschäumte Milch mit einem Kännchen Mokka.
- Der *Eiskaffee* ist ein eisgekühlter, flüssiger Kaffee mit einer oder mehreren Kugeln Vanille-Eis. Auf Wunsch mit Schlagobers garniert.
- Der *feste oder gerührte Eiskaffee* ist ein cremig geschlagenes Kaffeeeis mit Sahnehäubchen.
- Der *Einspänner* ist ein großer Schwarzer im Glas mit sehr viel Schlagobers, serviert mit einem extra Staubzucker-Streuer auf dem Tablett.
- Der *Kapuziner* ist ein kleiner Mokka mit wenigen Tropfen Schlagobers, sodass der Kaffee die Farbe einer Kapuzinerkutte annimmt.
- Der *Fiaker* ist ein Verlängerter mit Rum und Schlagobers.
- Die *Maria Theresia* ist ein doppelter Mokka im Stielglas mit einem Schuss Orangenlikör.
- Die *Kaisermelange* ist eine Melange mit Eidotter und einem Schuss Cognac.

Ihr Kännchen Kaffee können Sie ja in Bibione oder Caorle bestellen!

8 Es wird ein Wein sein ...

Erinnern Sie sich noch an das Jahr 1985, als der österreichische Rebensaft vor tiefen Temperaturen geschützt werden musste? Die Schlagwörter hießen Glykol, Wein, Skandal. Ein paar Winzer hatten ihren Produkten das als Süßungsmittel wirkende Diethylenglykol zur Geschmacksverstärkung beigemengt und sie als »Qualitätswein« verkauft. Die Kontrollen der Winzerverbände brachten keine Unregelmäßigkeiten zutage.

Später stellte sich weiters heraus, dass renommierte deutsche Abfüller den deutschen mit österreichischem Glykol-Wein verpanscht hatten. Wie so oft flog der Schwindel wegen einer Lappalie auf: Ein Weinbauer wollte unfassbar große Mengen von Frostschutzmittel steuerlich absetzen, die Behörde fragte sich: Wozu braucht der das? Vier Weinbauern wurden daraufhin festgenommen, zwei von ihnen zu mehrjährigen Haftstrafen verurteilt. Der Weinexport kam fast zum Erliegen, Millionen von Flaschen mussten vom Markt genommen werden. Dramatischer ausgedrückt: Hätte österreichischer Wein leben können, wäre er 1985 tot gewesen.

Im Nachhinein gesehen war der Glykolwein-Skandal ein Segen – er führte zu einem der strengsten Weingesetze der Welt und zu den schärfsten Kontrollen im gesamten europäischen Raum. Jede Bouteille mit Qualitäts- oder Prädikatswein muss seither mit einer staatlichen Banderole gekennzeichnet sein, bevor sie verkauft werden darf. Dass die Produkte speziell in den Folgejahren eingehender, ja fast penibel untersucht wurden, versteht sich von selbst – frei nach dem Motto: Wer einmal lügt, dem glaubt man nicht. Das wiederum hatte zur Konsequenz, dass man auch im Ausland erkannte, welch hervorragende Weine die Österreicher herzustellen imstande sind. Die Jahrgangsbewertungen pendeln im Schnitt zwischen den Prädikaten »überdurchschnittlich« und »höchste Qualität«, der Export kann sich wieder sehen lassen.

Die Anbaufläche in Österreich umfasst cirka 51 000 Hektar und ist in vier Weinbauregionen unterteilt: Das »Weinland Österreich« mit den Bundesländern Niederösterreich und Burgenland, in dem sich 92 Prozent der Anbaufläche befinden, das »Steirerland«, Wien sowie das »Bergland Österreich«, in dem die übrigen Bundesländer (0,05 Prozent) zusammengefasst sind. Das »Weinland Österreich« besteht aus den Anbaugebieten Wachau, Kremstal, Kamptal, Traisental, Wagram, Weinviertel, Carnuntum, Thermenregion (alle NÖ), Neusiedler See, Neusiedler See-Hügelland, Mittelburgenland und Südburgenland. Das »Steirerland« ist die Summe aus den Gebieten Südoststeiermark, Südsteiermark und Weststeiermark. Österreichweit gewinnt der Weiße das Match gegen den Roten mit 70 : 30, der Grüne Veltliner ist mit einem Anteil von über 35 Prozent die meistverbreitete Sorte, nur im Burgenland dominieren die Roten. Weil es den Rahmen sprengen würde, sämtliche Regionen und deren Produkte vorzustellen, haben wir drei nach dem Zufallsprinzip ausgewählt. Was um Himmels willen nicht heißen soll, dass sich die Weine der anderen verstecken müssten. Im Gegenteil.

Die Wachau ist eine dreißig Kilometer lange Flusslandschaft zwischen Krems an der Donau und Melk. Der Weinanbau wird an den Hängen auf Steinterrassen betrieben. Für die Spitzenqualität sind die häufigen Sonnentage und die kühlen Nächte verantwortlich. Als Spezialitäten gelten der Riesling, der Grüne Veltliner und der Neuburger. Um die Einzigartigkeit der Wachauer Weine hervorzustreichen, werden sie in drei Kategorien klassifiziert:

- *Steinfeder* werden die leichten, blumigen Weine genannt. Der Alkoholgehalt beträgt maximal 11,0 Vol.%. Aufgrund des Klimas und der Bodenbeschaffenheit ist es möglich, Weine mit geringem Alkoholgehalt zu keltern, ohne dass diese an Charme verlieren.
- *Federspiel* werden die Weine im Kabinettbereich genannt. Der Alkoholgehalt liegt zwischen 11,5 und 12,5 Vol.%. Diese Weine sind ausnahmslos klassisch trocken vergoren. Sie zeichnen sich durch ihren fruchtig-charmanten Charakter und ihre kraftvolle Delikatesse aus.
- *Smaragd* werden die besten und wertvollsten Weine genannt, die nur an den sonnigsten Hängen reifen. Der Alkoholgehalt beträgt 12,5 Vol.% plus. Die Smaragde werden bis zum natürlichen Gärstillstand vergoren und sind immer trocken.

Die bekanntesten Rieden befinden sich in Dürnstein, Spitz, Weißenkirchen und Mautern.

Wer zu viel vom Rebensaft genascht hat, ist betrunken, anblasn, andippelt, andudelt, angflaschelt, angstraat, antschechert, eingspritzt, fett oder zua.

Das Mittelburgenland, also das Hügelland um Oberpullendorf, wird auch als »Blaufränkischland« bezeichnet und bringt einige der edelsten Rotweine des Landes hervor. Das pannonische Klima mit seinen langen, trockenen Sommern sorgt für hervorragende Traubenqualität. Die schweren Lehmböden ermöglichen den tief wurzelnden Rebstöcken, die extrem niederschlagsarme Zeit gut zu überstehen. Das Ergebnis ist der Blaufränkische, ein kräftiger, fruchtiger, charaktervoller Rotwein mit Weichselaromen. Die Vorzüge dieser Traube zeigen sich auch in Verschnitten mit Sorten wie Cabernet Sauvignon oder Spätburgunder, denen sie mit ihrer Fruchtigkeit zu mehr Komplexität verhilft.

Die bekanntesten Rieden befinden sich in Deutschkreutz, Horitschon, Neckenmarkt, Lutzmannsburg und Großwarasdorf.

Wer zu viel vom Rebensaft genascht hat, hat einen Rausch, an Affn, ist im Dulliöh, hat einen Dusel, Fetzen, Hadern, Schweigel, Schwül, Zirm, Spitz oder ein verharmlosendes Damenspitzerl.

Die Südsteiermark ist berühmt für ihre »Steirische Weinstraße«, die genau genommen aus drei Erlebnis-Straßen entlang der österreichisch-slowenischen Grenze besteht: Die älteste ist die »Südsteirische Weinstraße« von Spielfeld und Ehrenhausen über Ratsch und Gamlitz nach Leutschach. Von dort geht's über die »Klapotetz-Weinstraße« nach Arnfels und Großklein. Die »Sausaler Weinstraße« beginnt in Leibnitz und führt über Kitzeck, einen der höchstgelegenen Weinbauorte in Europa, nach Häfern und Maierhof. Die sehenswerte Gegend wird ob ihrer malerischen Hügel die »steirische Toskana« genannt. Die Weinberge befinden sich in der Regel in Steillagen, die Witterung ist schwach kontinental, im Sommer warm, im Winter mäßig kalt. Dieses Klima macht die Steiermark zu einem Weißwein-Paradies. Die wichtigsten Sorten sind der Welschriesling, der Sauvignon Blanc und der Weißburgunder. Einzigartig und als Marke geschützt ist der Steirische Junker, ein trockener Jungwein, der im Jahr der Ernte am Mittwoch vor Martini (11. November) »getauft« und erstmals ausgeschenkt wird. Für die Aufmachung der Flaschen ist auf dem Etikett ein Steirerhut mit Gamsbart vorgeschrieben. Die Winzer entlang der Weinstraße laden die Touristen gern zu Kostproben und einer Jause ein.

Wer zu viel vom Rebensaft genascht hat, sollte erst am nächsten Tag fortfahren. Mit dem Verkosten.

Jagatee und Skiwasser –
Urlaub im Land der Almhütten

Die zentrale Frage gleich vorweg: Warum müssen sich sämtliche, ja, *sämtliche* Toiletten auf den Skihütten dieses Landes im Keller befinden? Sie kennen das sicher: rutschiger Stiegenabgang, der mit den Skischuhen erst einmal unfallfrei gemeistert werden muss; vorbei an der wartenden Damen-Schlange, die traditionell um 800 Prozent länger ist als jene der Herren, die es gar nicht gibt; mühseliges Rausschälen aus dem Overall; Geschäft verrichten; rutschiger Stiegenaufgang; Schweißausbruch in der hoffnungslos überheizten Gaststube; dringend notwendiges Belohnungs-Bier, dessentwegen sich das grausame Spiel wie ein Perpetuum mobile wiederholen wird. Wie können die Menschen trotz alledem so gesellig sein? Sie lachen, singen, tanzen. Gute Stimmung nennt man das. »Hey, hey, Baby, uhh, ahh, I wanna kno-oow, if you'll be my girl!« Eine Runde geht noch! Uhh, ahh! Die Antwort ist simpel: Weil sie auf Urlaub sind oder ihre freien Stunden einfach damit verbringen, es sich gut gehen zu lassen, an nichts zu denken. Außer an die Gaudi und das bisschen Skifahren, das dazu gehört.

Wer hat eigentlich diese blöden Jahreszeiten erfunden? Und die Schulen? Deren Ferien? Saison, nennt man das, und zwar im Fachjargon. Wäre immer Winter und litten wir allesamt unter Kinderlosigkeit, verteilte sich die Masse in überschaubare Portionen. Wir müssten nicht so lang auf das Bier warten. Niemand träte uns auf die Ski. Wir müssten überhaupt nie warten. So aber stehen wir da wie Damen, die aufs Klo müssen. Der vor uns findet seine Liftkarte nicht. Sein Handschuh fällt in den Schnee. Er selbst hinterher. Uhh! Ahh! Wir werden nicht vor

Zorn rot, wir sind es bereits. Weil wir trotz der –8 Grad keine Haube tragen – die Frisur könnte ja Schaden nehmen. Außerdem: Was sollen sich denn die Hasen denken, wenn wir ausschauen wie der kleine Bruder vom DJ Ötzi? Hauptsache fesch. Nach der ersten Auffahrt sind wir bereits so erholungsbedürftig, dass wir uns ausrasten müssen. Ein Jagatee auf nüchternen Magen, weißt, wie warm dir da wird ums Herz? Wir warten auf den Kellner. Eigentlich, fällt Ihnen das auch auf, warten wir den ganzen Urlaub lang. Beim Skiverleih. Beim Skibus. Beim Lift. Bei der Essensausgabe. Bei der Toilette, wenn wir eine Frau sind. Wie viel kostet eine Wochenkarte »Warten«? Der Kellner kommt. »Vielleicht a Schnapserl dazu?« Aber sicher doch, ist ja eh schon wurscht. Weil wenn wir auch ein Schnapserl trinken, dürfen wir länger sitzen bleiben und gewinnen Zeit, die wir nicht mit Warten verplempern müssen. Logisch, nicht? Am Nebentisch sitzen Einheimische. Junge Burschen. Vor ihnen eine Batterie Gläser in allen nur erdenklichen Größen, in der Mitte des Tisches steht eine Bierflasche, auf der sich ein Stapel Spielkarten befindet. Der Reihe nach blasen sie auf den Stapel, und jener, bei dem die letzte Karte runterfällt, darf ein Getränk seiner Wahl ex saufen. Bemerkenswert die Kreativität bei den Trinksprüchen, die von »Prostata« bis »Lecko mio, owi mit'n Stoff« reichen und das anschließende »Boahhh!«, das immer vom gleichzeitigen Schütteln des Oberkörpers und des Kopfes begleitet wird. Wir schütteln darüber aber nicht den Kopf, weil die Burschen werden schon wissen, was sie tun. Sind ja aus der Gegend, die kennen jeden Zentimeter der Piste. Und sogar der Volksmund sagt, dass einem Betrunkenen nichts passiert. In Wien ist einmal ein Mann mit 2,4 Promille aus dem Fenster des zweiten Stockes gefallen. Was glauben Sie, ist ihm passiert? Nix! Weil die Ang'soffenen aus Instinkt richtig hinfallen. Wie die Katzen. Prostata! Zwei Tische weiter stoßen zwei Männer mit Skiwasser an, einer Himbeer-Soda-Mischung, die meist an Kinder bis sieben Jahre verkauft wird. Weicheier. Schattenparker. Schwuchteln.

Über uns der Himmel, so blau, blau, blau. Die Sonne scheint. Ein glasiger Blick auf die Uhr: Was, schon halb vier!? Wir, zwischen dem Himmel und dem Schnee, so blau, blau, blau. Wenn wir uns beeilen, können wir ein zweites Mal an diesem Tag mit dem Lift hinauffahren. Super wär' das schon. Wir tauchen kräftig an und singen »Ich hab 'ne Zwiebel auf dem Kopf, ich bin ein Döner«, das Lied, das uns der Wirt zum Abschied gespielt hat. Wir sind im Rausch. Der Gefühle. Was kostet die Welt? »Denn Döner macht schöner!« Wir fahren Schuss. Vollgas. Die Snowboarder, Senioren und Deutschen dürfen als lebende Kippstangen herhalten. Weicheier. Schattenparker. Schwuchteln. Der Schnee knirscht in Stereo. »Wei Skifoahr'n is des Leiwandste, wos ma si nur vurstell'n kaunn«, würde Wolfgang Ambros jetzt singen. Denn Döner macht schöner. Ja, die nächste Nationalratswahl kommt bestimmt, und dann machen wir unser Kreuzerl, weil wir sind ja schon über sechzehn. So, geschafft! Wir dürfen noch einmal rauf auf den Berg.

Uns dürstet. Die Schwedin am Sessellift schaut pikiert, weil wir rülpsen. Sie verdreht die Augen, nur weil unsere Hände unabsichtlich auf ihren linken Oberschenkel gerutscht sind. Was für eine Nervensäge! Wissen Sie, was die wissen will? Ob es eigentlich auf Skipisten keine Promillegrenze gibt. Ach, was haben wir gelacht! Natürlich gibt es keine! Wir Athleten brauchen ja nicht einmal einen Führerschein, den man uns abnehmen könnte. Warum sollten wir also Angst vor Strafen haben? Wer, bitte schön, sollte uns denn kontrollieren? Blöd werden sie sein in den Skigebieten und Liftkarten verkaufen, die sie uns wieder wegnehmen. Wenn sich das herumspricht, kommt ja keiner mehr!

Bergstation. Ein Flying Hirsch ist immer noch gegangen. Wir haben keine Ahnung, was da drin ist, aber von der Menge her ist es weniger als Bier, und deshalb müssen wir weniger oft aufs Klo. Prostata. Schwuchteln. Lecko mio. Weicheier. Wenn wir unten sind, haben wir uns ein Bier aus der Minibar verdient. Dann pinkeln wir in die Dusche, machen uns frisch und stürzen uns ins Nachtleben. Jede Menge williges Fleisch hier, nicht nur Döner. Wir gehen in die Disco, tanzen ab bis in die Puppen, Mann. Im Urlaub schlafen nur, richtig!, und wir sind ja keine. Was ist Schlaf? Hauptsache, wir sind morgen die Ersten beim Lift. Aber zuerst müssen wir von dieser Hütte weg. Es ist so finster und auch so bitter kalt. Egal. Wieder runter. Gut ist's gegangen, nichts ist g'schehen. In den Akjas liegen immer nur die anderen. Die, die dann auch einen Gips verpasst bekommen. Die schuld daran sind, dass die schönen Klänge des DJ Ötzi vom Hubschrauber übertönt werden. Aber an den ständigen Rotorenlärm haben wir uns längst gewöhnt. Er wird uns fast ein Jahr lang fehlen.

Zugegeben: Die Sache verhält sich nicht immer so. Skifahren ist schön. Urlaub sowieso. Uhh! Ahh! nicht. Aber, liebe Leute, und jetzt kommt endlich der erhobene Zeigefinger in Form von ganz vielen Rufzeichen: Don't drink and ride! Setzt einen Helm auf! Passt auf die Mit-Skimenschen auf – lasst den Döner Döner sein und fahrt lieber als gesunde Schwuchteln vom Urlaub wieder heim!

10 Wien, Wien, nicht nur du allein – Salzburg

Land unsrer Väter, lass' jubelnd dich grüßen,
Garten behütet von ew'gem Schnee,
dunkelnden Wäldern träumend zu Füßen
friedliche Dörfer am sonnigen See.
Ob an der Esse die Hämmer sich regen
oder am Pfluge die nervige Hand,
Land unsrer Väter, dir jauchzt es entgegen:
Salzburg, o Salzburg, du Heimatland!
Land unsrer Väter, dir jauchzt es entgegen:
Salzburg, o Salzburg, du Heimatland.

Wie aus des Ringes goldenem Reifen
funkelt der Demant, der Wunderstein,
grüßt aus der Hügel grünendem Streifen
Salzburg, die Feste im Morgenschein.
Und wenn die Glocken den Reigen beginnen
rings von den Türmen vergangener Zeit,
schreitet durch einsamer Straßen-Sinnen
Mozart und seine Unsterblichkeit.

Sollten die Länder der Welt wir durchwallen,
keins kann, o Heimat, dir werden gleich.
Mutter und Wiege bist du nur uns allen,
Salzburg, du Kleinod von Österreich.
Scholle der Väter, hör' an, wir geloben,
treu dich zu hüten den Kindern als Pfand!

Du, der in ewigen Höhen da droben,
breite die Hände und schirme dies Land!

Landeshymne,
Text: Anton Pichler, Melodie: Ernst Sompek

Abgesehen von den Wienern sind die Salzburger die sympathischsten Österreicher. Salzburg ist der Fläche nach das sechstgrößte, der Bevölkerungszahl nach das siebentgrößte Bundesland. Es grenzt an Oberösterreich, die Steiermark, Kärnten, Tirol, Italien und Deutschland. Landeshauptstadt ist Salzburg,
die viertgrößte Stadt in Österreich.

Die Salzburger Altstadt ist als UNESCO-Weltkulturerbe geschützt. Das Stift Sankt Peter (um 700) ist das älteste bestehende
Kloster im deutschen Sprachraum. Das Benediktinen-Frauen-
stift Nonnberg (711/12) ist das älteste dauernd bestehende
Frauenkloster weltweit. Die Erzdiözese Salzburg (739) ist die
älteste bestehende Erzdiözese im deutschen Sprachraum. Die
ältesten Teile der Festung Hohensalzburg stammen aus dem
Jahr 1077, die größte Burganlage aus dem 11. Jahrhundert in
Europa ist das Wahrzeichen der Stadt. Der Dom, errichtet zwischen 1614 und 1628, ist die älteste Barockkirche nördlich der
Alpen. Gegenüber der Alten Universität befindet sich das Fest-
spielhaus.

Und was gibt es Neues? Die Neue Residenz mit dem berühmten Glockenspiel, die neben der Alten liegt. Und mit einem zu-
gedrückten Auge das Schloss Mirabell, weil es in der Neustadt
der Stadt Salzburg glänzt. Es ist aber auch ziemlich alt (1606)
und wird ebenso wie die Getreidegasse, in der das Geburtshaus
von Wolfgang Amadeus Mozart steht, von den Touristenmassen
überrollt. Dem Wolferl zu Ehren kreierte der Konditor Paul Fürst

1890 die Mozart-Kugel aus Schokolade, in der sich ein Marzipan-Kern verbirgt. Die Konditorei Fürst stellt die ursprünglichen »Mozart-Bonbons« heute noch von Hand her, ein paar der rund zwei Millionen Gäste, die alljährlich in der Stadt nächtigen, werden wissen, wie gut die Kugeln schmecken.

Eine weitere Salzburger Spezialität ist der Schnürlregen, der vor allem in den Sommermonaten einsetzt und so schnell nicht wieder aufhört. Dann kann es tagelang, manchmal sogar wochenlang »herunterwascheln«. Spielt der Wind Regisseur, hat es den Anschein, schräge Fäden fielen auf die Erde. Wer annimmt, dieses Phänomen könnte die Touristen vergrämen, der irrt: Vor allem Gäste aus den arabischen Ländern finden zunehmend Gefallen am feuchten Wetter. Und so wird der Schnürlregen sogar exportiert: Im »Empress Sisi«-Hotel in Dubai soll ein spezielles Bewässerungssystem dafür sorgen, dass den Gästen authentisches Österreich-Feeling vermittelt wird. Auf Knopfdruck.

In Salzburg gibt es aber nicht nur die Stadt Salzburg, sondern auch die fünf politischen Bezirke Lungau, Pongau, Tennengau, Flachgau und Pinzgau. Im Winter ist die Sportwelt Amadé ein Renner, die bis in die Steiermark und nach Oberösterreich reicht. Über 270 Seilbahnen und an die 860 Pistenkilometer können in einem mehrere Hundert Quadratkilometer großen Gebiet mit nur einem Skipass befahren werden. Die bekanntesten der 25 teilhabenden Orte sind Flachau, Wagrain, Radstadt, Altenmarkt-Zauchensee, Kleinarl und Bad Gestein im Gasteiner Tal. Auch Saalbach-Hinterglemm hat sich im alpinen Zirkus einen Namen gemacht – 1991 richtete die Gemeinde im Pinzgau die Ski-Weltmeisterschaft aus. Das Kapruner Gletscherskigebiet wurde weltweit bekannt, als Ende 2000 nach einem Brand im Tunnel der Kitzsteinhorner Gletscherbahn 155 Menschen starben. Heute steht die Standseilbahn für den Personentransport nicht mehr zur Verfügung. In diesem Gebiet befindet sich das Pumpspeicherwerk Kaprun, das derzeit ausgebaut wird. Voraussichtlich 2012 wird die Kraftwerksleistung ausreichen, um zehn Prozent des österreichischen Strombedarfs zu Verbrauchsspitzen zu decken.

Während der Sommermonate werden die beiden Hochgebirgsstauseen, die den zentralen Teil des Kraftwerks bilden, gern von Touristen besucht. Beliebtes Ausflugsziel ist auch der Wolfgangsee im Salzkammergut. Strobl, St. Gilgen, Abersee und Ried liegen auf salzburgerischem Gebiet, einzig St. Wolfgang ist oberösterreichisch. Dort wurden in den Nachkriegsjahren zahlreiche Heimatkomödien gedreht, etwa 1960 *Im weißen Rössl* mit Waltraud Haas, Peter Alexander und Gunther Philipp. Hallein, die zweitgrößte Stadt des Bundeslandes, machte sich durch die Salzgewinnung und die damit verbundenen historischen Funde einen Namen. Die Kelten begannen bereits um 600 vor Christus am Dürrnberg mit dem Untertag-Abbau von Kernsalz. Die ersten Erzbischöfe ließen die Tradition wieder aufleben und erwirtschafteten über die Jahrhunderte mehr als die Hälfte ihrer gesamten Einkünfte, die die Grundlage für den Reichtum der Residenzstadt Salzburg bildeten. 1989 wurde die Saline auf dem Dürrnberg geschlossen und die Soleproduktion eingestellt.

Neben den *Salzburger Festspielen* im Sommer, bei denen seit der Premiere im Jahr 1920 der *Jedermann* von Hugo von Hofmannsthal aufgeführt wird und wo das Gesichtsbad mittlerweile fast wichtiger geworden ist als die Hochkultur, ist der der *Rupertikirtag* in der Stadt Salzburg ein Publikumsmagnet. Das Domkirchweihfest lockt um den 24. September fünf Tage lang mehr als hunderttausend Gäste an. Nahezu in Vergessenheit geratene Handwerksberufe wie Federkielsticker, Hutmacher oder Papiermacher zeigen ihr Können. Die typischen Salzburger Nockerl, diese hervorragende Süßspeise aus aufgeschlagenem, gebackenem und gezuckertem Eigelb, ist eher nicht vorzufinden. Dafür umso mehr traditionelle Hausmannskost. Neben dem Festzelt, wo Brathühner und Ochsenbraten angeboten werden, gibt's an den Gastronomieständen eine nahezu vollständige Auswahl Salzburger Spezialitäten, inklusive Wildpret, Knödel in allen Variationen und den Steckerlfisch. Volkstanz steht im Vordergrund, im Festzelt spielt ausschließlich die Blasmusik auf. Ein Brauch, der im Flachgau ausgeübt wird, ist das Aperschnalzen. »Apere« Flächen sind jene, auf denen kein Schnee liegt. Sieben oder neun Personen knallen Ende Jänner, Anfang Februar mit Peitschen, die bis zu vier Meter lang sind, im Rhythmus. In den Gemeinden Zederhaus und Muhr im Lungau haben die Prangstangen Tradition, das sind bis zu acht Meter lange und achtzig Kilo schwere Holzstangen, die mit Blumengirlanden umwickelt und im Juni in einer Prozession von Junggesellen durch die Orte getragen werden. Es heißt, dass dieser Ritus auf ein Gelübde aus dem 17. Jahrhundert zurückgeht, das nach einer Heuschreckenplage abgelegt wurde.

Die Salzburger sind mit wenigen Vorurteilen behaftet. Ein bissl konservativ sind sie halt aufgrund der Großschreibung der Tradition, des relativen Wohlstandes, der so manchen glauben lässt, er sei der bessere Hauptstädter. In Rest-Österreich werden sie jedenfalls »Stierwascher« genannt. Warum, da gehen die Meinungen auseinander, suchen Sie sich jene aus, die Ihnen besser gefällt.

1 Nach einer Sage wurde die Stadt belagert und den Einwohnern drohte hinter den Mauern der Hungerstod. Sie hatten nur noch einen einzigen, braun-weiß-gefleckten Stier. Um bei

den Belagerern den Eindruck zu erwecken, dass noch ausreichend Nahrung vorhanden sei, trieben sie das Tier auf die Stadtmauer. Am nächsten Tag bemalten sie den Stier weiß, am übernächsten schwarz. Und so weiter, bis die Feinde demoralisiert abzogen. Die Bürger führten den Stier hinab an die Salzach und wuschen ihn, bis er seine ursprüngliche Farbe wiederhatte. Der Fluss soll mit Seifenschaum bedeckt gewesen sein …

2 Die Salzburger Metzger hatten Schlachtungen öffentlich vorzunehmen, damit kein schädliches Fleisch in den Verkauf gelangen konnte. Die Tiere wurden an das Salzach-Ufer getrieben und dort gesäubert. Nein, Moment, das ist es noch nicht, das wäre ja zu banal! Den Rindern wurde mit Keulen ein »Wascher« gegeben, also ein Schlag verabreicht, um sie vor dem Töten zu betäuben …

Welche Variante ist Ihnen lieber?

II Baustelle Westautobahn und das charmante Verhalten hinter dem Steuer

So mancher Österreicher pflegt zu seinem fahrbaren Untersatz eine homoerotische Beziehung, obwohl das Auto grammatikalisch gesehen sächlich ist. Nach einem »Ja« heischende Sätze wie »Schön ist er schon, oder?« wechseln einander mit selbst bestätigenden Null-Sagern wie »Brav war er wieder heute, gell« ab, wenn der Bolide nach getaner Ausfahrt wohlbehalten in der

Garage abgestellt ist. Im Idealfall. Denn wer keine Garage hat, muss den Liebling in freier Wildbahn parken, auf der Straße, wo Vandalen gern Rückspiegel abschlagen, Scheiben einschmeißen oder den Lack zerkratzen. Oder Hunde an den Felgen ihr Geschäft verrichten. »Scheiße!« ist da noch eines der harmlosesten Worte, die die Autobesitzer dann gebrauchen, bevor sie blutenden Herzens zur Polizei gehen oder mit einem Kübel lauwarmem Wasser anrücken, um das Ungemach mit einer Bürste zu beseitigen. Weil: In diesem Zustand kann ich mich ja nirgendwo sehen lassen, die Leute glauben womöglich, ich sei ein Sandler, Gammler oder einfach nur ein Arbeitsloser! Doch selbst wenn der Wagen gut schläft unter freiem Himmel, wird vorzugsweise an den Wochenenden Hand angelegt. Die Selbstbedienungstankstellen haben Hochbetrieb, da wird in seltsam bunten Trainingsanzügen geschrubbt, poliert und gewachst, was das Zeug hält. Warum auch nicht – andere Menschen springen in ihren Freizeit Ski, sehen fern oder morden heimlich. Das Ergebnis der Auto-Fetischisten kann sich wenigstens sehen lassen. Und die Frau hat auch eine Freude, nicht nur, weil ihr Mann stundenlang nicht daheim ist.

Dementsprechend stolz lässt sich der Österreicher in seinem Statussymbol selbst auf den Verkehr los. Wo er ist, ist er, und da ist kein Platz für andere. Vor allem dort, wo er zu Hause ist. Das sind seine Straßen, seine Stoppschilder, seine Parkplätze. Ein paar kleine Tipps zwischendurch: Akzeptieren Sie das einfach und drehen lieber noch eine Runde, bevor Sie sich auf Diskussionen einlassen, deren Inhalt Sie womöglich akustisch und inhaltlich nicht verstehen! Sein gestreckter Mittelfinger wird Ihnen den Weg weisen … Nehmen Sie Beleidigungen bezüglich Ihrer Herkunft, die das Nummernschild schonungslos zur Schau stellt, nicht persönlich – alle, die nicht von da sind, wo er her ist, sind autofahrtechnisch gesehen depperte Ausländer. Und handelt es sich um Österreicher aus der Provinz, dann sind das depperte G'scherte, die besser daheim auf ihren Traktoren üben sollten, bevor sie sich in den Großstadtdschungel vorwagen. Das Wort »G'scherter« leitet sich übrigens von »Geschorener« ab und steht für die adretten Kurzhaarschnitte, die vor Hunderten von Jahren in ländlichen Gebieten en vogue waren, während der Wiener von Welt weißgelockte Puderperücken trug.

Jetzt fahren wir auf die Autobahn. Wir haben allesamt Logik studiert, deshalb beherzigen wir gefügig das Gesetz der Straße: Je fester ich auf das rechte Pedal steige, desto schneller bin ich dort. 130 km/h gelten zwar als Tempolimit, aber das ist egal. Was soll mir schon passieren? Die dritte Spur ist die meinige, alle anderen sind Rehstreichler, die sich auf unseren Straßen nicht auskennen. Hey, du, du blöder Tscheche in deinem lächerlichen Škoda, pass nur auf, dass dich nicht ein Fußgänger überholt! Schleich di von meiner Spur! Du willst mich nicht sehen? Na, dann pass auf! Ein Meter noch, und die Stoßstangen beginnen zu schmusen. Lichthupe. Echte Hupe. Lichthupe. Wildes Gestikulieren. Unkontrolliertes Sich-auf-die-Stirn-Schlagen – das kann ja alles nicht wahr sein! Heast, schleich'n sollst di, aber g'schwind! Na endlich. Schau wie nervös er ist, der Koffer. Kommen nur zu uns, damit sie den Verkehr aufhalten können! Ein flottes Reinschneiden auf die zweite Spur, damit der Tscheche sich merkt, mit wem er es zu tun gehabt hat, und aufs Gas. Bis zur nächsten Baustelle, die sich nicht nur in Form eines Rumänen auftut.

Vor allem die Westautobahn, die A1, die Wien und Salzburg verbindet, ist diesbezüglich ein Phänomen. In den vergangenen 25 Jahren gab es wohl keinen Tag, an dem nicht irgendwo irgendwas repariert worden wäre. Was, ist zweitrangig. Hauptsache, die Verkehrslawine muss sich durchschlängeln. Etwa durch diese zweispurigen Fahrbahnen: Rechts die Lkw-Kolonne und die Reisebusse; links, auf einer Breite von gefühlten eineinhalb Metern, die Kfz, die versuchen, sich mit mindestens 80 km/h zwischen Lastwagen, die andauernd von Windböen verblasen werden, und gefährlich grauer Betonwand durchzumogeln. Hmm, das könnte eng werden mit dem Seitenspiegel! Wer es wagt, den paranoiden Blick von der Fahrbahn abzuwenden, sieht dann auch noch diese lustigen Schilder mit den dämlich grinsenden Smileys: »Nur noch 8,5 Kilometer.« Warum wird die Westautobahn, auf der jährlich zig Menschen ums Leben kommen, nicht einmal generalsaniert und dann ist bitte für Jahrzehnte eine Ruh'? Wird wohl damit zusammenhängen, dass Straßenbaufirmen was zu tun haben müssen, wenn sie gerade nichts zu tun haben. Aber das mag eine gemeine Unterstellung sein, die so niemals ausgesprochen werden wird.

Der österreichische Lenker kann ganz schön ordinär werden, wenn ihm was nicht passt. Es passt ihm nie was. Das Gute daran ist, dass die anderen Lenker die Schimpftiraden nicht hören können. Es sei denn, im innerstädtischen Bereich, wenn Fenster heruntergekurbelt oder Cabrio-Dächer offen sind. Am öftesten gehört: G'schissener, gefolgt von Sautrottl und g'schissener Sautrottl. Dabei passiert ja im Regelfall ohnehin nie etwas, der Zorn ist also ein theoretischer. Aber merke: Es hätt ja was passieren können, wenn der g'schissene Sautrottl nicht aufpasst, und g'schissene Sautrottln sind bekannt dafür, dass sie nicht aufpassen. Diese Ignoranten sitzen auch recht gern auf Fahrrädern oder stehen als Fußgänger im Weg herum. Obwohl es kilometerlange Radwege und Gehsteige gibt, das muss man sich einmal vorstellen! Können die nicht daheim bleiben? Und wie die Lemminge spazieren sie bei Rot über die Straße! Heast, hobt's es kane Aug'n im Schädl? Unfassbar eigentlich, und wenn ich einen niederführe, sperren s' mich ein, weil alle anderen sind ja Heilige! Nur wir Autofahrer sind immer die Deppen, dabei kurbeln wir die Wirtschaft an. Stichworte: Neuwagenkauf; Benzin; Reparaturen; Autobahnvignette; Raststationen – und was bitte schön tut ein Radfahrer, außer in der frischen Luft ein bisserl im Kreis zu fahren?

Warum der Österreicher glaubt, er hätte das Autofahren erfunden, ist nicht erklärbar. Weil Jochen Rindt, Niki Lauda und Gerhard Berger in der Königsklasse des Motorsports starten durften? Mag Niki Lauda eigentlich Fußgänger? Fährt Gerhard Berger Rad? Fix ist, dass wir ziemlich kleinlaut werden, wenn wir nicht unter uns und jenen sind, die gerade zufällig bei uns sind. Wenn wir auf der Strada del Sole auf der Straßenkarte versuchen, die richtige Abfahrt zu entziffern; wenn diese gemeinen Italiener mit ihren Lichthupen auf uns draufpicken; wenn wir sie im Rückspiegel wie verrückt herumfuchteln sehen. Haben die vielleicht kein Tempolimit? Ist ja echt ein Wahnsinn, dass bei denen nicht mehr passiert, so rücksichtslos, wie die sich aufführen!

So was tät's bei uns nicht geben, aber ganz sicher nicht.

12 Dirndl und Lederhose – wie man sich in der Provinz fürs Schuhplatteln verkleidet

Woran erkennt man bei einem Volksfest, etwa in Kufstein, einen Norddeutschen, wenn er noch keinen Mucks von sich gegeben hat? Genau, an der Kleidung. Er passt irgendwie nicht dazu mit diesen Bügelfalten am Hemd, diesem Hut, der aussieht, als sei er vor fünf Minuten noch im Schaufenster gelegen, dieser Kniebundhose – ohne Fleck und duftend wie ein Hirsch. Kurz: Er ist zu perfekt in seinem Ansinnen, die Verbundenheit zu den Einheimischen über die Tracht auszudrücken. Er merkt natürlich nicht, dass hinter seinem Rücken frech getuschelt wird. Um die Ohren zu spitzen, ist er nicht hergekommen. Lieber lauscht er andächtig der Volksmusik und beobachtet fasziniert die Burschen, die einander auf der Tanzfläche Watsche um Ohrfeige geben, ohne dabei umzufallen. Er kriegt nicht mit, dass die beiden nicht einmal Körperkontakt haben – während der eine seine Handfläche Richtung Gesicht schnellen lässt, klatscht der andere unbemerkt in die Hände. Die rote Gesichtsfarbe kommt ausschließlich von der guten Luft und den durchsichtigen Getränken in den Zwergenbechern. »Das ist aber ein dufter Schuhplattler«, sagt er zur Zenzi, der Wirtstochter, die neben ihm sitzt. Sie schüttelt den Kopf, steht auf, geht und denkt sich: Nein, mein Herr, der Watschentanz ist nicht Bestandteil unseres Brauchtums. Diesen Blödsinn machen unsere Männer nur, wenn Touristen da sind. Wenn wir unter uns sind, kochen wir während des Plattelns auch keinen Schmarrn, hacken kein Holz, läuten nicht mit Kuhglocken. Wir sind ja keine Vollidioten!

Tatsache ist, dass die Gebärden des Plattlers schon im tiefsten Mittelalter praktiziert wurden, um die Partnerin mit akrobatischen Figuren zu beeindrucken und für sich zu gewinnen. Die Mühe fruchtete, sonst hätten sich die Menschen auf dem Land wohl nicht fortgepflanzt, die Musik entwickelte sich weiter, man erfand den »Ländler«, und wenn sie nicht gestorben sind, dann platteln sie noch heute. Was sie fleißig tun. Der Schuhplattler war immer schon ein Paartanz. Im Drei- oder Zweivierteltakt des Ländlers absolviert der Bursch eine Folge von unorthodoxen Sprüngen und Hüpfbewegungen. Dabei schlägt (plattelt) er sich selbst auf Schenkel, Knie und Fußsohlen, klatscht und stampft mit den Füßen auf den Holzboden. Den Abschluss bildet ein kurzer Walzerrundtanz mit der Partnerin.

Der »Burschenplattler«, bei dem die Frauen nur zuschauen dürfen, setzte sich erst Anfang des 20. Jahrhunderts durch. Weil Tradition verpflichtet, wird der Plattler vielerorts von Heimat- und Trachtenvereinen gepflogen. Freilich nicht jeden Tag, mir müssen ja auch was arbeiten, aber beim Kirtag oder Zeltfest schlüpfen wir schon ganz gern in die Lederhose und legen eine kesse Sohle aufs Parkett. Was Zenzi dem Herrn mit den Bügelfalten noch sagen wollte: Die Show-Plattler haben meist Hüte auf dem Kopf, die beim originalen Platteln ob der artistischen Einlagen nicht tragbar wären.

Die Lederhose war immer schon ein Kleidungsstück der Bauern. Strapazierfähig, bequem, praktisch, einfach zu reinigen. Dass sie in bourgeoisen Kreisen in Mode kam, hatte sie Werbe-Trägern wie Erzherzog Johann und Kaiser Franz Joseph zu verdanken, die in Jagdpositur gemalt oder fotografiert wurden. Im Salzkammergut, wo Franz Joseph gern das Büchserl sprechen ließ, gehört die hand- und maßgefertigte, reich bestickte Lederhose immer noch zur Alltagskleidung. Generell unterscheidet man zwischen »Kurzer« und »Kniebundhose«, die vorwiegend zu festlichen Anlässen angezogen wird. Zum Beispiel an Tagen, an denen die Plattler ihre Künste vorführen.

Wer Glück hat, darf neben einem feschen Dirndl Platz nehmen, das sein schönstes Dirndl trägt. »Dirndl« ist sowohl die Bezeichnung für junges Mädchen, als auch für ein Kleid mit engem, tief ausgeschnittenem Oberteil, weitem, hoch an der Taille angesetztem Rock und Schürze. Vorne oder seitlich ist eine Tasche eingearbeitet, die von der Schürze verdeckt wird. Eine weiße Bluse mit Puffärmeln sowie ein Schultertuch oder ein kurzes Halstuch komplettieren das ländliche Outfit. Ursprünglich konnte man an der Schleife, mit der die Schürze zugebunden ist, die Disponibilität der Dame ablesen: rechts = verheiratet oder verlobt; links = super.

Selbstverständlich hat der Herr aus Norddeutschland auch einen Gamsbart erstanden, den ihm der Hotelportier auf den neuen Hut montiert hat. Fesch ist der, so schön buschig! Buschig? Kommt von büschelförmig, also jener Form, in der die Rückenhaare der ausgewachsenen Gamsböcke gebunden sind. Buschig kann aber auch »dicht« bedeuten, im Sinn von: Die Tiere werden kurz vor dem Winter geschossen, da haben sie schon das dichtere Winterfell. Die hellen Spitzen der Haare, »Reif« genannt, sind nur wenige Millimeter kurz. Das ist ein wichtiges Unterscheidungsmerkmal zum Hirschbart, obwohl, hat ein Hirsch nicht eine andere Farbe? Egal, jedenfalls kann beim Hirschbart der Reif zwei Zentimeter lang sein. Das Bartbinden gilt als hohe Kunst, die mehrere Stunden in Anspruch nimmt. Ausrasieren, waschen, rupfen, binden, ja, da kommt schon was z'samm, bedenkend, dass man für einen richtig mega-gigaprächtigen Gamsbart bis zu zehnmal ausrasieren, waschen …

Der Herr aus Norddeutschland setzt seinen Hut auf, bedankt sich höflich beim Hotelportier und wird in der Heimat erzählen, dass man beim Gamsbart-Kauf ein Metermaß dabei haben sollte. Unbedingt.

13 Opern- und Life Ball – der Tanz der Gegensätze

Wenn in den Wiener Taxis mehr Pinguine sitzen als im Tiergarten Schönbrunn herumstehen, dann ist wieder einmal der letzte Donnerstag im Fasching. Und wir starren gebannt auf die Fernsehgeräte, um im ORF live miterleben zu dürfen, wie die Hautevolee im Frack und mit pompösem weiblichen Aufputz zum Tanzen geht. Um Gottes willen, schau, hast du bitte dieses Kleid gesehen? Dass sich die in so einem Fetz'n überhaupt aus dem Haus traut! Und erst diese Frisur! In den wichtigen Kreisen wiederum gilt unser »Obernball« in der Staatsoper als *das* gesellschaftliche Ereignis des Jahres. Wer glaubt, wichtig zu sein, muss mit von der elitären Partie sein. Ob Kunstschaffende, Politiker, Wirtschaftstreibende aus dem In- und Ausland – sehen und gesehen werden, es heißt, dass man bei dieser Veranstaltung ausgezeichnet Kontakte knüpfen kann. Die Tradition reicht zurück ins Jahr 1815, der erste Ball unter dem Namen »Wiener Opernball« fand 1935 für karitative Zwecke statt, ab 1956 wurde er jedes Jahr ausgerichtet. Bis auf 1991, als man aufgrund des Golfkrieges glaubte, die Sicherheit der Staats-Gäste nicht gewährleisten zu können.

Die Staatsoper wird – um die Anzahl der Schließtage, die Direktor Ioan Holender zumindest ein Dörnchen im Auge sind, klein zu halten – binnen kürzester Zeit und mit affenartiger Geschwindigkeit in einen mächtig prächtigen Ballsaal verwandelt. Erst in der Nacht vor dem Event werden im Parterre die Sessel abmontiert, damit das Tanzparkett aufgelegt werden kann, das wiederum mit der Bühne eine ebene Fläche bildet. Seit ein paar Jahren dürfen die prestigeträchtigen Parterre- und Ranglogen im Zuschauerraum nur noch an »Donatoren« der Oper vermietet werden, die das Haus mit einem Jahresbeitrag von etwa 40 000 Euro freiwillig unterstützen. Die Bühnenlogen für den kleinen Mann, wie Baumeister Richard Lugner einer ist, kosten ein bisschen weniger als die Hälfte. Bleibt trotzdem genug übrig, um Jahr für Jahr Prominente aus Film und Society einzukaufen und sich von ihnen vor- und zum Walzer führen zu lassen. Den Höhepunkt des Abends bildet bereits die Eröffnungszeremonie. Nach der Europahymne ziehen etwa neunzig Tanzpaare zu den Klängen von Carl Michael Ziehrers *Fächerpolonaise* in den Saal ein. Es folgen Tanz- und Gesangsdarbietungen, 2007 trat Anna Netrebko auf, 2008 José Carreras. Weitere neunzig Paare komplettieren das sogenannte »Jungdamen- und Herrenkomitee«, dann ruft einer, meist der, der mit der Choreografie betraut war »Alles Walzer!« und los geht's.

Seit 1987 war der Opernball immer wieder Ziel politischer Demonstrationen. Die einfache Rechnung: unsere Anliegen + weltweites Publikum = sehr viel Aufmerksamkeit. Ob gegen den Hunger in der Dritten Welt, Pelztierzucht, Überwachungsstaat – da war für jeden was dabei. Im Jahr 2000, kurz nach der Angelobung der ÖVP-FPÖ-Koalition, tobten die Ausschreitungen am heftigsten. Draußen nahm die Polizei 42 Personen fest, es gab zahlreiche Verletzte, während drinnen die Regierungsmitglieder das Tanzbein schwangen.

Und jetzt schalten wir um.

Die Eröffnungsshow des Life Ball im Mai in Wien wird seit 2007 vom ORF live übertragen. Seit 1993 versucht die größte europäische Benefiz-Veranstaltung, zugunsten Aidskranker und der Aidsforschung ein alljährliches Zeichen gegen Ignoranz und Vorurteile zu setzen. Dementsprechend schrill geht's auch zu im Rathaus, der Erfolg ist überwältigend: Im ersten Jahr wurde ein Erlös in Höhe von (heute) 80 000 Euro eingespielt, der Betrag stieg kontinuierlich, 2008 waren 1,4 Millionen auf den Habenseite. Der Initiator und Organisator, Gery Keszler, muss im Gegensatz zu Richard Lugner nicht dafür zahlen, dass sich die Prominenz bei ihm die Türschnalle in die Hand gibt. Gesehen wurden Catherine Deneuve, Sharon Stone, Liza Minelli, Anastacia, Naomi Campbell, Heidi Klum. Und Elton John, der von 2001 bis 2005 zu Gast war und Eröffnungsreden hielt. Diese durften auch Menschen hören, die keine Karte besaßen. Denn die glamouröse Eröffnungsshow findet auf dem Rathausplatz statt – inklusive einer Modeschau auf der überdimensionalen Bühne, die ein Red Ribbon darstellt. Die Palette der Models reicht von Top (Nadja Auermann) bis Fast-Top (Ex-Gesundheitsministerin Andrea Kdolsky). Dazwischen hat naturgemäß eine ziemliche Bandbreite Platz, Stars wie Til Schweiger, Kylie Minogue oder Dolly Buster durften zeigen, was sie drauf haben. Die Designer wechseln einander ab, Koryphäen wie Galliano, Gaultier, Westwood, Lacroix oder Ferré gewährten bereits Einblicke in ihre schnittige Kunst.

Der Life Ball, anfangs belächelt, hat sich zu einem international angesehenen Event gemausert. Inzwischen entsenden mehr als sechzig TV-Stationen und über fünfhundert Zeitungen und Magazine ihre Journalisten. Um die charakteristische Abwechslung und Extravaganz aufrechtzuerhalten, wird jedes Jahr ein Motto für den Dresscode ausgegeben. Wer sich dem beugt, bekommt ein »Style Ticket« zum halben Preis. Hinter uns haben wir »Once upon a time there was a princess called hope« oder »Außerirdische: Landing on planet Life Ball – Love is infinite. Life is universal«. Nur adäquat kostümierte Gäste dürfen über den Roten Teppich schreiten, Spaßverderber in Zivil haben gefälligst den Gehsteig zu benutzen und den Vollpreis zu zahlen. Drinnen sind aber alle gleich vor dem Herrn, wäre ja auch echt diskriminierend, wenn zwei Männer im Smoking vom »Showpriest« vor der »Wedding Chapel« abgewiesen werden würden.

Der Life Ball ist neben dem Concordia Ball einer der wenigen, die außerhalb der Wiener Ballsaison stattfinden. Diese dauert zwar vom 11. November bis Faschingsdienstag, üblicherweise beginnen die großen Bälle aber erst am Silvesterabend. Die Highlights neben dem Opernball sind der Kaiserball, Philharmonikerball, Bonbonball, Jägerball (Achtung: Tracht!), Polizei- und Feuerwehrball und der Kaffeesiederball. Zwischen Neujahr und dem finalen Elmayer-Kränzchen vergeht kaum ein Tag, an dem in Wien nicht mindestens ein Ball stattfindet. Auch, weil es sich nur wenige Schulen, Pfarren, ethnische Gruppen oder Berufsgruppen nehmen lassen, im kleinen Rahmen zum Tanz zu bitten. Ein Geheimtipp ist der Gewichtheberball im Gasthaus *Zur Zukunft*, bei dem ein Sportverein auf der Bühne seinen Jahresmeister ermittelt, bevor der Infight auf dem Parkett losgeht. Dort besteht kein Dresscode.

Und jetzt schalten wir aus.

14 Orden muss sein

In diesem Kapitel geht es um ein Thema, das durchaus mit der Sportart Skispringen zu vergleichen ist, bei der es fast mehr Schanzen als Athleten gibt. Oder haben Sie einen Orden daheim? Und schon sind wir mittendrin im schwer nachzuvollziehenden Minderheitenprogramm.

Halt!

Auf den zweiten Blick stellt sich nämlich heraus, dass es nur so wimmelt von stolzen Menschen, die für Herausragendes belohnt wurden und ihren Orden maximal ein-, zweimal pro Jahr ausführen, etwa, wenn sie damit beim Opernball antanzen. Ins Büro wird man ihn ja wohl nicht mitnehmen dürfen, oder?! Die wichtigste staatliche Ehrung, die vergeben wird, ist das *Ehrenzeichen für Verdienste um die Republik Österreich*. Wie man dazu kommt, das werden wir beim Professorentitel noch genauer unter die Lupe nehmen: Man kann jemanden vorschlagen, und wenn man selbst gern einen Orden hätte, dann kann man jemanden bitten, dass man doch von ihm vorgeschlagen werden möge. Grundvoraussetzung ist jedenfalls, dass die zu beleihende Person auf politischem, wirtschaftlichem, kulturellem, geistigem oder auch ehrenamtlichem Gebiet »hervorragende gemeinnützige Leistungen« für die Republik vollbracht oder »ausgezeichnete Dienste« geleistet hat. Die Objektivität liegt in den Augen des Betrachters, der Heinz Fischer heißt, Bundespräsident ist und die Vergabe durchführt oder hiefür einen Vertreter bestimmt.

Weil es selbst unter den Hervorragendsten noch Ausgezeichnetere gibt, ist das Ehrenzeichen mehrstufig. Die höchste Würde ist der Großstern, der ausschließlich Staatsoberhäuptern vorbehalten ist. Heinz Fischer bekam ihn am Tag seines Amtsantritts, polemisch könnte man jetzt meinen, dass er für die hervorragende gemeinnützige Leistung im Wahlkampf belohnt wurde. Aber er muss uns ja repräsentieren, wenn ein hoher Ausländer kommt, und dafür braucht er dann den Großstern. Wie käme er denn sonst daher, oben ohne? Der Präsident darf das Ehrenzeichen bis zu seinem Ableben behalten, auch wenn er im Ruhestand ist. Neben Fischer wurde der Großstern unter anderem Queen Elizabeth II., Josip Broz Tito, Jacques Chirac, Carlo Azeglio Ciampi oder Rania von Jordanien verliehen. Zum Studieren des Papiers, auf dem das formvollendete Tragen des Großsterns skizziert wird, dürfte Fischer eine Woche gebraucht haben. Gibt er zum Beispiel ein Diner zu Ehren eines fremden Gastes von besonderer Distinktion, trägt er das Band des fremden Ordens unter dem Gilet, an der Brust den Stern des Großsterns und den Stern des fremden Großkreuzes. Trifft er aber mit einem fremden Staatsoberhaupt bei einem Anlass zusammen, bei dem ein Frack angemessen ist, trägt er das fremde Band über dem Gilet, den Stern des fremden Großkreuzes an der Brust und darunter den Stern des Großsterns. Bei privaten Abendessen darf er ohne sein Ehrenzeichen erscheinen, Der wichtigste Orden für alle, die nicht österreichischer Bundespräsident oder Königin von England sind, ist das Große goldene Ehrenzeichen am Bande. Abonnenten sind der Bundeskanzler, die Minister und der Nationalratspräsident. Auch der Papst ist stolzer Besitzer – Joseph Ratzinger wurde als Präfekt der Glaubenskongregation gewürdigt. Das Große silberne Ehrenzeichen am Bande wird häufig an Staatssekretäre oder Landeshauptleute verliehen. Dann geht's munter weiter nach unten: Großes goldenes und silbernes Ehrenzeichen mit dem Stern, Großes goldenes und silbernes Ehrenzeichen, Großes Ehrenzeichen,

Goldenes und Silbernes Ehrenzeichen, goldenes und silbernes Verdienstzeichen, goldene Medaille.

In der Verordnung der Bundesregierung vom 13. Mai 1953, betreffend das Statut für das Ehrenzeichen für Verdienste um die Republik Österreich (StF: BGBl. Nr. 54/1953) wird in der Beilage 3 die »Art des Tragens der Dekoration des Ehrenzeichens« erklärt. Für uns ist das nicht unerheblich – wenn wir im TV eines glänzenden rotweißroten Schärpen-Auflaufes ansichtig werden, können wir zumindest vermuten, wer was hat. »(1) Die Besitzer des Großsternes, des Großen goldenen Ehrenzeichens am Bande und des Großen silbernen Ehrenzeichens am Bande für Verdienste um die Republik Österreich tragen die Dekoration an dem von der rechten Schulter vorne und rückwärts zur linken Hüfte verlaufenden Bande, den Bruststern an der linken Brustseite. (2) Die Besitzer des Großen goldenen Ehrenzeichens mit dem Stern und des Großen silbernen Ehrenzeichens mit dem Stern für Verdienste um die Republik Österreich tragen die Dekoration an dem Band um den Hals, den Bruststern an der linken Brustseite. (3) Der Besitzer des Großen goldenen sowie der des Großen silbernen Ehrenzeichens für Verdienste um die Republik Österreich tragen die Dekoration an dem Bande um den Hals. (4) Der Besitzer des Großen Ehrenzeichens für Verdienste um die Republik Österreich trägt die Dekoration an der linken Brustseite. (5) Der Besitzer des Goldenen und des Silbernen Ehrenzeichens für Verdienste um die Republik Österreich sowie der Verdienstzeichen der Republik Österreich und der Medaillen für Verdienste um die Republik Österreich tragen die Dekoration am dreieckig gefalteten Bande an der linken Brustseite. (6) Auf geistlichen Gewändern, Talaren und so weiter werden die Bänder des Großen goldenen Ehrenzeichens am Bande für Verdienste um die Republik Österreich in Falten gelegt breit um den Hals getragen. Das Kleinod hängt in der Mitte auf der Brust. (7) Frauen tragen das Goldene Ehrenzeichen, das Silberne Ehrenzeichen, die Verdienstzeichen und die Medaillen an einem maschenartig genähten Bande, das die den einzelnen Graden entsprechende Breite und Farbenverteilung aufweist. (8) Den Besitzern des Ehrenzeichens ist das Tragen der ihnen verliehenen Dekorationen in bildgetreuem verkleinertem Maßstab (Miniaturen) sowie das Tragen des Bandes in Form von Rosetten oder schmalen Leisten im Knopfloch der bürgerlichen Kleidung gestattet.«

Ist Ihnen jetzt schwindlig geworden? Wenigstens wissen wir jetzt, dass man mit Miniaturen ins Büro gehen darf.

Darüber hinaus vergibt die Republik Österreich das Ehrenzeichen für Wissenschaft und Kunst. Der Verdienstorden wird an Personen des In- und Auslandes verliehen, »die durch besonders hoch stehende schöpferische Leistungen dem Gebiete der Wissenschaft oder der Kunst allgemeine Anerkennung und einen hervorragenden Namen erworben haben«. Insgesamt dürfen das Ehrenzeichen nur je 36 In- und Ausländer besitzen, die Österreicher bilden eine »Kurie«, die aus je 18 Wissenschaftlern und Künstlern besteht und würdige Nachfolger für Verstorbene vorschlagen kann.

Eigentlich ein sehr fades Kapitel, oder? Machen wir's schnell, gleich sind wir durch. Neben den erwähnten Ehrenzeichen der Republik existieren zahlreiche weitere Auszeichnungen des Bundes und der Bundesländer. Nehmen wir von jedem ein kleineres zur Veranschaulichung: Feuerwehr-Verdienstmedaille in Gold des Landesfeuerwehrverbandes Burgenland; Kärntner Kreuz für Lebensretter; Medaille des Landes Niederösterreich für den Katastropheneinsatz; Sportehrenzeichen für verdienstvolle ehrenamtliche Tätigkeit in Bronze (Oberösterreich); Gol-

dene Medaille für Tätigkeit als Gemeindevertreter der Landeshauptstadt Salzburg; Steirische Hochwassermedaille in Silber;
Tiroler Adlerorden in Silber; Sicherheitsmedaille (Vorarlberg);
und für Sie, liebe Leserin, lieber Leser, der Ehrenring der Stadt
Wien. Für Ihre Geduld.

15 Wien, Wien, nicht nur du allein – Oberösterreich

Hoamatland, Hoamatland!
han di so gern
Wiar a Kinderl sein Muader,
A Hünderl sein' Herrn.

Durih's Tal bin i glaffn,
Afn Hechl bin ih glegn
Und dein Sunn hat mi trückert,
Wann mih gnetzt hat dein Regn.

Dahoam is dahoam,
Wannst net fort muaßt, so bleib;
Denn d'Hoamat is ehnter
Der zweit Muaderleib.

Landeshymne,
Text: Franz Stelzhamer, Melodie: Hans Schnopfhagen

Abgesehen von den Wienern sind die Oberösterreicher die sympathischsten Österreicher. Oberösterreich ist der Fläche nach das viertgrößte, der Bevölkerungszahl nach das drittgrößte Bundesland. Es grenzt an Salzburg, Niederösterreich, die Steiermark, Deutschland und Tschechien. Landeshauptstadt ist Linz, die drittgrößte Stadt in Österreich, die Europäische Kulturhauptstadt des Jahres 2009, die sich mit Veranstaltungen wie der Linzer Klangwolke, dem Brucknerfest oder dem Prix Ars Electronica seit Jahrzehnten auf dem kulturellen Sektor etabliert hat. Damit wehrt sich Linz auch erfolgreich dagegen, auf eine Industriestadt reduziert zu werden. 1938, nach dem Anschluss an Hitler-Deutschland, wurde der Stahl- und Rüstungsbetrieb »Reichswerke Hermann Göring« gegründet, aus dem später die VOEST hervorging, die jahrzehntelang die Luft verpestete. Hitler, der in Linz die Schule besucht hatte, wollte aus der oberösterreichischen Hauptstadt eine Metropole basteln. Die Pläne seines Architekten Speer sahen prunkvolle Bauten, prächtige Alleen und die weltweit größte Kunst- und Gemäldegalerie vor. Bumm, und aus der Traum!

Apropos Pläne: Jene der Pferdeeisenbahn Linz-Budweis waren zwischen 1827 und 1832 in die Tat umgesetzt worden, die erste öffentliche Eisenbahnlinie auf dem europäischen Kontinent war 128,8 Kilometer lang und diente vorwiegend dem Salztransport nach Böhmen. Ab 1880 durften die Linzer in ihrer Stadt mit der Pferdeeisenbahn fahren, die 1897 elektrifiziert wurde. Ein Jahr später wurde die Pöstlingbergbahn, mit einer Steigung von 10,5 Prozent die steilste zahnradlose Bergbahn der Welt, eröffnet. Am 12.02.1934, zur Zeit des Austrofaschismus, begannen im Hotel *Schiff* die Februarkämpfe. Truppen der ständestaatlichen Heimwehr hatten bei den Schutzbündlern nach Waffen gesucht, ein zweitägiger Bürgerkrieg brach aus. Daher der Spruch »In Linz beginnt's«, der heute noch gern als Slogan für alles Mögliche verwendet wird. Wohl auch, weil sich's so schön reimt.

Linz ist die einzige Großstadt in Österreich, die fast doppelt so viele Stellen anbietet, wie die 189 000 Einwohner benötigen würden. Das bedeutet, dass es sehr, sehr viele Pendler aus dem Umland gibt, die großteils im Auto anreisen. Der Ö3-Verkehrsfunk meldet fast täglich »umfangreiche Stauungen«. Wieso sind Stauungen eigentlich immer umfangreich? Stau ist doch Stau, oder?

Was man nicht sehen kann, wenn man umfangreich Zeit versitzt: Die Wallfahrtsbasilika Pöstlingberg, das Linzer Wahrzeichen, erbaut 1738 bis 1774; den Maria-Empfängnis-Dom (1862 bis 1924), die größte Kirche Österreichs mit einem Fassungsvermögen von 20 000 Personen; oder den Botanischen Garten, den jährlich über 100 000 Pflanzenliebhaber besuchen, um sich an den 8 000 Arten zu ergötzen. Von den 96 Quadratkilometern der Linzer Stadtfläche sind 47,7 Prozent Grünland und 7,4 Prozent Gewässer. Nördlich der Donau grenzt die Stadt an die sanften Hügel des Mühlviertels, das neben dem Hausruck-, Inn- und Traunviertel eines von vier Vierteln ist, die Oberösterreich zu einem Ganzen machen. Weil wir schon bei den Vierteln sind: Das berühmte Salzkammergut befindet sich zu drei Viertel auf oberösterreichischem Boden.

Das Salzkammergut ist ein Erholungs-, Wander- und Badeparadies, auch wenn die Seen sehr kalt sind. Aber schön! Etwa der Attersee, der zweitgrößte See in Österreich. Oder der Traun-, Hallstätter-, Gosau-, Irr- und Mondsee. Die Region hat eine lange Tradition als Fremdenverkehrsgebiet, die sich aus der Gepflogenheit der Sommerfrische entwickelte. Das Salzkammergut hieße wohl Kammergut oder überhaupt nur Gut, gäbe es –

richtig! – die Salzvorkommen nicht. Ab 1807 erprobte der Sali-
nenphysikus Dr. Josef Götz in Ischl die Wirkung von Solebädern
an erkrankten Salinenarbeitern. Die ersten auswärtigen Kur-
gäste kamen 1822, im Folgejahr erschienen bereits an die 80.
Ischl stieg zu einem Kurort von europäischer Bedeutung auf.
1827 reiste das erzherzogliche Ehepaar Franz Karl und Sophie
das erste Mal an. Mit dem Kinderkriegen wollte es nicht so recht
klappen, also wurden die beiden zum ausgiebigen Baden im
warmen Salzwasser aufgefordert. Und siehe da, es ward ihnen
ein Knäblein geboren, Franz Joseph hieß das Zwutschkerl, das
auch »Salzprinz« genannt wurde und 83 seiner 86 Sommer in
Ischl verbringen sollte. Wenn der kaiserliche Großstädter zum
Residieren anrückte, hechelte der Hofstaat mit, pilgerten die
Adabeis der High Society demütig hinterher, um nicht allein in
Wien sitzen zu müssen. Seit dem 18. August 1863 kam der oberösterreichische Komponist Anton Bruckner jedes Jahr zum Geburtstag des Kaisers, um an der Orgel zu spielen. Ischl war Som-
merdomizil vieler populärer Komponisten, unter ihnen Johann
Strauß, Franz Lehár und Johannes Brahms, was den Ort zu
einem Künstlertreffpunkt von Weltrang machte. Heute werden
während der Sommermonate im Kurhaus immer noch Operet-
tenwochen veranstaltet; heute wird immer noch Sole gewonnen und in Ebensee zu Salz verarbeitet; heute dürfen die Konditorei Zauner und die Kurapotheke immer noch die Auszeich-
nung »ehemaliger k. u. k. Hoflieferant« tragen.

Was gibt's sonst noch in Oberösterreich? Hatten wir Salz
schon? In Hallstatt nahm der Abbau bereits bei den Kelten früh-
industriellen Charakter an. Nach Erfindung des Bronzepickels
gruben sie sich in die Erde und förderten im vermutlich ältesten
Salzbergbau der Welt. Nach zahlreichen Gräberfunden wurde
ein Abschnitt der älteren Eisenzeit »Hallstattzeit« benannt. Die

wichtigsten Flüsse neben der Donau sind der Inn, die Traun, Salzach und Enns. Die Landeshymne *Hoamatgsang* ist die einzige in Österreich in Mundart. Die zur Linzer Tracht gehörende Goldhaube ist in der Frauenmode seit dem 17. Jahrhundert ein Bringer. Das Benediktinerstift Kremsmünster wurde 777 durch den Bayernherzog Tassilo III. gegründet, sein prächtiger, reich verzierter Tassilo-Kelch stammt ebenfalls aus dieser Zeit. Eine kulinarische Besonderheit sind die Linzer Augen, kreisförmige Kekse mit einem Durchmesser von 8 bis 10 Zentimeter, die zwischen den zwei Lagen mit Ribiselmarmelade oder Johannisbeerenkonfitüre, ganz wie Sie wollen, bestrichen werden. Die obere Lage ist mit einem oder drei Löchern versehen. Auch die Linzer Torte ist in aller österreichischen Munde. Den köstlichen Schlierbacher Schlosskäse sollten Sie vor der Wohnungstüre aus der Verpackung nehmen, drinnen verzieht sich der Gestank nur mit enden wollender Geschwindigkeit. Wie im benachbarten Bayern und Böhmen sind Knödel mit zahlreichen pikanten Füllungen nicht wegzudenken. Auch Bratl, Essigwurst, Maurerforelle und Sulz kommt gern auf den Tisch, etwa, wenn einander die Männer treffen, um lustige Gstanzln vorzutragen. Zum Beispiel folgende Moritat von der Grille und dem Rasenmäher:

A Grü sitzt im Gros
und pfeift si grod wos
auf amoi is schtaad
Schädl o'gmaht

Eine Grille sitzt im Gras
und pfeift sich gerade was
auf einmal ist sie still
Kopf abgemäht

Der Oberösterreicher ist grundsätzlich ein gutmütiger, gemütlicher Mensch, den so leicht nichts aus der Ruhe bringen kann. Kommt Zeit, kommt Tat. Obwohl das Mostviertel in Niederösterreich liegt, wird er von den anderen Österreichern scherzhaft als »Mostschädl« bezeichnet – haben halt viel, trinken ihn halt gern. Das passt dem Oberösterreicher natürlich nicht, und er schlägt zurück, wenn auch im kleinen Kreis. Denn auch er hat seinen Mostschädl, und zwar den Mühlviertler, der bei jeder sich bietenden Gelegenheit auf die Schaufel genommen wird. Ist ja nicht bös' gemeint!

16 Bussi, bussi – und baba sowieso

Treffen einander in Österreich mindestens zwei Personen, befinden sie sich »in Gesellschaft«. Sie sind dann also nicht allein. »Nicht allein sein« bedeutet aber auch, dass jemand einen Vogel, einen Schuss oder einen Huscher hat, dass er zu zweit ist, obwohl er nur einen Mund und zwei Daumen hat – kurz: dass er sich gleichermaßen immer in Gesellschaft befindet. Liedermacher Georg Danzer besingt dieses Phänomen im Lied *Hupf in Gatsch* so: »… so an Armutschkerl wie dir schenk i an Schilling, oda woat i gib da zwa, du bist a Zwilling. Weil aner allan kann doch net so deppert sein …« Kommt es zu einer Anhäufung von Personen, die »nicht allein« sind, so nennt man das landläufig – nein, falsch!, nicht Irrenhaus, sondern »die bessere Gesellschaft«. Oder einfach nur »die Gesellschaft«, weil ein bisserl tiefstapeln wird in der Society wohl noch erlaubt sein, oder?

Very important persons gibt es in diesem Land wie Hunde-
besitzer, die das verrichtete Geschäft ihres Lieblings nicht vom
Gehsteig entfernen. Also einen ziemlichen Haufen. Wobei anzumerken ist, dass prinzipiell jeder wichtig ist oder sich wichtig
nimmt, ob Installateur, Bäcker oder Kfz-Mechaniker. Die können wenigstens etwas, das andere nicht zustande bringen. Aber
VIPs? Die gibt es einfach. Und keiner weiß so recht, woher sie
gekommen sind. Eine Fernseh-Talkshow moderiert, passt, und
schon weiß die rotweißrote Weltöffentlichkeit, mit welchem
Rasierwässerchen der Star seine Wangen benetzt; was er früh-
stückt; mit wem er liiert ist, bevor der Boulevard das Ehedrama
im Hause Präsentator bis ins letzte Detail zerpflückt. Krank,
oder?

Freilich bedarf es als Eintrittskarte in die Gesellschaft einer
gehörigen Portion Paranoia. Bei den Events, wie man sich heute
so gern sagen hört, wird ein Auge benötigt, um den nächstbes-
ten Spiegel zu suchen, damit man schauen kann, ob Frisur und
Robe richtig sitzen. Das andere ist ausschließlich dazu da, um
nach den Kameras der Fotografen zu schielen. Nach dem Motto »Sich sehen, sich sehen lassen und gesehen werden« bekommt sogar jede Autobahneröffnung einen Eventcharakter.
Wer war dort? Eeecht? Waaahnsinn! Sogar die Waltraud Haas?
Na bumm – das muss aber eine tolle Autobahn sein … Sollten
Sie nicht wissen, wer oder was eine Waltraud Haas ist, dann
lassen Sie sich keine grauen Haare wachsen. Vergessen Sie den
Namen des ewigen Mariandls wieder und ersetzen ihn durch
Jeannine Schiller. Oder machen wir's so: Vergessen Sie beide
Namen! Im Moment. Und Ihre Seele bleibt gesund.

Geredet wird recht viel auf diesen Partys, auch wenn dabei
nicht wirklich viel gesagt wird. Zumindest dann nicht, wenn
eine TV-Kamera in der Nähe ist. Die Promis unterwerfen sich

dem Diktat des krampfhaften Witzigsein-Müssens, kein Mensch weiß, wer ihnen das eingeredet hat, und sie machen dabei manchmal bis oft eine jämmerliche Figur. Äußerst oft hat man den Eindruck, dass Menschen wie Fiona Swarovski auf jeden Fall jemanden daheim haben müssen, der auf sie aufpasst. Im konkreten Fall ist das ein ehemaliger Finanzminister, der stets gut frisiert ist und seiner Holden zuliebe die Brille gegen Kontaktlinsen hat eintauschen müssen. Weil die Brille in der Kamera immer so gespiegelt hat? Oder anders: Hätte ihn die *Vanity Fair* sonst womöglich nicht aufs Cover gehievt in seinem ur-sexy offenen Hemd? Die Hosen in der Beziehung hat trotzdem er an, behauptet er. Geheiratet hat das Paar mitten in den niederösterreichischen Weinbergen, ganz geheim, nur ein paar Fotografen spazierten rein zufällig durch die Gegend und druckten die Erinnerungsbilder ab. Und rein zufällig wurde Fiona Nebenerwerbskolumnistin bei einem Wochenmagazin. Eine gehörte Textprobe aus Fionas Kristall-Wunderwelt gefällig? »Ein Wahnsinn, was heute ein Liter Milch kostet. Die Teuerung ist ein echtes Problem. Die Leute sollten auf der Terrasse Tomaten pflanzen.« Das hat sie tatsächlich ernst gemeint, viele glauben heute noch, mit »pflanzen« hätte Frau Fiona veräppeln, verarschen oder auf die Schaufel nehmen sagen wollen.

Der gesellschaftliche Grat zwischen Erhabenem und Lächerlichem mag schmal sein, ein wenig Mörtel passt immer noch drauf. »Mörtel«, mit bürgerlichem Namen Richard Lugner und seines Zeichens Baumeister, kam wie so viele aus dem Nichts und darf seither bei nahezu jeder Kinderjause den unfreiwilligen Pausen-Clown mimen. Weil er das Spiel perfekt beherrscht, die Medien vor seine Mischmaschine zu spannen. Seit 1992 lässt er echte Stars wie Joan Collins, Sophia Loren, Raquel Welsh, Faye Dunaway, Pamela Anderson oder Claudia Cardinale zum

Opernball einfliegen, bittet sie in seine angemietete Loge, überlässt ihnen das Rampenlicht und sonnt sich mit einem Zylinder auf dem Kopf in dessen Schatten. Austern verdrückt er prinzipiell mit Ketchup, aber daran haben wir uns gewöhnt – ist halt der Lugner. Damit er zwischen einem Opernball und dem nächsten im Gespräch bleibt, ließ sich der Wiener von einem Privat-TV-Sender unter Vertrag nehmen. Bei *Die Lugners* sind die Kameras immer eingeschaltet – egal, ob er mit seiner Frau, dem Mausi, streitet; ob er wieder einmal einen über den Durst trinkt und anzügliche Witze macht; ob er eingeschnappt ist, weil das Mausi schon wieder mit der Mutter-Maus antanzt. Die Scheidung wurde leider nicht live gesendet, und weil offensichtlich ein längerfristiger Vertrag mit ATV vorlag, durfte sich Richard vor aller Augen auf Brautschau begeben. Nach einem intensiven, mehrwöchigen Casting fiel die Wahl auf das Betti-Hasi, die prompt in Lugners Villa zog und ebendort die hohe Kunst des Augenverdrehens und Angewidertseins perfektionierte. Trotzdem offenbarte sie nach einem gemeinsamen Urlaub im Wohnwagen und erfolgter Trennung vom rüstigen Rentner: »Ja, wir hatten Sex!« Verdammt, wo waren die Kameras?

Auch mit der Begrüßungs- und Verabschiedungsmethodik bei Society-Events ist das so eine Sache. Obwohl in diesem Inzuchtbetrieb immer dieselben Leute aufkreuzen, muss offensichtlich so getan werden, als sei man überrascht, dem anderen zu begegnen. Und zwar mega. Dann sind dem ungläubigen Dehnen von Vokalen plötzlich Tür und Tor geöffnet. »Waaas, du aaauuch daaa? Aaa Waaaahnsiiinn!« Das ritualisierte Bussi links, Bussi rechts darf nicht fehlen, meist schneidet der Geküsste dabei angewiderte Grimassen, die der Küsser nicht mitkriegt – weil der während des Aktes damit beschäftigt ist, die Umgebung auszukundschaften, um nach dem Ausstoßen des gehauchten

Grammatik-Wunders »Duuuh, iiich muuuss daaann, maaan siiieeeht siiich, baaabaaa!« das Weite zu suchen. Nach dem Abgang wird selbstverständlich über ihn gelästert. Wie unmöglich er doch wieder gekleidet ist; also in seinem Alter, ich bitt' dich, rasieren hätt' er sich schon können; seine Frau, die Schlampe – ja, genau, dort drüben steht sie –, die hüpft ja mit einem nach dem anderen ins Bett, angeblich soll sie schon mit dem ... Und manchmal, wenn man ganz viel Glück hat, vernimmt man nach der Busselei gar die Königin aller Fragen: »Wer bitte war denn *das*, um Himmels willen?«

Weil es sich nun einmal nicht schickt, die durchtriebene Gesellschaft zu maßregeln und gut hörbar zu raunen: »Seid's ihr alle wo ang'rennt!?«, wird sich das illustre Society-Ringelspiel wohl bis in alle Ewigkeit drehen. Denn irgendwo scheint ein Promi-Nest zu sein, aus dem immer wieder Nachwuchs schlüpft. Die nehmen dann die Plätze ein von jenen, die des Gesichtsbadens überdrüssig geworden sind, die also arg gebrechlich oder tot sind. Denn freiwillig räumt keiner das Parkett. Man sieht sich! Im Himmel! Baba!

17 *Der Herr Hofrat –* *die Titel-Kaiser*

Österreich ist ein kleines Land und trotzdem recht unübersichtlich. Tradition ist Trumpf, für jeden Staatsbürger von Rang ziemt sich die gebührende Titelage. Stimmt's, Herr Bergrat honoris causa? Wo sonst wimmelt es in Kaffeehäusern von Kammersängern, Hof-, Kommerzial- und Forsträten sowie Frau Ingenieuren, die nur deshalb so bezeichnet werden, weil sich der Herr Gemahl dereinst fünf Jahre durch eine Höhere Technische Lehranstalt bequemt hatte? Oder sind in diesem Land bloß die Ober so devot?

Nachdem der Habsburger Doppeladler mit Ende des Ersten Weltkrieges einen kaiserlich-königlichen Bauchfleck hingelegt hatte, blieb vom Monarchentum nur noch der Hang zu Rang und melancholischer Ordnung. Damals wie heute werden ehrenamtlich Titel unters Volk gejubelt, besonders beliebt ist natürlich der »Professor« als Aufputz vor dem Vornamen. Und das funktioniert so: Gönner, die von mindestens fünfzig Jahre alten Bekannten oder Verwandten glauben, diese hätten sich auf den Gebieten Erwachsenenbildung, Volkskultur, Sammeln musealer Objekte, Kunst oder Wissenschaft verdient gemacht, richten einen Antrag ans zuständige Ministerium. Ebendort wird sondiert und ein Fachgutachten erstellt. Monate später gibt's Tränen. Der Freude. Oder aus Frust, wenn sich herausstellt, dass sich der Antragsteller a) zu wenig um die Förderung des Ansehens Österreichs im Ausland bemüht hat beziehungsweise b) er weniger als fünfzehn Jahre hervorragende berufliche Leistungen erbracht hat.

Schulbildung ist kein Kriterium. Im Schnitt gibt der Bundespräsident pro Jahr 120-mal seinen Sanktus, manchmal ist er beim feierlichen Akt sogar mit von der Partie. »Professor« leitet sich übrigens vom lateinischen Verb »profiteor« (sich bekennen, frei heraus sagen, versprechen) ab. Die Berufsbezeichnung kann nur dann aberkannt werden, wenn »später Tatsachen bekannt werden, die einer Verleihung entgegengestanden wären oder der beziehungsweise die Beliehene nachträglich ein Verhalten setzt, das einer Verleihung entgegen stünde« (Bundesgesetzblatt II, Nr. 261/2002). Auch Ausländer können in den Genuss ehrenamtlicher Berufstitel kommen. Voraussetzung ist, dass zwanzig Jahre lang der Mittelpunkt ihres Lebensinteresses in Österreich lag und sie dabei außerordentliche Leistungen erbrachten. Fußball-Legionäre des SV Josko Ried oder von Cashpoint Altach stehen also außer Frage.

Selbstverständlich können Titel wie Bakk., Dipl. Ing., Mag. Dr., PhD, BSc., MSc., MA., Bakk (FH), Dipl. Ing. (FH), Mag. (FH) auch durch abgeschlossene Studien an Universitäten oder Fachhochschulen erworben werden. Absolventen Höherer Technischer Lehranstalten erhalten Standesbezeichnungen wie Ing., Dipl. HTL. Ing. oder Dipl. HFL. Ing. Die Titel der Universitätslehrenden sind Universitätsassistent, Assistenz Professor, a. o. Univ. Prof. und Univ. Prof. Amtstitel hingegen werden von Beamten ersessen. Je ausdauernder und gebildeter der Schreibtischhengst, desto höher kann er in der Hierarchie steigen. Eine Auswahl: Amtswart, Oberamtswart, Offizial, Oberoffizial, Kontrollor, Oberkontrollor, Fachinspektor, Fachoberinspektor, Amtsrat, Amtsdirektor, Oberrat, Hofrat, Ministerialrat, Sektionschef. Neben dem erwähnten »Professor« werden weitere Berufstitel von den Kammern oder dem Bundespräsidenten verliehen, etwa Hofrat, Regierungsrat, Amtsrat, Kanzleirat, Kommerzialrat, Ökonomierat, Medizinalrat, Obermedizinalrat, Veterinärrat, Technischer Rat, Baurat honoris causa, Bergrat honoris causa, Forstrat honoris causa, Schulrat, Oberschulrat, Studienrat, Oberstudienrat, Universitätsprofessor, Kammersänger und Kammerschauspieler. Ein Berufstitel ist in der Anrede nach einem Amtstitel, jedoch vor einen allfälligen akademischen Grad zu stellen.

Wie wichtig anscheinend das Tragen eines Titels ist, zeigt sich auf der Internet-Homepage der österreichischen Bundestheater. Dort hat der Kartenkäufer eine enorme Auswahl an Möglichkeiten, was bei der Zusendung der Tickets nach dem

Frau oder Herr und vor dem Nachnamen auf dem Briefumschlag zu stehen hat. Hier die Bandbreite in voller Pracht, in alphabetischer Reihenfolge. Damit der Briefträger auch ja weiß, von wem er zu Weihnachten eine Geldspende als kleine Anerkennung im Postkasten vorfinden wird. Oder auch nicht.

Abg. z. NR Dr., Abgeordneter, a. D., Amtsrat, -Arch., Arch., ARCH., Arch. Ing., Arch. Ing., ARCH. ING., ARCH. MAG., ARCH. PROF., Bakk., Bakk. art., Bakk. (FH), Bakk. jur., Bakk. phil., Bakk. rer. nat., Bakk. rer. soc. oec., Bakk. techn., Bakk. theol., Bgm., BM, Botschafter, Botschafter Dr., Botschaftsrat, Botschaftsrätin, Bundesminister a. D., Bürgermeister, Bürgermeister Dr., DDr., DDR., Dipl. Bw., Dipl. Dolm., Dipl. Inf., Dipl. Ing., Dipl. Ing. Dr., Dipl Ing. (FH), Dipl. Math., Dipl. Oec., Dipl. Öko., Dipl.-Päd., Dipl. Phil., Dipl. Soz., Dipl. Vw., Dipl.-Arch., DIPL. ARCH., Dipl. Biol., Dipl. Bw., DIPL. DOLM., Dipl. Geol., Dipl. Ing., DIPL. ING., Dipl. Ing. Dr., DIPL. ING. DR., DIPL. ING. MAG., Dipl. Math., Dipl. Met., DIPL. MET., Dipl. Oec., Dipl. Öko., Dipl. Päd., DIPL. PHIL., DIPL. PHYS., DIPL. VW., Dir., DIR., Dir. Dr., Dir. Mag., DIR. DR., Dkfm., DKFM., Dkfm. Dr., Dkfm. Mag., Dkfm. Mag. Dr., Dkfm. Dr., DKFM. DR., DKFM. MAG., Doz. Dr., Doz. Dr., DOZ. DR., Dr., DR., Dr. Mag., Dr. med. dent., Dr. med. vet., Dr. Ing., Gen. Dir., GEN. DIR., Gen. Dir. Dr., Gouverneur, Gouverneur Dr., Hofrat, HOFRAT, Hofrat Dipl. Ing., HOFRAT DIPL. ING., Hofrat Dr., HOFRAT DR., Hofrat Mag., Hofrat Prof., Honorarkonsul, Ing., ING., Ing. Dr., ING. DR., Ing. Dkfm., ING. DKFM., Ing. Mag., ING. MAG., Intendant, Kammersänger, Komm. Rat, KOMM. RAT, Komm. Rat. Ing., KOMM. RAT. ING., KOMM. RAT. PROF., Konsul, Konsul Dr., KR Dkfm., KR Dr., L. Abg., Landeshauptmann-Stv., LL. M., Lord, MA, Mag., MAG.,

Mag. Arch., Mag. Dr., Mag. (FH), Mag. pharm., Mag. arch., MAG. DDR., MAG. DKFM., Mag. Dr., MAG. DR., MAS, MBA, M. B. L., MDr., Med. Rat. Dr., M. E. S., MIB, Min. Rat, MIN. RAT, Min. Rat. Dr., MIN. RAT. DR., MIN. RAT. MAG., MMag., MMAG., MPH, MR, Dr., MS, MSc, Oberleutnant d. Res., Oberst, Oberstudiendirektor, ObstA. Dr., OMR. DR., OSR, OStR., OSTR., OSTR. PROF., Pastor, Pastorin, Pfarrer, PhD, Präs. Gen. Dir. Dr., Präsident Ing., Prim. Dr., Prim. MR. Dr., Prim. Prof. Dr., Prim. Univ. Prof. Dr., Prim. Dr., PRIM. DR., Prim. Univ.-Prof. Dr., Prof., PROF., Prof. DI. Dr., Prof. Dr., Prof. Dr. Dr., Prof. Mag., Prof. Dipl. Ing., PROF. DKFM., Prof. Dr., PROF. DR., Prof. Dr. Dr., Prof. Mag., PROF. MAG., Reg. Rat, Reg. Dir., Reg. Rat, REG. RAT, Reg. Rat. Ing., SEKTIONSCHEF, Senator, Senator Dipl. Ing. Dr., Senator h. c. Prof. Dr. Dr., StD., StR. Dr., Studienrat, STUDIENRAT, Univ. Doz. Dr., Univ. Prof., Univ. Prof. Dr., UNIV. DOZ., Univ.-Doz. MMag. DDr., Univ. Doz. Dr., Univ.-Lektor Prof. MMag., Univ. Prof., UNIV. PROF., Univ. Prof. Dr., Vizebürgermeister.

Was es nicht alles gibt auf dieser Welt! Und, haben Sie Ihren Liebling entdeckt? Wissen Sie auch nicht, warum man beispielsweise als studierter Diplomingenieur Doktor zwischen den Schreibweisen Dipl. Ing. Dr. und DIPL. ING. DR. wählen darf? Verleihen vielleicht Versalbuchstaben noch mehr Gewicht? Gefällt Ihnen DIPL. DOLM. auch so gut? Der arme, gut lesbare Dolmetscher-Tropf hat aber auch ein Pech, dass Dolm landläufig für »minderbemittelter Mensch« steht. Sei's drum, in diesem Sinne: Gaudeamus igitur, quod professores sumus …

18 Sisi, Franz Joseph und die ewige kaiserliche Hoch-Zeit

Nein, Franz Joseph I. war nicht der letzte Kaiser der Habsburger-Monarchie, aber der wohl berühmteste, weil seine ewig anmutende Regierungszeit relativ kurz zurückliegt (1848–1916) und er in Österreich heute noch als *der* Kaiser bezeichnet wird, wenn man von den Habsburgern spricht. Zu seiner Zeit, also seinerzeit, war natürlich nicht alles so super, wie es heute dargestellt wird, aber Geschichte ist eben leicht adaptierbar: Das, was man gerade nicht hat, wäre auf jeden Fall besser, vor allem deshalb, weil diese Annahme weder verifiziert noch falsifiziert werden kann.

Bevor die Donaumonarchie mit Karl I., dem Nachfolger Franz Josephs, nach dem verlorenen Ersten Weltkrieg im Jahr 1919 den Bach runterging, konnten wir uns noch als der Nabel der Welt fühlen: Ein Vielvölkerstaat mit der Hauptstadt Wien, nach dem sich die anderen richten mussten. Doch ein oktroyierter Friede von Saint-Germain, und der unbedeutende Fleck auf der Landkarte ward geboren. Was blieb, sind die verklärenden Gedanken an den Kaiser und seine Sisi, die fesche Regentin, der es ja zu Lebzeiten ach so mies ging an der Seite des alternden Tyrannen. Die Herzeigefrau war bayrischen Ursprungs, trotzdem wurde sie von der Bevölkerung verehrt und geliebt, während sie Zuflucht in sich selbst suchte und auf Reisen, die sie allein unternahm, fand. 1898 wurde Elisabeth in Genf vom italienischen Anarchisten Luigi Lucheni mit einer Feile erstochen. Und der gute, alte Kaiser wurde plötzlich zum guten, armen, alten Kaiser, der sich mit diversen Tänzerinnen und Schauspielerinnen zu trösten wusste. Franz Joseph verblich während der Wirren des Ersten Weltkriegs, doch vergessen ist er nicht. Auch, weil es Menschen wie Eugen Ketterl gab.

Hat Ketterl zum Kaiser gesagt: »Eure Majestät, es wäre langsam wieder an der Zeit zum Zehennägelschneiden?« Oder hat Franz Joseph seinen Leibkammerdiener kommen lassen, wenn ihn der Schuh drückte? Einerlei, jedenfalls wissen wir heute, dass der Monarch Hand an seinen Fuß legen ließ. Auch für das Gesicht war Ketterl zuständig, er bändigte den Wildwuchs in des Kaisers Antlitz. Warum wir das wissen? Weil es das Dorotheum gibt. Das Auktionshaus versteigerte nämlich Ende April 2008 unter dem Titel »Kaiserhaus und Historika« Teile aus der Verlassenschaft des Imperators. Und ohne Ketterl, *das* Vermarktungsgenie seiner Zeit, wären heute ziemlich viele Menschen ziemlich traurig. Wie etwa die Familie Plachutta aus Wien, die ohne diese Auktion nicht stolze Besitzer eines Zehennagels sowie von ein paar Barthaaren Franz Josephs wäre. Ketterl bekam schon anno dazumal vom Kaiser die Erlaubnis, Gegenstände aus dem Hause Habsburg zu vermarkten. Das könnte so ausgesehen haben: Seine Majestät schneuzt sich, Ketterl, schau, da hast!, und schon schrieb der findige Wiener Kammerdiener ein Zertifikat: »Taschentuch, von Seiner Majestät eigennasig berotzt« und steckte es mit Datum versehen in ein versiegeltes Kuvert. Dutzende Becher, Servietten, Waschkrüge und so weiter wurden von Ketterl auf diese Art zur Reliquie erhoben und zu Geld gemacht.

Von Eugen Ketterl weiß man wenig. Hat er auch abgenagte Stelzen mit imperialen Bissspuren in Kuverts gesteckt? 500 bis 1000 Euro betrug der Schätzwert des Zehennagels, für den die Plachuttas, eine bekannte Rindfleisch-Gastronomen-Dynastie, 1875 Euro per Telefon boten. Als Bonus gab's ein paar Umschläge mit kaiserlichem Haupthaar. Signiert: Ketterl. Was macht man als Gasthaus-Besitzer damit? Hinter dem kaiserlichen Bart im verglasten Stellrahmen und Lederfutteral mit Kaiserkrone in Gold (Schätzwert 2400 Euro) blieb ein Fragezeichen stehen. Das Erinnerungsstück stammt nicht aus Ketterls Nachlass. Wer hat den Kaiser sonst noch fassonieren dürfen? War Ketterl gar auf Urlaub? Gab es so etwas damals schon? Im Nachhinein wird er sich ärgern, denn die Plachuttas legten 6875 Euro für die Bartspitzen auf den Tisch. Ein kleines Vermögen für nix, aber der Kaiser hat ja gern gekochtes Rindfleisch gegessen, der neue Besitzer ist also legitim.

Ja, gekochtes Rindfleisch, vorzugsweise Tafelspitz, war des Kaisers Leibspeise, die er mit seinem kaiserlichen Besteck zerteilte. Freilich zierte der monarchistische Doppeladler die Rückseite jedes Stückes, und freilich wurde das Tafelsilber von der Republik Österreich nach dem Zerfall des Habsburgerreiches eingestreift und bei Staatsempfängen großzügig auf die Tische gelegt. Bis die Bundesmobilienverwaltung beschloss, dass im Mai 2007 die Zeit reif sei für ein Facelifting des Adlers – dem damaligen russischen Präsidenten Wladimir Putin wurde in der Hofburg die Ehre zuteil, das neue Staatsbesteck »Modell Cumberland mit Bundesadler« einzuweihen. Theoretisch könnten 290 Personen damit schnabulieren, es besteht aus 2995 Stück: 580 Dessertgabeln, 290 Dessertmesser, 580 Dessertlöffel (auch für Suppe), 290 Essmesser, 100 Esslöffel (zum Vorlegen), 390 Essgabeln (100 zum Vorlegen), 290 Fischmesser, 75 Suppenschöpfer, 36 Salzlöffel, 34 Zuckerzangen, 40 Kaffeelöffel und 290 Moccalöffel. 360 Kilo 925er-Sterlingsilber wurden verarbeitet, das Staatsbesteck wiegt 180 Kilo, es kostete 180 000 Euro und wird in der Silberkammer in der Wiener Hofburg aufbewahrt. In Kassetten, die seit einem Jahrhundert mit Rehleder ausgelegt sind. Die 2995 Stück, die zwecks Anlaufschutz mit 999er-Silber überzogen sind, sind übrigens geschirrspülertauglich. Die Tische werden bei Staatsempfängen nach wie vor gedeckt wie vor hundert Jahren. Mit Richtschnüren, damit die Teller schön in Reih und Glied stehen; mit Porzellan und Gläsern, die den illustren Gästen k.-u.-k.-Flair kredenzen; und natürlich mit den Stoffservietten, die in der kaiserlichen Faltung aufgelegt werden. Diese spezielle Brech-Technik beherrschen nur zwei Damen in Wien, deren Fingerfertigkeit wie ein Staatsgeheimnis gehütet wird.

Logisch, dass Wien jene Stadt ist, in der am meisten an den Ruhm und Glanz der Habsburger erinnert. Schloss Schönbrunn mit der Gloriette, Hofburg, Kaisergruft, Schatzkammer, dem Sisi-Museum – Lokalitäten, in denen es den Anschein hat, als böge jeden Moment der Kaiser höchstpersönlich ums Eck. Na ja, die Kaisergruft vielleicht ausgenommen ... Bei Souvenirständen sind Sisi und ihr Franzl auch ein Renner, kaum ein Tourist verlässt die Stadt, ohne zumindest eine Kaffeetasse mit den hochwohlgeborenen Konterfeis eingepackt zu haben. Neben Wien ist der oberösterreichische Ort Bad Ischl eine gelb-schwarze Hochburg geblieben, im Salzkammergut residierte das Kaiserpaar im Sommer. Die Kaiservilla ist heute im Besitz der Familie Salvator von Habsburg-Lothringen und öffentlich zugänglich. Franz Joseph ging in Bad Ischl stets seinem Lieblingshobby, der Jagd, nach. Das schaute mit zunehmendem Alter des Monarchen so aus: Entweder wurde irgendwo in der Ferne eine lebende Gämse angebunden. Oder eine Attrappe aufgestellt. Die Jagdkumpanen gratulierten artig zum super Schuss, nein, Majestät, bequem er sich nicht, wir eilen gern von dannen, um ihm das Bret zu holen. Bravo, Hoheit!

Fast ein Wunder, dass sich der blaublütige Waidmann nicht für die Olympischen Sommerspiele 1912 in Stockholm angemeldet hat. Wer hätte ihm die Goldmedaille in der Kategorie »Laufender Hirsch« streitig machen sollen bei seiner Bad Ischler Trefferquote von exakt 100 Prozent?

19 Die Weltmeister im Durchwurschteln

Nicht nur, weil es den Skifahrer Mario Matt gibt, sind wir Österreicher Slalom-Weltmeister. Die Königsdisziplinen sind Durchlavieren, Ausreden suchen, Beschwichtigen. Und wenn wir Schiebung betreiben müssen, um das Ziel zu erreichen, dann wählen wir jene auf die lange Bank. Auf Lebenszeit. Was du heute kannst besorgen, das verschiebe g'schwind auf morgen. Sich durchwurschteln, sagt man bei uns dazu, also sich irgendwie arrangieren. Wobei dringend anzumerken ist, dass die Männer in dieser Hinsicht die besseren Österreicher sind als die Frauen.

Ein dezidiertes Ja heißt vielleicht, eventuell oder wahrscheinlich. Ein Nein gibt es nicht: Nur keine Hektik, das mach' ma schon, aber weißt, ein alter Mann ist kein D-Zug! Außerdem rennt's dir ja eh nicht davon. Wohl wissend, dass die Aufforderung, etwas stante pede zu erledigen, nie Gehör finden wird. Aber durch unsere gekonnt eingesetzte Beschwichtigungspolitik haben wir Zeit gewonnen und das Gesicht nicht verloren. Zumindest bis zum ersten Protest: Jetzt hast das noch immer nicht erledigt! Ja, ich weiß eh, komm, setz dich her, jetzt rauch' ma einmal eine und dann geh ma's an. Uijegerl, die Zigaretten sind aus, die Trafik sperrt gleich zu, ich komm in der Minute wieder. Empfohlen ist, ein »Schatz« anzuhängen. Das freut und stimmt sie versöhnlich, weil sie das sonst nie zu hören kriegt. Ganz blöd wird's, wenn das, was vor Wochen schon repariert gehört hätte, tatsächlich kaputtgegangen ist: Wie oft hab ich dich gebeten? Wie oft? Muss immer erst ein Malheur passieren, bis du deinen Hintern bewegst? Ja, muss es, aber das wird meist nur gedacht. Gesagt wird sozial Erwünschtes, die Wurstigkeit ist dabei nach innen gekehrt, der Tonfall weich und einfühlsam: Aber geh, ist ja nix passiert. Wieso weinst denn jetzt, ha, Schatz? Jetzt ist es sowieso zu spät, jetzt kann ma nix mehr machen. G'schehn is g'schehn. Kauf ma halt was Neues, wo ist das Problem? Wo? Diskutieren wir das morgen, Schatzi, das Match fängt gleich an.

Werden wir konkreter. Wenn sich die Europäische Union einbildet, dass wir bei uns Nichtraucherregelungen in Bars, Gaststätten und Restaurants einführen müssen, dann werden wir den Rat selbstverständlich beherzigen. Mit uns kann man ja reden. Aber Moment, nur nix übereilen! Wir machen's nicht wie in Irland, Italien, Frankreich und so weiter, wo der Tschik (zu deutsch: Glimmstängel) generell aus der Gastronomie verbannt wurde, nein, wir basteln eine österreichische Lösung für unsere 75 000 Betriebe – von der Imbissbude bis zum Nobelhotel. Die schaut ab 1. Jänner 2009 so aus: Inhaber von Lokalen bis fünzig Quadratmeter haben die Wahlfreiheit zwischen Qualm und Rauchverbot. Die Wirtschaftskammer berichtet: Zwei Drittel dieser Gaststätten lassen rauchen. In Lokalen mit bis zu achtzig Quadratmetern müssten baulich getrennte Raucherräume errichtet werden, ansonsten: Ausdämpfen, bitte! Doch die Klugen haben bereits vorgesorgt und bis 31. Dezember 2008 beim Magistrat Umbaupläne eingereicht, die ihnen bis 30. Juni 2010 Aufschub gewähren. Bis dorthin rauch ma und dann schau ma, ob's des Gesetz überhaupt noch gibt! Von denen, die nicht eingereicht haben, spielen die meisten die Denkmalschutz-Karte: Bei diesem Decken-Fresko können wir gar nix umbauen. Und schauen Sie sich doch die Fensteranordnung an – ich kann die Raucher ja nicht in ein finsteres Kammerl setzen! Ja, da haben Sie Recht, sagt dann der Mann von der Baubehörde und bewilligt eine Ausnahmeregelung. Rauchen S' halt, aber nicht zu viel, gell! Die Wirtschaftskammer berichtet: Vierzig Prozent der Lokale in der Größenordnung zwischen fünfzig und achtzig Quadratmeter lassen ihren Betrieb auf Ausnahmen prüfen. Mit Inkrafttreten des Nichtraucherschutzes 2009 wurde in drei Viertel der Lokale gequalmt. Und was tun wir mit den Restaurants, die größer als achtzig Quadratmeter sind, also fast zwei Drittel aller Gastrobetriebe? Sind eh groß, sollen aus einem Zimmer einen Nichtraucher-Raum machen, der nicht kleiner als der Raucherbereich ist. Das passt dann schon.

Und wer kontrolliert, ob die Vorschriften auch eingehalten werden? Die von der ehemaligen Gesundheitsministerin Andrea Kdolsky definierten Kontrollinstanzen wussten Anfang 2009 nichts von ihrer Zuständigkeit. Ihr Nachfolger Alois Stöger will in punkto Umbaufragen beinhart sein wird. Er kündigte eine einjährige Beobachtungsfrist an: »Danach fällt die Entscheidung, ob nachjustiert wird.«

Interessant wird es, wenn die österreichische Gemütlichkeit auf die teutonische Präzision prallt. Dazu dieses Beispiel: Ein Wiener Journalist trifft im Juni 2008 einen Verleger aus Frankfurt im Kaffeehaus. Und Sie können sich vorstellen, dass Sie dieses Buch über Österreich und die Österreicher schreiben, ja? – Aber sicher doch, kein Problem, es freut mich, dass Sie an mich gedacht haben, danke, bis wann muss ich fertig sein? – Wir wollen im März raus damit, also sagen wir: 15. Dezember, okay? – Okay! Die Nachdenkphase beginnt. Juli. August. So, aber am

1. September klemm ich mich dahinter. 100 Tage für 50 Kapitel – wenn ich jeden zweiten Tag eines schreibe, geht sich das locker aus. So, schon der 5. Oktober? Gut, 70 Tage für 47 Kapitel – wenn ich jeden zweiten Tag eineinhalb … Ah, lieb, dass Sie anrufen! Ja freilich, bin schon mittendrin und voller Tatendrang. Alles kein Problem, nur keine Sorge. Die Nachdenkphase setzt wieder ein und sich bis 28. Oktober fort. Gut, 47 Tage für 47 Kapitel – wenn ich jeden Tag eines schreibe, geht sich das locker aus … Könnten Sie schon mal vorweg einen Schub rüberschicken, damit wir nicht auf dem Trockenen stricken müssen? – Natürlich, gleich am Montag, klar! Wie umfangreich stellt er sich einen Schub vor? Zwei Kapitel, eines davon das Fünfzigste? Die Nachdenkphase setzt wieder ein. So, bis Mitte November mach ich Pause. Dann bleiben 30 Tage für 45 Kapitel – schreiben sich ja eh quasi von selbst. Wie viele Urlaubstage habe ich eigentlich noch? Hallo, und Sie sind sich sicher, dass Sie das schaffen? – Aber ja, keine Sorge! So, schon der 1. Dezember? Gut, 15 Tage für 40 Kapitel – wenn ich jeden Tag zwei Kapitel schreibe, dann geht sich das – was?! Haben Sie den Schub bekommen, ja? Wissen Sie, ich war krank und das mit dem 15. Dezember … Wie bitte, 40 Kapitel bis 23. Dezember und den Rest bis 3. Jänner? Das klingt sehr gut, ja, das wird sich einrichten lassen. So, der 23. Dezember, er hat jetzt eh schon 21 Kapitel, jetzt mach ich einmal Weihnachtspause, und dann … bin ich tatsächlich vier Tage krank. Ja, hm, also bis 3. Jänner, das wird sich wahrscheinlich nicht ganz ausgehen. Realistisch ist der 15., dann haben Sie aber alles, versprochen! – Nein!! Wie stellen Sie sich das vor? Wenn nicht sämtliche Kapitel am 10. Januar bei uns eingelangt sind, müssen wir den Erscheinungstermin 2. März verschieben! – Also den Sonntag tät ich schon noch brauchen. Geht auch am 12. in der Früh? – Ist in Ordnung, aber keinen Tag

später! So, schon der 12. Jänner. Gut, wie viele Tage noch für sieben Kapitel?

Wie die Geschichte ausgegangen ist? Das Buch konnte in Ruhe überarbeitet werden, es ist halt um einen Monat später erschienen. Echt ärgerlich – hätt' ich doch länger Weihnachtspause gemacht!

20 Die Großkoalitionäre und ihre Politik der kleinen Entwicklungsschritte

In Österreich gibt es fünf ernst zu nehmende politische Parteien: Die Sozialdemokraten (SPÖ), die Christlichsozialen (ÖVP), die Freiheitlichen (FPÖ), das Bündnis Zukunft Österreich (BZÖ) und die Grünen. Das nationalkonservative BZÖ spaltete sich 2005 von den Freiheitlichen ab, die Jörg Haider ab 1986 geführt und 1999 zur zweitstärksten Partei gemacht hatte. Am 4. Februar 2000 übernahm überraschend eine Koalition aus ÖVP und FPÖ die Regierungsgeschäfte, Bundeskanzler war Wolfgang Schüssel, der vor der Wahl noch vollmundig versprochen hatte: »Sollte die ÖVP nur um eine Stimme Dritter werden, gehen wir in Opposition.« Am Ende waren's 415 Stimmen weniger, egal, ja eh fast gleich viel. Haiders Partei stellte mit Susanne Riess-Passer die Vizekanzlerin, die anzugelobenden Minister mussten unterirdisch zu Bundespräsident Thomas Klestil – weil auf dem Heldenplatz die erzürnte Demonstrantenmeute tobte. Internationale Proteste waren die Folge, die EU-Mitgliedsstaaten beschlossen, die offiziellen Kontakte zur österreichischen Regierung auf ein Mindestmaß zu reduzieren. Die schwarz-blaue Koalition konnte diese »Sanktionen gegen Österreich« nicht verstehen, eine Ruh' war erst im September 2000, als ein objektiver »Weisenbericht« Unbedenklichkeit attestierte. Nach Differenzen in der FPÖ traten am 7. September 2002 Riess-Passer, Finanzminister Karl-Heinz Grasser und Klubobmann Peter Westenthaler zurück. Bei der folgenden Nationalratswahl am 24. November 2002 erreichte die ÖVP 42,3 Prozent und wurde erstmals seit 1966 stimmenstärkste Partei. Schüssel erneuerte die Koalition mit der FPÖ, die ÖVP-FPÖ- beziehungsweise ab 2005 ÖVP-BZÖ-Regierung dauerte bis zum Ende der Legislaturperiode.

Dann kam Gusi.

Alfred Gusenbauer hatte seit dem Jahr 2000 als Bundesparteivorsitzender vergeblich versucht, die SPÖ wieder attraktiv zu machen. Ein blitzgescheiter Kerl, der aber nicht ankam beim Wahlvolk – er schwitzte, seine Sprache war dialektal gefärbt, ja, er hatte irgendwie etwas Unbeholfenes an sich. Eine Wahl-Watsche folgte der nächsten, der Niederösterreicher kämpfte trotzdem weiter. Auch, wie seine Mama stets betonte, um seinen Bubentraum wahr zu machen. »Der Fredi wollte schon in der Sandkiste Bundeskanzler werden.« Wahl 2006, Gusi war plötzlich Erster, wurde mit der Regierungsbildung beauftragt und machte sich auf die Suche nach Partnern. Die Mama weinte vor Glück, die Schwarzen waren nach dem ernüchternden Ergebnis beleidigt und ließen sich das auch anmerken. Schüssel trat ab. Um sein Ziel zu erreichen, überließ Gusenbauer der ÖVP unter Wilhelm Molterer die wichtigsten Ministerien und brach ein Wahlversprechen nach dem anderen, etwa die Abschaffung der Studiengebühren oder den Ausstieg aus dem umstrittenen Eurofighter-Kaufvertrag. Die Stimmung in der Bevölkerung schien zu kippen, Molterer witterte seine Chance, also brach er am 7. Juli 2008 mit den Worten »Es reicht!« Neuwahlen vom Zaun. Es reichte nicht, an Stimmen nämlich, die SPÖ, diesmal mit Spitzenkandidat Werner Faymann, hatte wieder die Nase vorn; und weil sich Bundespräsident Heinz Fischer »eine stabile Regierung« wünschte, wurde die Große Koalition nach 56-tägiger Verhandlung zwischen Faymann und dem neuen Vizekanzler Josef Pröll verlängert. Als Morgengabe wurde der ÖVP auch noch das Justizministerium überantwortet, daneben besetzte der kleinere Partner die Ressorts Finanzen, Inneres, Äußeres, Wirtschaft und Wissenschaft. Nicht schlecht, oder? Dafür gibt's keine Studiengebühren mehr. Faymann ist ein Mensch, der das Volk irgendwann zu Tode grinsen wird. Er ist dauernd blendender Laune, ein bisschen böse wird er nur, wenn man behauptet, dass sein Englisch mittelmäßig sei und er zu Hans Dichand, dem mächtigen Herausgeber der *Kronen Zeitung*, »Onkel Hans« sagen darf. Bei den TV-Konfrontationen vor der für ihn erfolgreichen Wahl präsentierte er sich wie ein Wackeldackel – immer brav nickend und schön frisiert.

Wohlerzogen ist auch Norbert Darabos, der Hüter der Neutralität, der als Verteidigungsminister dem Bundesheer vorsteht. Das ist hauptsächlich dafür da, bei Naturkatastrophen Sandsäcke aufzuschlichten, Schnee zu schaufeln und die vorübergehend Obdachlosen aus der Gulaschkanone zu versorgen. Zugegeben, das war jetzt ein bisserl reißerisch. Nebensächlich dürfen sich junge, oft minderbemittelte Burschen verkleiden, sie kriegen dann zwei Sterne und schreien den auszubildenden Soldaten in die Großhirnrinde, wie man richtig grüßt und seine Sachen ordentlich in den Spind legt. Das war jetzt ernst gemeint. Darabos wählte deshalb wohl den Zivildienst. Seit der

Regierung Gusenbauer musste er sich um Eurofighter-Abfang-
jäger kümmern, die wir unbedingt brauchen, um den Luftraum
zu überwachen. Und für Missionen in den Tschad, wo sich die
österreichischen Ranger tagelang in einer Hotelsauna versteckten, weil draußen so ein Wirbel war. Als ob's im Tschad nicht
auch so schon warm genug wäre. Darabos gelang es nicht, wie
von Gusenbauer versprochen, den Kauf der Eurofighter rück-
gängig zu machen. Immerhin drosselte er die vereinbarte Stück-
zahl von 18 auf 15. Wenn uns das nur nicht auf den Kopf fällt,
wenn plötzlich die Russen oder Amerikaner einfallen!

Interessant war auch das Engagement der Andrea Kdolsky
als Gesundheits- und Familienministerin in der Ära Molterer.
Die etwas rundliche ÖVP-Politikerin mit dem abgeschlossenen
Medizinstudium tappte von einem Fettnapf in den nächsten. Sie
bezeichnete sich als »leidenschaftliche Schweinsbraten-Esse-
rin« und gab diesbezüglich ein Kochbuch mit den besten Rezep-
ten heraus. Rauchen? Warum nicht, ab und zu! Und betrunken,
na sicher, betrunken war ich auch schon. In Schulen wurde die
kinderlose Konservative, die Werte wie Treue und Familie ver-
mitteln hätte sollen, für eine Safer-Sex-Kampagne mit Kondo-
men fotografiert. Kurz nach Amtsantritt ließ sie sich wegen eines Jüngeren scheiden und offenbarte im Radio, dass sie gern
stundenlang bade. Beim Life Ball stolzierte sie zwischen Schwu-
len und Lesben als Model über den Catwalk. Und sie initiierte
eine Gesundheitsreform, die so absurd war, dass sie nie eingeführt wurde. Vielleicht haben die Roten deshalb das Justiz- gegen das Gesundheitsressort getauscht, gleichermaßen als Vor-
bildwirkung?

Und Wolfgang Schüssel? Der Schweigekanzler, wie er ob seines konsequenten Nicht-Stellung-Beziehens außerhalb der
Wahlkampfzeiten genannt wurde, ist seit Ende 2008 einfacher

Nationalratsabgeordneter. Was vom schmallippigen Wiener in Erinnerung bleiben wird? 2001 wurden die Studiengebühren eingeführt; er spielt Klavier, Akkordeon, Gitarre und Cello; seine Hobbys sind Wandern, Fußballspielen und Karikaturen zeichnen; im ersten Halbjahr 2006 folgte er Tony Blair als Ratspräsident der Europäischen Union nach; sonst war er auch recht brauchbar. Legendär bleibt eine Episode aus dem 1997er-Jahr, als der damalige Vizekanzler und Außenminister am Rande des EU-Gipfels in Amsterdam mit österreichischen Journalisten frühstückte und den deutschen Bundesbankpräsidenten Hans Tietmeyer als »richtige Sau« bezeichnete. Behaupteten zumindest die Journalisten, teilweise sogar eidesstattlich. Schüssel dementierte. Chefredakteur Ronald Barazon eröffnete seinen Leitartikel in den *Salzburger Nachrichten* am 3. Juli 1997 mit dem Satz: »Wolfgang Schüssel lügt.« Im Nationalrat sagte Schüssel: »Die ganze Geschichte ist von Österreichern erdacht, ins Ausland weitergespielt und lanciert worden.« Über diese Sache ist längst Gras gewachsen, ebenso über den weißrussischen »Kümmeltürken« Lukaschenko. Aber auch das hat Wolfgang Schüssel freilich nie gesagt.

21 *Jörg –*
als die Sonne vom Himmel fiel

Sehr geehrter Herr Landeshauptmann Dr. Haider, lieber Jörg!
Ich darf doch du sagen, oder? Durften ja alle, weil du nie eine Respektsperson warst und trotzdem alle Respekt vor dir hatten. Vorweg möchte ich dir mein aufrichtiges Beileid ausdrücken,

dass du tot bist. Du bist viel zu schnell von uns gefahren, 58 ist kein Alter zum Sterben, vor allem, wenn man aussieht wie 43, durchtrainiert, kerngesund, voll im Saft. Aber mit über 140 km/h in einer 70er-Zone – hattest du es tatsächlich so eilig, zu deiner Claudia heim ins Bärental zu kommen? Oder haben die 1,8 Promille am 11. Oktober 2008 dein Hirn ausgeschaltet, sodass der rechte Gas-Fuß der wahre Schuldige an deinem Ableben ist? Und dann auch noch in Lambichl, Gemeinde Köttmannsdorf! Nein, einer wie du muss in London, New York, Rio sterben, aber nicht auf der Loiblpass-Bundesstraße, das passt so überhaupt nicht zu dir. Wie bitte kriegt man binnen einer halben Stunde so einen Rausch zusammen? Womit?

Kannst du dich an deine letzten Sekunden erinnern, jene, in denen der Film des Lebens im Schnelldurchlauf vorbeizieht? Was hast du gesehen? Deine Eltern? Deine zwei Töchter? Claudia? Stefan Petzner? Hast du mitbekommen, was der nach deinem Ableben aufgeführt hat? »Er war mein Lebensmensch«, hat dein 27-jähriger Bundesobmann-Stellvertreter ungefragt in Mikrofone gesagt, du erinnerst dich vielleicht, das ist der braungebrannte Blonde mit dem kessen Delfin-Tattoo auf dem Waschbrettbauch. Wieso hat der dauernd geheult wie ein Schlosshund und uns erzählt, dass er dich schon als Bub bewundert hat? Was ist überhaupt ein Lebensmensch? Warst du auch seiner oder war er einer unter vielen? Warum hat uns Petzner von sich aus mit der Offenlegung seiner SMS-Liste belästigt, wenn er dir in der Todesnacht ohnehin keine Nachricht geschickt hat? Weiß er vielleicht, dass du von jemandem eine bekommen oder an jemanden eine geschrieben hast, kurz bevor dein VW Phaeton detoniert ist? Woher weiß er das? War dein Telefon besetzt?

Hast du eigentlich die Kabarettisten Dirk Stermann und Christoph Grissemann in der Fernsehsendung *Willkommen Ös-*

terreich gesehen, als sie Petzner verarscht haben? Und dich auch ein bisschen, von wegen dein Geist lebt, er bringt zweisprachige Ortstafeln zum Brennen und schickt slowenische Hirtenkinder wieder zurück über die Grenze? Hast du auch schmunzeln müssen oder bist du einer von jenen, die meinen, Stermann/Grissemann würden Kärnten nach ihrem nächsten Auftritt in Klagenfurt im Holzsarg verlassen müssen? Recht so, oder? Über das schönste Bundesland auf der ganzen Welt und seine Bewohner macht man keine Witze! Obwohl: Du warst ja auch Oberösterreicher, bevor du zum Kärntner Obervater wurdest. War das nicht anstrengend, sich jeden Tag verstellen zu müssen, nur damit die Schäfchen in ein paar Jahren ihr Kreuzerl beim BZÖ machen? Apropos: Bündnis Zukunft Österreich, also dieser Name, der ist – wenn schon keine ideologische – zumindest eine sprachliche Missgeburt. Mit der ideologischen Missgeburt hast du die österreichische Nation gemeint, seinerzeit, vorgestern. Trotzdem wurdest du 1989 Landeshauptmann, gratuliere, Kalkül war immer schon dein kleiner Bruder. So nach dem Motto: Jetzt zündeln wir ein bisschen, die Roten und Schwarzen schreien dann Nazi, und die Nazis freuen sich, dass sie wieder einen gefunden haben, der sie würdig vertritt. Nennen wir uns aber Drittes Lager, dann werden uns auch die Nicht-Nazis wählen, die gegen Postenschacher und Ausländer sind. Weil die nehmen ja den braven, anständigen Österreichern die Arbeitsplätze weg.

Auch dein nächster Schachzug war genial, dabei kam er so unschuldig daher. Ist dir der Satz »Das hat's im Dritten Reich nicht gegeben, weil im Dritten Reich haben sie ordentliche Beschäftigungspolitik gemacht« selbst eingefallen? Oder einem deiner Chef-Ideologen? Ui, das war ein Wirbel im 91er-Jahr, und der Landeshauptmannposten war futsch. Wer hat dir zu dieser halbherzigen Entschuldigung geraten? Wiederum genial, weil die Rechten in der FPÖ gemerkt haben, dass sie halbherzig war; und die braven, anständigen Österreicher gesagt haben: »Der Jörg, ja, unser Jörg, schau, der ist sich nicht zu schade, dass er Fehler eingesteht. Ein Superbursch.«

Endlich hattest du Zeit, die Bundespolitik aufzumischen. Jung, fesch, dynamisch, frech, mit Tafeln, die du den Kontrahenten bei den TV-Duellen unter die Nasen gehalten hast. Wie die sich blamiert haben! Weißt du noch, wie du die FPÖ 1999 als Spitzenkandidat en passant auf 42,09 Prozent in Kärnten geführt hast und wieder Landeshauptmann wurdest, bevor du auf Bundesebene im selben Jahr von fast jedem dritten Österreicher gewählt wurdest? Unglaublich, oder? Hast du Wolfgang Schüssel jemals gemocht, der sich als Wahl-Dritter bei dir anbiedern musste? Warum hast du ihn durch diese unsägliche ÖVP-FPÖ-Regierung zum Kanzler gemacht, wo du doch kein brauchbares Personal zum Koalieren hattest? Nur vier Jahre zurücklehnen, opponieren, zusehen, wie die anderen scheitern, derweil Top-Leute regierungsfähig machen – du hättest bei der nächsten Wahl Minimum 35 Prozent bekommen!

Warum hast du keine Ruhe gegeben und die Bundes-FPÖ nicht einfach arbeiten lassen? Ich höre dich jetzt fast sagen: Weil die unfähig und meine Tipps immer super waren. Vizekanzlerin Riess-Passer, Finanzminister Grasser, Klubobmann Westenthaler – abgewandt haben sie sich von der Partei, von dir und deiner Einflussnahme. Undankbares Pack! Drei Jahre lang ließest du irgendwelche FPÖler weiterwurschteln, bis du die Partei »lässiger, flotter und jünger« gemacht und 2005 das BZÖ – noch einmal: So heißt man als Partei nicht! – gegründet hast. Welch Schuss ins Knie! Das erste Mal kein Kalkül, nein, Harakiri mit Anlauf. Überhaupt: Die Genialität hast du seit dem Jahr 2000 in Kärnten versteckt, wo du zweifelsohne gute Arbeit geleistet hast. Hast du dich geschämt, als das BZÖ bei der Wahl 2006 nur deshalb den Einzug in den Nationalrat geschafft hat, weil in Kärnten 25 Prozent deine Partei, also dich, gewählt haben? Im Bezirk Mödling, Niederösterreich, bekam sogar die Tierrechtspartei mehr Stimmen! »Hauptsache rechts« wäre jetzt ein guter Schmäh, aber den mach ich nicht, versprochen.

Als alle glaubten, du wärest ein Auslaufmodell, ein abgehalfterter Provinzfunktionär, hast du die perfekte Maske aus dem Kasten geholt: Ich schenke euch für die Wahl 2008 mein Gesicht und bin Spitzenkandidat, doch egal, wie's ausgeht, ich bleibe Landeshauptmann in Kärnten. Hat dich nie jemand gefragt, ob du nicht im Theater den Hamlet oder Kaiserin Sisi geben willst? Kein Bühnenschauspieler hätte dir das Wasser reichen können, wie du im Fernsehen gesessen bist als geläuterter, zahmer, weiser Mann von Welt, der den Marktschreier von einst beim Portier abgegeben hat. Verdoppelung der Stimmen auf 10,7 Prozent, die Grünen überholt, 39,4 Prozent in Kärnten, Jubel, Trubel, Heiterkeit, knapp zwei Wochen später tot.

Falls es dich tröstet: Das Begräbnis, vom Staatsfunk stundenlang live übertragen, war rührend; die Grabreden konnten sich hören lassen, auch jene deines Nachfolgers Dörfler, der nach deinem Unfall gesagt hat, dass in Kärnten die Sonne vom Himmel gefallen sei; die DVD *Das war Jörg Haider – Sein Leben* sowie die CD *Pfiat Gott, liabe Alm*, auf der du als Solist, begleitet vom Männerdoppelsextett Klagenfurt, Kärntnerlieder singst, verkaufen sich wie die warmen Semmeln; die CD-Werbung läuft täglich im Dauerwerbefernsehen; mehr als zwei Drittel der Kärntner würden dich heute direkt zum Landeshauptmann wählen; an der Unglückstelle in Lambichl wird eine Gedenkstätte errichtet.

»Lebensmensch« wurde zum Wort des Jahres 2008 gewählt.

22 Wien, Wien, nicht nur du allein – Kärnten

Dort, wo Tirol an Salzburg grenzt,
des Glockners Eisgefilde glänzt;
wo aus dem Kranz, der es umschließt
der Leiter reine Quelle fließt,
laut tosend, längs der Berge Rand,
beginnt mein teures Heimatland.

Wo durch der Matten herrlich Grün
des Draustroms rasche Fluten zieh'n;
vom Eisenhut, wo schneebedeckt
sich Nordgaus Alpenkette streckt,
bis zur Karawanken Felsenwand
dehnt sich mein freundlich Heimatland.

Wo von der Alpenluft umweht
Pomonens schönster Tempel steht,
wo sich durch Ufer, reich umblüht,
der Lavant Welle rauschend zieht,
im grünen Kleid ein Silberband
schließt sich mein liebes Heimatland.

Landeshymne,
Text: Johann Thaurer von Gallenstein,
Melodie: Josef Rainer von Harbach

Abgesehen von den Wienern sind die Kärntner die sympathischsten Österreicher. Kärnten ist der Fläche nach das fünftgrößte, der Bevölkerungszahl nach das sechstgrößte Bundesland. Es grenzt an die Steiermark, Tirol, Salzburg, Slowenien und Italien. Landeshauptstadt ist Klagenfurt, die sechstgrößte Stadt in Österreich. Kärnten ist, wenn man nicht ohnehin dort lebt, das ideale Land, um den »Urlaub bei Freunden« zu verbringen, wie der Slogan lautet. Stets scheint die Sonne, ein See schöner als der andere, die Aushängeschilder heißen Wörthersee, Millstätter See, Ossiacher See, Weißensee und Faaker See. Die Anzahl der Campingplätze liegt weit über dem europäischen Schnitt, dieses Segment macht circa ein Fünftel der Jahresnächtigungen aus. Der »Urlaub auf dem Bauernhof« ist dem Campen mit 15 Prozent auf den Fersen. Im Winter sind die Skigebiete Bad Kleinkirchheim, Nassfeld, Innerkrems und Gerlitzen stark frequentiert. Am wichtigsten Fluss, der Drau, werden in Kärnten zehn Laufkraftwerke betrieben. Die Klagenfurter Gründungssage berichtet von einem Drachen, der in den Sümpfen nächst des Wörtherseeufers hauste. Seine Lieblingsspeise: Kärntner Jungfrauen. Was tun? Die listigen Einwohner errichteten einen Turm, an dessen Spitze sie einen Ochsen als Köder anketteten. Die Kette war mit einem Haken versehen, ja, wir kennen das vom Angeln. Also: Der Lindwurm frisst den Ochsen und schluckt den Haken, er kann nicht wegfliegen, die Bauern rücken mit den Keulen an. Und aus. Das älteste Siegel der Stadt aus dem Jahr 1287 zeigt bereits den Lindwurm, ebenso das Stadtwappen. Der Lindwurmbrunnen auf dem Neuen Platz, das Wahrzeichen, wurde zwischen 1590 und 1593 aus einem einzigen Steinblock gehauen. Die Stadt hat berühmte Töchter und Söhne hervorgebracht, darunter Herbert Böckl (Maler), Udo Jürgens (Sänger), Edi Finger (Sportreporter), Roland Rainer (Architekt) sowie die Schriftsteller Robert Musil, Ingeborg Bachmann und Gert Jonke. Auch Peter Handke und Peter Turrini sind Kärntner.

Nach dem Ersten Weltkrieg entschied sich das Herzogtum Kärnten für den Beitritt zu Österreich. Doch das neu gegründete SHS-Königreich mit Serbien, Kroatien und Slowenien beanspruchte das gesamte Südkärntner Gebiet, um die überwiegend slowenischsprachige Bevölkerung einzugliedern, und besetzte Ferlach, Völkermarkt und Bleiburg. Der »Kärntner Abwehrkampf«, ein bewaffneter Widerstand, begann. Beim Friedensvertrag von Saint-Germain wurde beschlossen, dass über das Schicksal Südkärntens eine Volksabstimmung entscheiden solle. Im Oktober 1920 sprach sich die Mehrheit der Wahlberechtigten, darunter fast siebzig Prozent Slowenen, für einen Verbleib bei Kärnten aus. Die 1920 festgelegten Grenzen blieben bis heute unverändert. Den Slowenen waren vor der Volksabstimmung seitens der Landesregierung Minderheitsrechte zugesagt worden, die 1955 im Staatsvertrag festgehalten wurden – darunter die zur Erfüllung von völker- und verfassungsrechtlichen Verpflichtungen aufgestellten zweisprachigen Ortstafeln, die 1972 von slowenenfeindlichen Bevölkerungsteilen im »Ortstafelsturm« entfernt und nur teilweise wieder aufgestellt wurden. Noch heute wird nach Möglichkeiten gesucht, diese Verpflichtung zu umgehen. Ein Tipp: Der Schmäh, in Kärnten zu Kärnten »Nordslowenien« zu sagen, kommt nicht gut an.

Ein Schilder-Streit der anderen Art, nämlich jener um die Wichtigkeit, entzweit die Landeshauptstadt Klagenfurt und Villach. Wer in Udine mit dem Auto Richtung Österreich unterwegs ist, stößt auf die grüne Tafel »Villach«. Des einen Rivalen Freud, des anderen Leid. Die Frage der tatsächlichen Vormachtstellung wird alljährlich ein paarmal auf sportlichem Weg geklärt, wenn einander die Eishockey-Cracks des KAC und VSV einschenken. Doch egal, wie's ausgeht, die grüne Tafel in Udine bleibt. Ist ja auch wurscht. Apropos: Wichtige Bestandteile der Kärntner Küche sind Fleisch, Getreide und Milchprodukte. Zu den Spezialitäten zählen Kärntner Kasnudeln, Teigtaschen mit einer Fülle aus Topfen (Quark), Erdäpfel (Kartoffeln), Kerbel und Minze, die kleineren Schlickkrapfen (Teigtaschen mit Fleisch gefüllt), Ritschert (Eintopf aus Bohnen und Rollgerste), Reindling (Süßspeise aus Hefeteig mit Rosinen, die zu Ostern gegessen wird) und Frigga (Speck-Käse-Omelette). Zur Weihnachtszeit lebt das uralte bäuerliche Brauchtum auf. Einige »füttern« am Heiligen Abend bei Einbruch der Dunkelheit den Wind, um Stürme abzuhalten. Dabei stellt der Bauer eine Schale Mehl auf das Fensterbrett, und sollte die Schale am nächsten Tag leer sein, wird alles gut. In der Christnacht treibt der Teufel sein Unwesen. Um ihm nicht zu begegnen, sollten die Burschen wenigstens einmal im Jahr auf das »Fensterln« verzichten, also nicht mit Leitern ausrücken und bei den Maiden im ersten Stock anklopfen. Gegen Mitternacht muss ein Knecht beim Getreide wachen, weil: Ja, schon wieder der Teufel, diesmal versucht er, Unkrautsamen unters Korn zu mischen. Und wenn sie nicht gestorben sind, erzählen sie noch heute.

Der Kärntner, der selbstverständlich sehr, sehr stolz auf seine Heimat ist, verfügt über mehrere Merkmale, die ihn einzigartig, also unverwechselbar machen. Er kann zum Beispiel kein ch sagen, ein Michael heißt »Mihael«, selbst nach jahrzehntelangem Training kann er in Nebensätzen seine Herkunft nicht verbergen. Mit Siherheit! Der Weltschmerz, der sich als Botschafter immer schon die Kärntner ausgesucht hat, wird am treffendsten durch das Liedgut ausgedrückt. Wenn die Männergesangsgruppen in den traditionell braunen Anzügen in Mundart von der Heimat singen, kann das Herz schon gut und gerne hundert Kilogramm schwer werden. Aber schön ist's, schön traurig! Traurig sind auch die Mitglieder der Ulrichsberggemeinschaft, die sich seit 1958 alljährlich auf dem gleichnamigen Berg bei Klagenfurt einfinden, um den in den Kriegen gefallenen Kameraden zu gedenken. Die Veranstaltung ist umstritten, da sich unter den Gästen regelmäßig ehemalige Mitglieder der Waffen-SS befinden, die unter anderem vor einer Gedenktafel mit der Aufschrift »Des Soldaten Ehre ist seine Treue« innehalten. Die Worte Ehre und Treue sind hervorgehoben. Vor ein paar Jahren kamen noch bis zu zweitausend Veteranen, bald wird sich dieses Thema biologisch erledigt haben. Die jungen Kärntner wiederum sind allerorts gern gesehen, weil sie weltoffen, kommunikativ und schlagfertig sind. Befindet sich ein Kärntner am Tisch, ist der Abend gerettet, selbst dann, wenn er vorher keinen einzigen seiner Sitznachbarn gekannt hat. Man kann sie auch schwer bremsen, irgendwann tritt der Zeitpunkt ein, an dem man sich dem herben Charme einfach unterwirft und zuhört. Freilich kommen Eloquenz und Witz gut an – ich hab ja so einen faden Oberösterreicher daheim, ich weiß gar nicht, wann ich mich zuletzt so gut unterhalten habe –, aber ehrlich: Ein Skilehrer ist auch nicht länger als eine Woche lustig, oder?

Weil Ausnahmen die Regel bestätigen, seit es Regeln gibt, besitzt diese Theorie keine Allgemeingültigkeit.

23 Die lieben Nachbarn –
wen wir warum mögen. Oder auch nicht.

Die Republik Österreich ist umzingelt. Nicht einmal ein Stück Meer, über das man das Weite suchen könnte! Wenn wir irgendwo hinfahren möchten, müssen wir irgendwo durch. Echt mühsam, obwohl dieses Schengen-Abkommen ja ganz praktisch ist und man nach dem Wegfall der Grenzwartezeiten kaum merkt, dass man nicht mehr daheim ist. Obwohl: Die Straßen könnten s' schon ein bissl besser asphaltieren, die da drüben! Die da drüben sind die ehemaligen Ostblockländer, unsere ehemaligen Latifundien, also auch das nördlich gelegene Tschechien und das südliche Slowenien, die von den Österreichern gern als Armenhäusler betrachtet werden. Weil alles billiger ist und sich die Einwohner trotzdem nix leisten können. Aber der Reihe nach:

Die Slowakei. Die Hauptstadt Bratislava, zu Deutsch: Pressburg, ist nur einen Tormann-Ausschuss von der Grenze entfernt. Vor zehn, zwanzig Jahren war Gratislava oder Fressburg, wie der Ort unter Eintagestouristen gern genannt wurde, ein Paradies für die Wiener. Während sich die Einheimischen am Nebentisch zu dritt ein Paar Frankfurter Würstel mit Senf teilen mussten, kostete sich die Gästeschar von oben nach unten durch die Speisekarte. Und zum Schluss noch ein ganzes Torterl für jeden, auch wenn wir nur einen Bissen naschen – ach, was haben wir gelacht, als uns der Wirt die Rechnung gebracht hat! Heute haben die Preise leicht angezogen, das Ausflugsziel ist trotzdem beliebt geblieben. Von Wien aus ist Bratislava neuerdings auch auf dem (Donau-)Seeweg zu erreichen, die Fahrt ist ein Erlebnis, das Sie sich nicht entgehen lassen sollten.

Ungarn. Welche drei Dinge fallen Ihnen spontan ein? Salami, Gulyas, Csárdás? Das Land definiert sich über Speisen und Folklore. Gutes Essen, dazu ein schnurrbärtiger Geigenspieler, der auch dann nicht aufhört, wenn man ihn bereits auf Knien darum anfleht. Und dann diese Melancholie, neidisch könnt' man werden! Alles scheint so unendlich traurig. Gar, weil sie eifersüchtig sind, dass die Türken noch mehr Üs und Ös in ihrer Sprache benutzen dürfen? Doch egal, welchen läppischen Betrag die armen Ungarn von uns verlangen für ihre in Essig eingelegten Paprika – übers Ohr hauen können die wen anderen! Auch bei den Dentisten, zu denen angeblich pro Jahr über 150 000 Zahntouristen pilgern, versuchen wir, den Preis zu drücken. Warum 1000 Euro für eine Krone zahlen, wenn 100 auch okay sind? Komisch, weshalb glauben alle, dass wir Melkkühe sind, die noch dazu ohne Verstand geboren wurden? Trotzdem: Budapest muss gesehen werden! Eine Stadt, so schön wie die Lippen von Angelina Jolie. Die würde dem Zahnarzt bestimmt 1100 Euro geben und sagen, danke, das passt schon so.

Slowenien. Das Thema Südkärnten wurde im Kapitel 22 bereits angerissen. Neu ist an dieser Stelle die Facette Untersteiermark. Dieser Name erklärt sich relativ einfach: Slowenien liegt geografisch gesehen auch unter der Steiermark, und – Sie werden es bereits geahnt haben – auch dieses Land hat einmal uns gehört. Damals, als alles noch gut war. Heutzutage bedauern wir die Slowenen, weil sie Slowenen sein müssen und bei der Bundespräsidentenwahl ihr Kreuzerl nicht beim Fischer Heinzi machen dürfen. Schau dir den Bauernhof dort drüben an, was schätzt du, dreißig oder vierzig Meter am Österreichertum vorbeigeschrammt? Also ich tät mich ja jeden Tag grün und blau ärgern, wenn ich wegen dem bisschen ein Tschusch wäre …

Wenn wir schon beim Alltagsrassismus gelandet sind: Die Slowenen sind die, die am wenigsten Tschuschen sind. Weil sie näher bei uns leben als Bosnier oder Kroaten. Logisch, nicht? Slowenien ist das klassische Transitland. Autobahnmaut zahlen und nach Kroatien fahren. Denn dort ist endlich das Meer, das wir so gern hätten.

Italien. Die Strände von Caorle (»Tschaorle«) und Bibione (»Pimperlohne«) werden gern mit »Eldorado für Wiener Hausbesorger« umschrieben. Wir spielen dort Boccia, kaufen auf den Märkten schöne, in Nordafrika gefertigte Schuhe und lassen uns von Jugendlichen auf der Vespa die Handtaschen stehlen. Aber es ist ja so super dort, vor allem, weil wir unter uns sind. Wer nicht unfallfrei »Heast Oida, bist deppat« sagen kann, wird schief angeschaut. Am Abend promenieren wir durch die Via Verdi und denken an die mazedonische Putzfrau, die an unserer Stelle 14 Tage lang das Stiegenhaus aufwäscht. Na hoffentlich g'scheit, sonst gibt's Beton, wenn ma wieda daham san! Wir packen im Restaurant unser bestes Italienisch aus (quanta costa, pagarrre prrrego, io volere schpaggetti) und müssen mit ansehen, wie die 14-jährige Tochter drauf und dran ist, ihre Unschuld an einen glatzköpfigen Pizzabäcker zu verlieren. Ach, wie viele Frauen wurden uns schon von Italienern ausgespannt? So, Schluss, in Wahrheit könnte den Österreichern ein Schuss italienischer Esprit auch nicht schaden. Obwohl sie von sich behaupten, die besten Liebhaber der Welt zu sein.

Schweiz. Unsere Freunde, die Eidgenossen, sind total putzig. So präzise. So ungeordnet. Die versuchen, streng nach Prinzipien wie Strebsamkeit oder Produktivität zu leben, dabei verstehen sie einander nicht nur sprachlich nicht. Ein Volk des Widerspruchs. Und stur. Nein, tu das nicht, schau, dein Handwagen ist einen Meter breit, die Tür nur neunzig Zentimeter. Das Wagerl passt da nicht durch. Rumms! Und rumms! So, und heute bekommt jeder seinen Lohnzettel. Was zur Folge hat, dass jeder auf dem WC verschwindet, um im Geheimen zu schauen, wie viel er verdient hat. Ich sag's nicht, aber wehe, ich erfahre, dass dieser Ösi mehr kriegt als ich, dann schlägt's dreizehn. Kommen hierher und gehen mit mehr heim? Sicher nicht mit uns! Ein Verhaltensmuster, dem österreichischen nicht unähnlich … Aber wir lieben ihre Schokolade, ihr Fondue, ihre Tempolimits auf den Autobahnen, ihre Stangen und Kübeln – Maßeinheiten, die beim Bierverkauf in Bars relevant sind. Kommt der Ausdruck »niederkübeln« womöglich aus dem Schweizerischen?

Liechtenstein. Jö, so klein und darf auch schon in der EM-Qualifikation mitspielen. Eindeutig unser Lieblingsnachbar, weil Österreich im Vergleich zu diesem Ländchen eine Großmacht ist. Nicht nur im Fußball. Aber wie lange noch?

Deutschland. Nein, nein, nein, wir tun da jetzt nicht Schmutzkübel ausleeren und uns Feinde machen, weil wir wollen ja, dass die Brüder weiterhin zu uns kommen und ihr Geld da lassen. Deshalb: Deutschland, Deutschland über alles. Das lustigste Volk auf der ganzen Welt, Erfinder des Humors, gesegnet mit Dieter Bohlen. Gebenedeit sei Angela unter den Weibern, und mit ihr die Frucht ihres Leibes. Weltfriede. FC Bayern München. Gutmenschen. Schäferhunde. Klöpse. Kinder, die auf den Namen Kai-Uwe hören müssen und auch noch reagieren, wenn man sie ruft. Wie kann man die Deutschen nicht mögen? Ihr Hang zur Perfektion. Schaffe, schaffe, Häusle baue. Was soll daran bitte verwerflich sein? Die paar Puffs in St. Pauli? Mertesacker. Autobahnbau. Sachsen-Anhalt. Die reden ja so lieb dort. Solidaritätsbeitrag. Preußische Generäle. Zackzack. Und Uli Hoeneß schießt den Elfmeter drüber, um Gottes willen, der arme Uli! Er tut uns heute noch leid.

Tschechien. Allein in Temelin stehen um 100 Prozent mehr aktive Kernkraftwerke als auf österreichischem Bundesgebiet. Wer Adleraugen hat, kann den Bau von der Grenze aus zumindest erahnen. Haben die nicht mehr Platz für diesen Blödsinn? Warum ausgerechnet vor unserer Nase? Was, wenn was passiert? Der Tscheche an sich genießt in Österreich ja nicht gerade den besten Ruf. Wie wird uns der falsche Böhm' diesmal über den Tisch ziehen? Woher diese Animositäten stammen, ist nicht überliefert, werden wohl aus der Kaiserzeit sein. Jedenfalls verdient jeder eine siebente Chance. Also heizt ein. Wir werden trotzdem zu euch kommen. Wegen der schönen Frauen, die landläufig »Raubvögel« genannt werden, weil sie sich gar so aufopfernd um das Wohlergehen von österreichischen Trotteln in der Midlife-Crisis bemühen; und weil Prag eine Stadt ist, die sich im Vergleich zu Wien nicht verstecken muss, im Gegenteil. Den letzten Satz vergessen Sie bitte gleich wieder.

24 Die Ski-Nation Nummer 1 – weil sonst keiner fährt?

Wenn der Oktober ins Land zieht und gegen Ende dieses tristen Herbstmonats im Tiroler Ort Sölden der Weltcup-Winter eingepeitscht wird, sind die Österreicher endlich wieder wer. Das kleine Land, das in sportlichen Belangen sieben Monate pro Jahr in Bedeutungslosigkeit versinkt, wird von den Pistenakrobaten aus dem Sommerschlaf geküsst. Toni Sailer, Karl Schranz, Franz Klammer, Hermann Maier – Namen, Menschen, Superstars, die Millionen vor den Fernsehgeräten in ihren Bann ziehen. Triumphe in der Königsdisziplin, der Abfahrt, sind uns am liebsten. Da muss man nämlich mutig sein. Torstangen umkurven kann ja bald wer – das hört man vornehmlich nach jenen Slaloms, die ausnahmsweise nicht von Mario Matt oder Benjamin Raich gewonnen wurden.

Apropos Matt & Raich. Diese Nachnamen sind für die schreibende Zunft ein Fressen. Weil man so schön damit spielen und Schlagzeilen basteln kann. Die Titel »Schach Matt«, »Matt glänzend« oder »Marios Matt-inee« sind allesamt in Tageszeitungen erschienen, und bei Benni kennt die Kreativität der Reporter ohnehin kaum Grenzen: »Raich & schön«, »Öster-Raich«, »Armer Raich«, »Bennis Raich-tum« oder »Raich mir deine Hand«. Die Freundin des »Blitz aus Pitz« fährt ebenfalls Ski und heißt Marlies Schild. Richtig, auch dazu fallen uns ein paar raffinierte Sachen ein, eine sei erwähnt, dann ist Schluss mit diesem Unsinn: »Der siebente Streich der Schild-Bürgerin.« Wobei – einer geht noch, obwohl der nichts mit Raich & Schild zu tun hat: »Reinfried Herbsts zweiter Frühling im Winter.« Angeblich soll dieser Titel für den Pulitzer-Preis vorgeschlagen worden sein.

Wenn keine Olympischen Spiele oder Weltmeisterschaften ausgeschnapst werden, finden die Höhepunkte für die passiven Ski-Enthusiasten im Jänner in Kitzbühel und Schladming statt. An die 40 000 Fans berauschen sich am Höllentempo der wilden Hunde, der Großteil hat eine Fahne, manche haben sie sogar in der Hand. Ja, getrunken wird viel bei den Ski-Veranstaltungen. Vor den Rennen, weil man ja nie weiß, wie's kommen wird; und nach den Rennen, weil's gekommen ist, wie es kommen hat müssen. Also völlig egal, ob Sieg oder Niederlage, Prost bleibt Prost. Tonnenweise Scherben auf den Straßen sind stumme Überbleibsel der Feierlaune, wer grölende Massen und einen auf dem Silbertablett präsentierten Nationalstolz miterleben möchte, muss das gesehen haben. Ein Tipp: Wangen rotweißrot anmalen und möglichst dialektfrei mitsingen. Zum Beispiel dieses Lied, das im Dialekt auf Kriegsfuß mit der deutschen Grammatik zu stehen scheint: »Mir san mir, stärker wie die Stier, mir san stärker wie die Ba'm, weil ma Österreicher san.« Ein Ba'm hat sein U und im Winter die Blätter verloren.

Bei Rennen im Ausland geht es vergleichsweise gesittet zu. Kein Wunder, denn in der Regel interessiert sich dort kaum eine Seele für die Skifahrer. Im Zielraum von Val d'Isere stehen sich beispielsweise geschätzte 150 Leute die kalten Beine in den Bauch, sie starren gebannt auf eine Riesenleinwand und sehen die Athleten für fünf Sekunden in Echtzeit, wenn sie über den Hang donnern. Währenddessen sitzen zwei Republiken weiter ganze Familienverbände vor der Television, stopfen sich das Sonntagsschnitzel in den Mund und freuen sich, wenn wir es der Welt wieder einmal gezeigt haben. Wobei die Welt im konkreten Fall pro Event aus ein, zwei Australiern und Japanern, ein paar Nordamerikanern und etwa fünfzig, sechzig Europäern besteht, von denen zehn rotweißrote Ski-Unterwäsche tragen.

Das deutsche Fernsehen überträgt schon seit längerem nur noch ausgewählte Rennen, die Italiener haben sich nach Tombas Rücktritt gänzlich absentiert. Die Schweizer dürften die einzigen sein, die die künstlich erzeugte Rivalität zur Ski-Nation Nummer 1 am Leben erhalten wollen.

Selbstverständlich möchte kein Österreicher gern hören, dass der Spaß im Schnee längst zur Randsportart verkommen ist. Auf keinen Fall! Und dass der Schmäh, den die Stars zu haben glauben, eigentlich gar keiner ist. Wenn sie – wozu sie vertraglich verpflichtet sind – vor die Kameras gezerrt werden, stammeln sie monoton Stehsätze wie »Ich habe oben einen Fehler gehabt« und »Hoffentlich läuft's im zweiten Durchgang besser, schau mer mal«. Die Reporter nicken artig, gefallen sich in hündischer Ergebenheit, sagen nach jeder Wortspende brav »danke«. Wann wird der Erste von ihnen erbost fragen: »Wen, bitt'schön, soll das interessieren?« Im eigenen Interesse wohl nie. Weil Majestäten, Helden und alle, die einen Sturzhelm tragen, prinzipiell nie hinterfragt werden dürfen.

Besonders lustig ist das Journalisten-Spielchen »Alle gegen Österreich«, dieses »Wir sind zwar jedem wurst, aber ich will jetzt bitte, bitte von dir hören, du böser Ausländer, dass es etwas ganz Besonderes ist, die Österreicher zu schlagen.« Und dann sagt ein Schweizer: »Es ist etwas ganz Besonderes, die Österreicher zu schlagen.« Und dann sagt ein Italiener irgendwas, der Reporter übersetzt's mit »Es ist etwas ganz Besonderes, die Österreicher zu schlagen«, und dann ist das Volk froh, weil alle Schweizer und Italiener ja so gemein zu uns sind. Alle, auch deren Langläufer, Bergbauern und pensionierte Wurstverkäuferinnen, die uns immer schon suspekt waren.

Phänomenal im Sinne von »ein Phänomen« ist auch, dass die Vor- und Nachnamen Platz tauschen, sobald die Temperaturen unter den Nullpunkt sinken. Und der ehemalige Nachname stets einen bestimmten Artikel vorangestellt bekommt; der Pranger Manfred hat den Slalom auf dem berüchtigten Ganslernhang in Kitzbühel gewonnen; die Hosp Nici lacht immer so süß; der Trinkl Hannes wurde Weltmeister in Sankt Anton – nein, der Ort heißt im Sommer nicht Anton Sankt. Das Gros der Skifahrer stammt aus Westösterreich, und nicht alle sind bemüht, sich bei Interviews auch wirklich verständlich zu machen. Je unverständlicher sich ein Star zu verstehen gibt, desto sympathischer kommt er rüber und ruft den »Mei-is-der-lieb«-Effekt beim Zuhörer hervor. Bei manchen kann man nur raten – was sie tatsächlich meinen, ist irrelevant. Nur der Dialekt der Hundertstelsekunde zählt, und der kann keinem ein X für ein U vormachen, nicht einmal einem Schweizer oder Italiener.

Trotz allem sind wir stolz auf unsere Skifahrer. Weil sie sich den subversiven Elementen aus dem Ausland mit aller Kraft entgegenstemmen und den Namen unserer Nation in die große weite Welt tragen; weil sie allen Unkenrufen zum Trotz die besten Kristallkugeljäger im Universum sind; weil sie einfach zu Österreich gehören wie das Sauerkraut zum Schweinsbraten und der Nachmittagsschlaf zum Formel-1-Rennen. Seien wir uns ehrlich: Wären Sie Deutscher, wären Sie dann nicht auch ein bisschen stolz auf die Leistungen Ihrer Athleten? Auf Gewichtheber Matthias Steiner zum Beispiel, der bei den Olympischen Spielen in Peking der Stemmer-Nation Russland die Goldene vor der Nase weggerissen hat und zum stärksten Mann der Welt gekrönt wurde? Eben. Ein Volk definiert sich nämlich auch über den Sport. Deshalb ist es relativ sehr schade, dass Steiner nicht Ski fährt. Und dass er aus Österreich ausgewandert ist. Andererseits: So gut ist der »Deutsche Sportler des Jahres 2008« auch wieder nicht …

25 Karl Schranz –
so gemein sind die anderen zu unserem kleinen Sport-Land

Seit dem 18. November 2008 kann es passieren, dass der prominenteste Skifahrer aus St. Anton am Arlberg bei Ihnen daheim hereinschneit. Pünktlich zu seinem siebzigsten Geburtstag konnte man Karl Schranz nämlich nach Herzenslust ablecken, auf ein Kuvert picken und als Sondermarke verschicken. Ehre, wem sie gebührt – Gerd Bacher, der ehemalige Intendant des Österreichischen Rundfunks, sagte beim rauschenden Fest über den Zeit seines Lebens polarisierenden Tiroler: »Aus einem präpotenten Sturschädel wurde ein Mensch. Karl war ein Freund von Bruno Kreisky, obwohl die beiden so viel gemeinsam hatten wie ich mit Arnold Schwarzenegger.«

1972, in jenem Jahr, als unser Hoffnungsträger von den Olympischen Spielen in Sapporo ausgeschlossen wurde, war Kreisky österreichischer Bundeskanzler. Schranz, der dreifache Weltmeister und erste österreichische Gesamtweltcup-Sieger, hatte bei einem Hobby-Fußballmatch im Sommer ein T-Shirt mit dem Aufdruck einer Kaffeefirma getragen, war fotografiert worden und hatte damit laut IOC-Präsident Avery Brundage gegen den Amateurstatus verstoßen. »Ganz Österreich hat sich damals ausgeschlossen gefühlt und sich das nicht gefallen lassen. So etwas mag ein kleines Land nicht«, sollte Schranz Jahrzehnte später sagen. »Mit den Italienern oder Deutschen hätte man sich das nie getraut.« Was unterm Strich übrig bleibt, ist, dass Schranz an den Olympischen Spielen zerbrochen ist. Bei der Heimveranstaltung in Innsbruck 1964 musste sich der begnadete Wedler mit Silber im Riesentorlauf zufriedengeben; 1968 in Grenoble wurde er im Nebel der Slalom-Stangen des Goldes beraubt: »Ich bin damals nach fünfzehn Toren aus dem Kurs gefahren und stehen geblieben, weil ein Gendarm auf der Piste war. Man hat mich nochmals fahren lassen, nach Gesamtbestzeit aber disqualifiziert«, weiß Schranz. »Ich frage heute noch den Jean-Claude Killy nach meiner Goldmedaille, wenn ich ihn treffe.«

Und dann also die Schande von Sapporo, als dem 33-jährigen Schranz die letzte Chance auf die so heiß ersehnte Medaille verwehrt blieb. Vor der Abfahrt wurde er heimgeschickt, wohlgemerkt! Wie erklärt man das den narrischen Österreichern, für die der »Löwe vom Arlberg« ein Held war wie Wickie für die starken Männer von Flake? Man erklärt es ihnen einfach mit einer Verschwörungstheorie: Der böse Brundage ist Amerikaner. Das bedingt, dass er kein Österreicher sein kann. Vielleicht hängt's noch mit dem Zweiten Weltkrieg zusammen, dass er uns Österreicher über alle Maßen hasst und unser viel gerühmtes Österreich dazu! Und unser großer Sohn soll jetzt dafür büßen, dass dieser Brundage Amerikaner ist? Sicher nicht, meine Herrschaften! Also auf die Straße mit uns! Als Schranz, aus Japan kommend, aus dem Flugzeug stieg, wurde er in einen Mantel der Sympathie gehüllt. Das Mantelfutter war freilich aus Mitleid und Zorn gewebt. Menschenschlangen säumten die Straßen, der Skifahrer wurde in einem Mercedes stehend durch ein gigantisches Spalier in die Wiener Innenstadt chauffiert. »Immer wieder Österreich!«-Sprechchöre begleiteten den Tiroler, der von der hohen Politik genötigt wurde, sich zu präsentieren und zurückzuwinken. Auch auf dem geschichtlich vorbelasteten Heldenplatz, wo sich an die hunderttausend Menschen versammelt hatten.

Dazu seien zwei Vergleiche erlaubt: Als Hitler dort im Jahr

1938 den »Anschluss der Ostmark an das Deutsche Reich« ver-
kündete, waren annähernd so viele gekommen; und Papst Johannes Paul II. war 1983 gegen Rennläufer Schranz kein Renner. Weiter ging's zum Bundeskanzleramt, wo Schranz von
Bruno Kreisky einfach auf den Balkon geschoben wurde. Der
sogenannte »Sonnenkönig« zog es derweil vor, im Schatten zu
bleiben. Wohl auch, weil er sich nicht so unwohl fühlen wollte
wie sein Freund Karl, der ziemlich betropetzt dreinschaute
ob der Hysterie. Vielleicht war's später eine Art von Wiedergut-
machungsversuch an Schranz, dass ihm Kreisky das Amt des
Sport-Staatssekretärs anbot, wer weiß? Der St. Antoner lehnte
jedenfalls dankend ab und widmete sich lieber seiner Skischule.

Was also blieb von Karl Schranz, dem tragischen beziehungsweise verhinderten Olympia-Starter – abgesehen von den Kindern, die bei ihm gelernt haben, wie man einen Parallelschwung
anzulegen hat? Er gilt als einer der Wegbereiter des modernen
Profisports. »Ich habe heutigen Athleten die Möglichkeit ver-
schafft, mit ihren Leistungen Geld zu verdienen«, sagt Schranz,
der 1998 vom IOC eine Trophäe für Sportethik ausgehändigt bekam. Klingt ein bisschen nach Hohn, ist aber eine Tatsache. Er
war ein Ehrgeizling durch und durch, der beim Training mit der
Mannschaft nur das nötigste für seinen Körper tat. Aber wenn
sich die Kontrahenten aus dem eigenen Lager längst am abend-
lichen Kaminfeuer wärmten, schuftete er in der Kraftkammer
und schaffte sich dadurch unbemerkt jenen Vorsprung, der ihn
zu fast hundert Weltcup-Siegen katapultieren sollte. Weiters re-
volutionierte er mit seinem innovativen Fahrstil den Skisport.
Er erfand die Schranz-Hocke, eine Art Klo-Sitz auf zwei Brettl'n,
mit der er um etliche Zentimeter tiefer und damit windschlüpf-
riger sein konnte als die Konkurrenz. Er bekam eh schon 1998
das Große Ehrenzeichen für Verdienste um die Republik Öster-

reich. Er holte die alpine Ski-Weltmeisterschaft 2001 in seinen Heimatort St. Anton und durfte deswegen endlich das Eigenbrötler-Eck, in das er von den anderen St. Antonern gedrängt worden war, verlassen. Auch, weil im Zuge der WM der Bahnhof aus dem Stadtzentrum verbannt wurde und sich dadurch die Infrastruktur erheblich verbessert haben soll. Er wurde zum persönlichen alpinen Berater von Wladimir Putin und hatte maßgeblichen Anteil daran, dass die Winterspiele 2014 an die russische Stadt Sotschi am Schwarzen Meer vergeben wurden. Bei der Geburtstagsfeier zum Siebziger wurde ihm vom russischen Botschafter der höchste Orden Russlands verliehen, den Ausländer bekommen können. Und er freut sich nach wie vor, dass sein Ausschluss in Sapporo nicht einstimmig war, sondern 2:3 ausgegangen ist. Weil Russen und Kubaner dagegen waren, den besten Skifahrer seiner Zeit heimzuschicken. Vielleicht rührt daher die Affinität zu den Russen?

Karl Schranz ist verheiratet und hat drei Töchter. Wie sagte doch Gerd Bacher bei seiner Laudatio: »Bis Evelyn dem Karl vorgestellt wurde, hätte er sich höchstens vorstellen können, mit sich selbst verheiratet zu sein.«

26 Wien, Wien, nicht nur du allein –
Tirol

Zu Mantua in Banden
der treue Hofer war,
In Mantua zum Tode
führt ihn der Feinde Schar.
Es blutete der Brüder Herz,
ganz Deutschland, ach,
in Schmach und Schmerz,
mit ihm das Land Tirol,
mit ihm das Land Tirol.

Die Hände auf dem Rücken,
der Sandwirth Hofer ging.
Mit ruhig festen Schritten,
ihm schien der Tod so gering.
Der Tod, den er so manchesmal
vom Iselberg geschickt ins Tal.
Im heil'gen Land Tirol.

Doch als aus Kerkergittern
im festen Mantua
die treuen Waffenbrüder
die Händ' er strecken sah,
da rief er laut: Gott sei mit euch,
mit dem verrat'nen Deutschen Reich,
und mit dem Land Tirol.

Landeshymne,
Text: Julius Mosen, Melodie: Leopold Knebelsberger

Abgesehen von den Wienern sind die Tiroler die sympathischsten Österreicher. Tirol ist der Fläche nach das drittgrößte, der Bevölkerungszahl nach das fünftgrößte Bundesland. Es grenzt an Vorarlberg, Salzburg, Kärnten, Deutschland, die Schweiz und Italien. Landeshauptstadt ist Innsbruck, die fünftgrößte Stadt in Österreich. Der treue Hofer, der in der Hymne angesprochen wird, hieß mit Vornamen Andreas, war Wirt im Gasthaus *Am Sand*, Viehhändler und vor allem Freiheitskämpfer. Im Jahr 1809, als Tirol unter bayrischer Herrschaft stand, führte Hofer die Schützen in den Befreiungskriegen dreimal zum Sieg gegen die Bayern und die Truppen Napoleons, er musste sich aber nach den sechseinhalb Monate dauernden Querelen am Bergisel bei Innsbruck geschlagen geben. Er flüchtete, versteckte sich, wurde verraten, gefangen genommen, vor ein Kriegsgericht gestellt und am 20. Februar 1810 im oberitalienischen Mantua erschossen. Die Schützen marschieren heute noch auf, Hofer gilt in weiten Teilen als Volksheld, er liegt seit 1823 in der Hofkirche in Innsbruck begraben, in der die 28 überlebensgroßen Bronzefiguren stehen, die Kaiser Maximilian I. für sein eigenes Grabdenkmal hatte anfertigen lassen. Weil diese Figuren aber für die kurz vor seinem Tod 1519 auserwählte Sankt-Georgs-Kapelle in Wiener Neustadt zu schwer waren, ließ sein Enkel, Ferdinand I., die Hofkirche errichten. Maximilian, der mit dem Spruch »Bella gerant alii, tu felix Austria nube« (Kriege mögen andere führen, du, glückliches Österreich, heirate) regierte, galt als großer Sympathisant des Landes Tirol und der Stadt Innsbruck. Der deutsche König und Kaiser des Heiligen Römischen Reiches Deutscher Nation aus dem Hause Habsburg ließ um 1500 das Goldene Dachl, das Wahrzeichen der Stadt, erbauen. Ebenfalls aus dieser Zeit stammt das Alte Zeughaus, damals eines der bedeutendsten Waffenlager Europas. Apropos Waffen:

Die Entente lockte Italien mit dem Versprechen in den Ersten Weltkrieg, dass es im Siegesfall das von Österreich aus gesehen südlich des Brenners liegende Gebiet, genannt Südtirol, bekommen würde. Der Friedensvertrag von Saint-Germain 1919 besiegelte das Schicksal der Region, sämtliche Wiedervereinigungsversuche scheiterten. Trotzdem schaffte es Italien nicht, bei den Olympischen Winterspielen 1964 in Innsbruck eine Goldmedaille zu erobern. Die Stadt am Inn richtete die Spiele auch 1976 aus und ist damit die einzige, die binnen zwölf Jahren zweimal als Veranstalter fungieren durfte. Sportlich relevant ist auch das Skispringen im Rahmen der Vierschanzentournee – auf dem Bergisel wird traditionell die dritte Konkurrenz ausgetragen.

Tirol ist seit Jahrtausenden besiedelt, ab etwa 4000 v. Chr. wurde Ackerbau betrieben. Das wissen wir aus sicherer Quelle, weil es deutsche Touristen gibt. Das Ehepaar Simon stieß 1991 beim Hauslabjoch in den Ötztaler Alpen auf eine etwa 5300 Jahre alte Mumie, die als »Ötzi« Aufnahme in die Geschichtsbücher fand. Weil sich die Fundstelle um, na ja, Millimeter in Südtirol befindet, wird die archäologische Sensation in Bozen ausgestellt. Ein anderes Tiroler Urgestein ist Franz Beckenbauer. Der deutsche Fußballweltmeister lebt seit 1982 in Oberndorf, das nur einen Katzensprung von Kitzbühel entfernt liegt. Womit wir beim Hahnenkamm-Rennen wären. Im Jänner lockt das Spektakel auf der Streif an die 100 000 Ski-Enthusiasten nach Kitz. Die können freilich auch selbst fahren, den Urlaubern stehen im lokalen Skigebiet 148 Pistenkilometer zur Verfügung. Die berühmtesten Söhne sind Toni Sailer, Anderl Molterer und die Hinterseers, von denen sich Hans einen Namen als Sänger machte. Er frönt der volkstümlichen Musik und führt seine Anhängerschaft alljährlich zu einer Wanderschaft durch die Berge seiner Heimat. Dann stemmt er Riesenposter, auf denen Hansi Hinterseer abgebildet ist, in die Höh' und lässt sich feiern. Irgendwann wird er das Wasser eines Gebirgssees berühren, es wird sich teilen und die Tausenden Pilger werden durchmarschieren können. Ganz bestimmt. Ein »zugereister« Kitzbüheler ist der ehemalige Finanzminister Karl-Heinz Grasser, der Fiona Pacifico-Griffini ehelichte und mit ihr einen Bauernhof bewohnt. Frau Fiona wird meist Swarovski genannt, weil sie der gleichnamigen Dynastie entstammt. Die *Swarovski Kristallwelten*, ein vom Künstler André Heller errichteter Freizeitpark in Wattens, wurden 1995 zum Hundert-Jahr-Firmenjubiläum des Konzerns eröffnet und sind ein beliebtes Besichtigungsobjekt. Im gebirgigen Tiroler Land wird man in so gut wie jedem Tal einen Sessellift finden, ganzjährig befahrbar sind die Gletscher im Pitztal, Kaunertal, Hintertux, Stubaital und in Sölden, wo jedes Jahr im Oktober der Ski-Weltcup eröffnet wird. Überhaupt: Ob Winter, ob Sommer, es zahlt sich aus, so gut wie jede Gegend, jedes Dorf zu inspizieren. »Tiroler Land, du bist so schön, so schön« – ein Lied, das auch Hansi Hinterseer interpretiert. Der zweite Musik-Exportschlager nennt sich wie der Mann vom Hauslabjoch, er trägt stets eine weiße Haube und hat sich DJ als Vornamen ausgesucht. Das Gesamtkunstwerk DJ Ötzi brachte es mit Texten wie »Ich bin so schön, ich bin so toll, ich bin der Anton aus Tirol« und »Hey, hey Baby, uhh, ahh!« als erster Österreicher in Großbritannien zu Gold und Platin. Insgesamt verkaufte er über 16 Millionen CDs, anzunehmen weltweit, sonst hätte ja jeder Österreicher zwei Stück zu Hause.

Der Tiroler per se verfügt über einen stark ausgeprägten Charakter, der von Stolz geprägt ist. Tiroler sein zu dürfen ist ein Privileg, und in Tirol leben zu dürfen, erst recht. Wir lassen uns von den großkopferten Wienern nicht vorschreiben, was wir zu tun und zu lassen haben! Reicht der gern strapazierte Satz

»Bischt a Tiroler, bischt a Mensch, bischt kchoa Tiroler, bischt kchoa Mensch« als Beweis? Damit haben wir uns einen Buchstabensalat eingebrockt, der mit Kulinarischem garniert wird: Vorwiegend werden südbayrische Dialekte gesprochen. Markant für das Tirolerische sind die Sch-Aussprache des S in Sp oder St und das angeriebene K als Kch. Deshalb spielen »Schpekch« und »Kchnödl« in allen Variationen eine wichtige Rolle in der Küche. Sie werden als Speckknödel, Spinatknödel oder Kaspressknödel aus Tiroler Graukäse zubereitet und allein, in einer Suppe oder als Beilage gegessen. Der Graukäse wird auch mit Essig und Öl angerichtet und mit Zwiebelringen serviert. Weitere Spezialitäten: Das Tiroler Gröstl (Fleisch, Erdäpfel, Zwiebel und anderes in einer Pfanne gebraten), Tirtl sowie Schlutzkrapfen (gefüllte Teigtaschen) und in Schmalz gebratene Krapfen, die mit Marillenmarmelade gefüllt werden.

Krapfen? Die Österreich-Urlauber Gerhild und Heinz-Rüdiger würden »Berliner Pfannkuchen mit Aprikosenkonfitüre« dazu sagen. Mehr dazu im Anschluss.

27 Ein Piefke kommt selten allein – unsere Beziehung zu den deutschen Urlaubsgästen

Wenn einander zwei Schneeflocken über Wien treffen, bedeutet das im Regelfall Chaos – weil in Ostösterreich ob der geringen Seehöhe kaum jemand an Schneefahrbahnen gewöhnt ist. Im Westen hingegen wird jubiliert, wenn ein Moskau-Tief das andere ablöst. Dann reiben sich die Wirte die Hände, die Hotels, Pensionen und Privatzimmer werden aus dem Sommerschlaf geküsst und ordentlich herausgeputzt. Die anrollenden Touristen sollen's schließlich schön haben.

Viele deutsche Tourismus-Melkkühe reisen über die A10 an, über die Tauernautobahn, die berühmt ist für ihren Tauerntunnel. Der ist insofern super, als dort im Urlauberreiseverkehr eine sogenannte Blockabfertigung stattfindet und die Gäste deshalb auch ganz bestimmt erholungsbedürftig am Ziel ankommen. Wer Glück hat, braucht nur sechs Stunden, bis er sein Fahrzeug durch den Tunnel pilotiert hat. Die vierzig Kilometer zwischen Stillstand, Schritttempo und geistigem Amoklauf können dazu genutzt werden, um von der Wohnung in der Heimat zu träumen; oder aber, um Österreich zu verwünschen. Wenn die Rezeptionistin bei der Ankunft dann auch noch ungläubig hervorstößt: »Was, ein Stau auf der Tauernautobahn, unglaublich!?«, dann sollten Sie diese Lüge geflissentlich überhören, gegebenenfalls mit dem Trinkgeld sparen und das tun, was von Ihnen verlangt wird: gefälligst deutscher Urlauber zu sein! Unsere Lieblingsgäste, die zum österreichischen Tourismus gehören wie der Sessel zum Lift, sind nämlich so schön auszurechnen. Selbstverständlich ist das Zimmer zu klein und zu kalt, der Weg zur Piste zu weit, das Handtuch nicht vorgewärmt. Aber die Wirte wissen, was zu tun ist, sie spielen brav mit, weil sie mitspielen müssen. Nicht auszudenken, wenn im kommenden Jahr nur Österreicher nach Österreich kämen!

Hackbraten, Pfifferlinge, Schorle. Worte, die wie Messer in die rotweißrote Seele stechen. Faschiertes heißt das! Und Eierschwammerl! Und Weißer G'spritzer! Schreiben die in Hamburg, wenn wir uns einmal dorthin verirren, etwa auch ihre Speisekarten um? Und wie zackzack immer alles gehen muss:

Heinz-Rüdigers Weckruf hat pünktlichst um 06.52 Uhr zu erfolgen. Er macht ja gerade Ferien, da verpennt man den Tag nicht einfach so. Der Pyjama wird fast achtlos auf einen Tisch drapiert, wehe, das Zimmermädchen legt ihn nicht unters Kopfkissen, wie das Muttchen im ehelichen Schlafzimmer auch immer macht. Blick aus dem Fenster, och, schickes Panorama, aber die Bäume hätten sie wegschneiden können, damit man die Landschaft wenigstens ein wenig sehen kann. Wunsch wird Befehl und fernmündlich an die Rezeptionistin weitergeleitet. Die, die so viel lügt, hat Dienst und verspricht: Wird erledigt! Heinz-Rüdiger schlüpft in den Jogginganzug, er nennt das »was Bequemes«, und macht sich auf den Weg zum Frühstücksraum. »Tach auch!« Den Tisch hat er bereits am Vorabend reserviert, er will nicht mit dem Rücken zu den anderen Gästen sitzen. Rührei, Brötchen, Konfitüre. Eierspeis' heißt das! Und Semmel! Und Marmelade! Heinz-Rüdiger sagt »lecker«, die Kellnerin findet er »dufte«, bis seine Frau zum Tisch kommt. Nennen wir sie einfach Gerhild, wenn wir schon beim Bedienen von Klischees sind. Gerhild ist selbstverständlich blond, vor siebzig Jahren hätte sie bestimmt das Mutterkreuz bekommen. Sie hat wieder einmal verschlafen. Heinz-Rüdiger ist deshalb sauer. Er bemerkt an seinem Orandschensaftglas Spuren von Lippenstift und stellt die Kellnerin zur Rede: »Jetzt kommen wir seit zwanzig Jahren in diese Absteige und werden bedient wie Österreicher! So nicht!« Gerhild nickt. Wortloser Abgang, umziehen, rein in die schmucken Overalls von Bogner und Aldi. Es soll zum Skilaufen gehen, und zwar dort, wo andere Ski fahren. Muss eben alles schneller ablaufen. Und wie sie die Ski schon tragen – nach zwanzig Jahren muss selbst der Talentfreieste bemerkt haben, dass die Ski mit den Spitzen nach vorn geschultert werden. Mensch, so'n Rummel! Heinz-Rüdiger streicht über seinen

Schnurrbart, sehnt sich nach Bielefeld und lässt sich das auch anmerken. »Hast du das gesehen?«, fragt Gerhild, »dieser Fatzke ist mir auf die Skier getreten.« – »Och pass doch auf, Mann, wo du hintrittst. Hast du keine Augen im Kopp? Alles Belämmerte hier.« – »T'schuidign S' scho«, sagt der Mann. Mittagsrast auf der Hütte. Eisbein. Klöße. Hörnchen. Stelz'n heißt das! Und Knödel! Und Kipferl! Heinz-Rüdiger möchte einen strammen Max, der Kellner denkt an was Unanständiges und errötet. So dreht sich dieses Karussell bis zum Sommerurlaub.

Gerhild und Heinz-Rüdiger sind natürlich auch passionierte Wandersleut'. Kein Gipfel ist zu hoch, dass sie ihn nicht erklimmen würden, der begehrten Stempel wegen, die sie benötigen, um den Alpenpass voll zu bekommen. Gelingt dieses hehre Vorhaben, gibt's eine Wandernadel oder irgendeine andere Trophäe vom Fremdenverkehrsamt. Heinz-Rüdiger hat bereits 19 Wandernadeln an sein rotweiß-kariertes Hemd geheftet, Gerhild erst 18. Ihr war einmal schwindlig, sie musste vor der letzten Kehre umdrehen. Heinz-Rüdiger hat sich geweigert, ihren Pass mit hinauf zu nehmen und ebenfalls abzustempeln. Weil sie das auch nicht gemacht hätte, sagt er.

Die beiden sind wie aus dem Ei gepellt, so schön, dass sie als Touristen auf 148 Meter Entfernung ausgemacht werden können. Andererseits kommen ihnen die Bauern ein wenig heruntergekommen vor, die tragen ja nicht einmal einen Hut mit diesem – wie heißt das? – Gamsbart? Und keine Lederhosen. Und keine roten Stutzen. Und keine Rucksäcke.

Gerhild und Heinz-Rüdiger haben immer alles mit, das weiß auch der Ferdl von der Bergwacht, der die Rucksäcke vom Berg herunterschleppen musste, nachdem die beiden wieder einmal eine Wetterwarnung in den Wind geschlagen hatten und er sie halb erfroren zu Tale geleitete. »Guck, eine Kuh!« sagt Gerhild,

»wie doof die dreinblickt!« Heinz-Rüdiger schaut Gerhild an, ganz lang.

In Wien waren Gerhild und Heinz-Rüdiger auch schon, aber dort fahren sie nicht mehr hin. Zu unpersönlich, eine Großstadt wie jede andere, gemeine Menschen. Peek & Cloppenburg und H & M haben wir daheim auch, und dieses K.-u.-k.-Getue kann uns gestohlen bleiben. Apropos: Gerhild wurde in der U-Bahn die Handtasche entwendet. Wär's ein Deutscher gewesen, okay, halb so schlimm, bleibt ja unter uns. Aber der Mann hat eindeutig österreichisch ausgesehen, ein Skandal! Und wie die beiden auf der Polizeiwache behandelt wurden! »Eh kloa, zwa Piefke«, sagte der diensthabende Beamte, bevor er Gerhilds Reisepass verlangte. »Aber der Pass ist doch in der ...«, versuchte Heinz-Rüdiger einzuwerfen, auf dass ihn der Polizist zurechtwies: »Aufpassen, was d' sagst. Du bist do in Wien und net bei dir daham.« Nach einer Kaffeepause (des Polizisten) wurde die Anzeige binnen 78 rekordverdächtiger Minuten erledigt. Bei diffizilen Fällen muss es nicht unbedingt lang dauern. Heinz-Rüdiger trat beim Verlassen der Wachstube in einen Haufen Hundekot, ein Passant flüsterte lächelnd: »Des bringt Glück.« Heinz-Rüdiger bedachte den Burschen mit »Scheiß-Ösi«.

Sollten Sie diese Klischee-Orgie bis hierher ohne Wutausbruch überstanden haben, Glückwunsch! In Wahrheit mögen wir die Deutschen ja. Egal, ob Polizist, Eierschwammerl oder der Ferdl von der Bergwacht. Wir schätzen ihre Beharrlichkeit, ihre peniblen Extravaganzen, ihre scheinbar unnachahmliche Art, sich in das Langzeitgedächtnis anderer zu brennen.

Und das mit Gerhilds Mutterkreuz war nicht bös gemeint, ehrlich!

28 Volksmusik liegt in der Luft

Und dann grinsen sie wieder aus dem Fernsehen, diese seltsam verkleideten Figuren mit ihren Frisuren, die selbst in der DDR als rückschrittlich angesehen worden wären. Muss man einen Föhn besitzen, um im *Musikantenstadl* so tun zu dürfen, als ob man die mitgebrachten Instrumente tatsächlich spielen würde? Volkstümlich wird das gern genannt, was diese Menschen aufführen. Schreibt man volksdümmlich eh so? Die Überdosis gute Laune macht so unendlich müde. Textpassagen wie »a Rucksack, a Rucksack, a Rucksack der is guat, der passt auf mein Buckel, der passt zu mein Huat«, vorgetragen im schlechtesten Playback seit Erfindung der Buchstaben p, l, a, y, b, c und k, sind nicht lustig. Die können sie sich auf den Hut stecken, bevor sie nach dem Bad im tobenden Applaus in den Drittwagen steigen und sich vom Chauffeur nach Hause bringen lassen. Lieber durch einen Banküberfall Millionär werden und das Gefängnis riskieren, als sich selbst vorzuführen. Und ein, nein, *sein* Land gleich mit dazu. Was bitte soll sich ein Deutscher über uns denken, wenn einer wild schaukelnd trällert: »Ich kauf mir einen Tirolerhut, der steht mir so gut, der steht mir so gut«? In welcher Anstalt fehlt einer beim Abzählen? Wobei: Mit Exemplaren wie den *Wildecker Herzbuben* haben die es auch nicht leicht. Die Idee mit dem Banküberfall lassen wir besser wieder fallen, wir machen das anders. Wir dichten ein volkstümliches Lied, eines, das die Welt noch nicht gehört hat, und hoffen, dass wir zu Andy Borg in den Stadl kommen dürfen. Was ist wichtig? Natur. Viele Farben. Eine Frau. Irgendwas Doppeldeutiges zum Schluss, dann klopfen sich alle auf die Schenkel. Okay, her mit den Stricknadeln – zwei glatt, zwei verkehrt, zwei glatt …

Do geh i über d'Stroß'n,
mi hot mei Liab verloss'n.
war eh schiach, denk i voller Zorn,
bled nur, dass vü Göld i hob verlurn.
Wenn i g'wusst hätt, dass sie spinnt,
hätt i's nie woll'n hab'n, des blede Kind.
Refrain: Es is aus, es is aus, es is aus.
Aus Maus, Maus aus
Aus is es, aus is es, aus is es
Bis die nächste kommt.

Do geh i in die Berg hinauf,
heart's es net, wie sehr i schnauf.
I denk ma, heast, wie bin i orm,
besser war, i warat g'storb'n.
Owa s'Leb'n muass weitergehn,
bald scheint die Sonn, ihr werdt's scho sehn.
Refrain: Es is aus, es is aus, es is aus.
Aus Maus, Maus aus
Aus is es, aus is es, aus is es
Bis die nächste kommt.

Die Bam so hoch, der Wind so lau,
das Gras so grün, der Himmel blau.
I klopf fest an die Hüttentür,
im Hinterkopf a seltsam's G'spür.
Die Sennerin mocht auf und locht,
guat, denk i, i bleib hoit über d'Nocht.
Refrain: Es is aus, es is aus, es is aus.
Aus Maus, Maus aus
Aus is es, aus is es, aus is es
Und die nächste, die is do.
Finish: Juchui!

Jetzt brauchen wir noch eine adäquate Kostümierung und einen Schnurrbart. Kennt jemand die Telefonnummer vom Schneider der Urania Puppenbühne, der den Kasperl einkleidet? Wir wollen schließlich den Millionen vor den TV-Geräten auch das bieten, was sie sich erwarten, nicht?

Wir erwarten uns jedenfalls, dass dort, wo Volksmusik draufsteht, auch Volksmusik drin ist. Unsere gute, alte Volksmusik, auf die wir stolz sind, weil sie Teil unserer Geschichte, unserer Identität ist. Sie hat ihren Ursprung in der Musizierpraxis der bäuerlichen Gemeinschaften, die auf diese Weise mündlich ihre Traditionen, Geschichten und Sitten überlieferten. Volkslieder entstehen im Volk, nicht bei Hansi Hinterseer oder im *Musikantenstadl*.

Wir sind stolz auf unser Gstanzl, diesen raffinierten Vierzeiler, der meist aus dem Stegreif in Mundart vorgetragen wird. Die erste Zeile reimt sich auf die zweite oder dritte, das variiert. Gute Sänger können stundenlang Gstanzln vortragen, ohne sich zu wiederholen. Berichtet wird von heiteren und ernsten Vorfällen, Gemütsverfassungen, Lebensanschauungen und Schwächen. Ein Gstanzl kann derb, aber auch feinfühlig sein. Oft werden aktuelle, politische Geschehnisse in die mündlich überlieferten Gstanzln eingearbeitet.

Wir sind stolz auf unseren Jodler, diese seltsam anmutende Technik, weite Distanzen akustisch zu überbrücken. Mit Lauten wie »Hodaro«, »Iohodraeho« oder »Holadaittijo« verständigten sich schon Hirten und Sammler, Waldarbeiter und Köhler. In den Alpen wurde mit einem Jodler von Alm zu Alm kommuniziert und das Vieh angelockt, er steht aber auch als Ausdruck unbändiger Freude. Im alpenländischen Volkslied wurde der Jodler musikalisch zum Jodel-Lied weiterentwickelt. Ursprünglich gab man den Jodler als Solo – auf den Almen steppte nicht unbedingt der Bär –, später wurden die meisten Jodel-Lieder mehrstimmig gesungen.

Wir sind stolz auf unser Wienerlied, dieses im Dialekt gesungene Volkslied, das sich meist ums Trinken, um Freunde, Liebe, Leben und Tod dreht. Wienerlieder sind melancholisch, morbid und durchdrungen von schwarzem Humor oder beißendem Spott. Das Wienerlied wird gewöhnlich von Geige, Harmonika, Klarinette und Gitarre begleitet.

Wir sind stolz auf unsere Blasmusik, diesen Ausdruck von Gemeinschaft in den Gemeinden. Jede, die etwas auf sich hält, also fast alle, verfügen über eine Kapelle, die wesentlich zum kulturellen Leben beiträgt. Meist als Verein organisiert, wird besonders die Jugendarbeit sehr ernst genommen.

Wann wird sich Andy Borg melden?

29 Altes Wiener Leid im neuen Wienerlied

Die Melancholie des typischen Wienerliedes, das etwa traurig-sinnierend den »narrischen Kastanienbaum« besang, der im August blüht, wich in den 1970er-Jahren einem gröberen, unversöhnlicheren Tonfall, mit dem die Themenkomplexe Schicksal, leidige Mitmenschen, Angst und Verzweiflung abgehandelt wurden, oft begleitet von einem unheiligen Zorn. Die schönfärberische Stimmung ist mit einem Schlag aus den Texten verschwunden. Ein paar Beispiele sollen diese Stimmungslage illustrieren, die den Österreicher öfter heimsucht, als ihm lieb ist.

Die Hymne aller vom Pech Verfolgten schrieb Horst Chmela

1970. »Aner hot immer des Bummerl« lautet der Titel, und der Refrain führt die düstere Bilanz näher aus: »Aner muaß immer verspün / I hob mei Leb'n lang des Bummerl, weil I vom Glück a Stiefkind bin.« Mit dem »Bummerl« macht der »klane Bua« schon früh Bekanntschaft, als er das Milchgeld verspielt, und es hält ihm weiterhin die Treue: »und is' man erst vom Glück ver-lassen, da sucht ein jeder nach an festen Halt / ma' suacht und suacht des ganze Leb'n / und auf einmal is' man grau und alt.«

Der Song wurde nach Deutschland exportiert und von Ex-Trio-Sänger Stephan Remmler als »Einer ist immer der Loser« interpretiert. Der Loser ist hier nicht jener Berg, der dem schö-nen Ort Altaussee in den Rücken fällt, sondern der englisch-sprachige Beweis dafür, dass sich das Wort »Bummerl« nicht wirklich gut übersetzen lässt. Der Begriff wird auch beim Bau-ernschnapsen, einem Kartenspiel, verwendet. Der, der verliert, hat das Bummerl, ist also der Angeschmierte. In der Schweiz kann das Lied in der Originalfassung im Internet-Forum Depri. ch, das Forum zum Thema Depression, unter der Rubrik »Die traurigsten Lieder, die ihr kennt« punkten.

Chmelas Lied wurde unter anderen von Kurt Sowinetz in-terpretiert, der in den frühen 80er-Jahren seine Stimme auch einer anderen Ode der Unzufriedenen lieh: Wolfgang Teuschls Variante von Ludwig van Beethovens »An die Freude« mit dem bezeichenenden Titel »Olle Menschen san ma zwider«. »Olle« heißt hier alle, nicht alte oder doof, »Vota, Muata, Schwester, Bruada, und de ganze Packlrass'« (also die liebe Familie und das übrige Pack), sie alle möchte die von den anderen so tituliert »Z'widerwurzen« (der Griegram) »in die Gosch'n hau'n« (ihnen die Fresse polieren), bis er – seine Misanthropie reflektierend – zu der für ihn bitteren Erkenntnis kommt:

Dabei bin i ma söba zwida, dabei mog i mi söba net.
Jetzt denkt's euch: »Gö, da legst' di nieda!« Jetzt hoit's mi
scho für urndlich bled!
Locht's nur ruhig, ias Safnsiada! Eich wird's Loch'n
scho vergeh'!
Bei der Bledheit samma Briada, des werdt's hoffentlich
versteh'!

(Zu Deutsch:
»Dabei bin ich mir selbst zuwider, dabei mag ich mich
selber nicht.
Jetzt staunt ihr Bauklötze, was?, jetzt hält ihr mich
für nicht mehr dicht.
Lacht nur ruhig, ihr Seifensieder, euch wird das Lachen
schon vergehen,
Bei der Blödheit sind wir Brüder, das werdet ihr hoffentlich
verstehen.«)

Und so kommt Beethovens Bruderschaft im Geiste doch noch
zu Ehren, wenn auch in leicht abgewandelter Form.

Mit dem süßlichen Gedanken einer Versöhnung mit dem
Schicksal, mit der Erwartung, dass sich alles schon irgendwie
zum Guten wenden würde, brach auch der sogenannte »Austro-
Pop«. 1977 versuchte sich Wolfgang Ambros daran, das Psycho-
gramm des Depressiven zu zeichnen, mit dem Lied »Wie wird
des weitergehn«:

Da junge Mensch sitzt gottergeben und
fiacht si vua die Bam vurm Fenster
Er hot si an die Agonie verkauft
De schenan Zeiten san vurbei, er is gelähmt vua Angst
er waaß er is allan und krank und kana hüft eam.

Ambros erzählt von Rückzug und Antriebslosigkeit, von Selbst-
zerstörung, von der Flucht in Drogen und Alkohol, davon, wie
einer sich selbst zum Gegner wird. Die vom Refrain gestellte
Frage »Wia heat des auf, wia wird des weidageh'n« wird letzt-
lich damit beantwortet, dass dem jungen Menschen »amoi die
Luft wegbleibt«.

Die düstere Stimmung im Titel trägt schon das Debütalbum
von Ludwig Hirsch, *Dunkelgraue Lieder* (1978), das den Nerv der
Nation zu treffen schien, denn es wurde ein großer Erfolg. So
folgte auch schon im nächsten Jahr die zweite Platte. *Komm
großer schwarzer Vogel* führt diese Stimmung fort, und das titel-
gebende Lied handelt von der Hoffnung auf ein Glück, das nicht
von dieser Welt ist:

> *Spann' Deine weiten, sanften Flügel aus*
> *und leg s' auf meine Fieberaugen!*
> *Bitte, hol mich weg von da!*
> *Und dann fliegen wir rauf,*
> *mitten in den Himmel rein,*
> *in a neue Zeit, in a neue Welt,*
> *und ich werd' singen, ich wird' lachen,*
> *ich wird' »das gibt's net« schrei'n,*
> *weil ich wird' auf einmal kapieren,*
> *worum sich alles dreht.*

Rabiater geht es im folgenden Text zu, der einem »unbekannten
Wiener« zugeschrieben ist und von Helmut Qualtinger und André Heller zur Geigenmusik von Toni Stricker gesungen wurde
(*Heurige und gestrige Lieder*, 1979). Das Lied trägt den bezeich-
nenden Titel »Bei mir seid's alle im Oasch daham« und besagt in
der (ungereimten) Übersetzung in etwa dies:

Verrecke, verkomme, ich dreh mich nicht um
ich fahre bester Laune zur Hölle und wieder zurück,
ich bin, wie ich war, und so werde ich auch bleiben
Eine Rücksicht, eine Nachsicht, da müsste ich mich übergeben

Bei mir seid ihr alle im Arsch daheim,
im Arsch dort ist eure Adresse,
bei mir seid ihr alle im Arsch daheim,
und ich bin des Arsches Abszess

Ich stehe an erster Stelle, gefolgt von mir selbst,
danach kommt gar nichts mehr,
wehleidiger Trinker, so lautet mein Beruf,
was euch zu Gesichte steht, ist mir nicht recht,
     ich setze auf Ruin,
gegen meine Ignoranz gibt es keine Medizin.

Und hier für die Hartgesottenen die mittlere Strophe im
Original:
> *Bei mia sad's olle im Oasch daham,*
> *im Oasch durt is eia Adress',*
> *bei mia sad's olle im Oasch daham,*
> *Und i bin den Oasch sei Abszess*

Ein fröhliches, sympathisches Völkchen, nicht wahr?

39 Falco lebt! –
Ein typisch österreichisches Schicksal

Plötzlich war er da, der Hans Hölzel, dem der damalige DDR-Skispringer Falko Weißpflog derart imponiert hatte, dass er sich dessen Vor- als Künstlernamen zulegte. Wissend, dass ein Superstar niemals Hans Hölzel heißen kann. Der international klingende Falke mit »c« musste es sein – Synonym für einen Greifvogel, dem großer Mut, scharfe Augen für den nötigen Durchblick und eine gehörige Portion Stolz zugeschrieben werden. Oder haben Sie schon einmal einen Falken mit hängendem Kopf gesehen? Ebenso majestätisch präsentierte sich der Musiker der Öffentlichkeit, zusammengefasst kann man seine Attitüde auch als hochnäsig, ja sogar übertrieben arrogant bezeichnen. Der Hans war halt der Hans, geliebt und verachtet, bis er im Jahr 1998 als 41-jähriger Falco ins Jenseits segelte.

Wer hoch fliegt, fällt umso tiefer. Die meisten haben's ohnehin immer schon wissen wollen und insgeheim gehofft, dass der Abgehobene eine Bruchlandung hinlegt. Weil sie Hans Hölzel den Erfolg nicht gegönnt haben, diesem undurchschaubaren Schnösel mit den gegelten Haaren und der schwarzen Sonnenbrille, der mit Falco eine perfekte Kunstfigur kreiert hatte und zeitlebens den Eindruck vermittelte, er hielte sich für etwas Besseres. Allein, wie er gesprochen hat! Wie ein Arzt aus dem Nobelbezirk Döbling, der einem alten Adelsgeschlecht entsprungen ist. Doch hinter der Fassade versteckte sich ein sensibler Künstler mit genialen Zügen, der nicht wusste, wohin er flüchten sollte. Also wählte er den Alkohol. Und Drogen. Und die Dominikanische Republik, wo ein Autobus den letzten Weg seines Geländewagens kreuzte.

Den Durchbruch schaffte Falco bei der Band *Drahdiwaberl*, eine Chaotentruppe, die dem Publikum bei den Auftritten Hühner-Innereien, Blut und anderen Schweinereien vorsetzte. Um seinen Designeranzug sauber zu halten, hüllte sich Bassist Hans Hölzel regelmäßig in eine Plastikplane. 1980 erlaubte ihm Band-Leader Stefan Weber, das Lied »Ganz Wien« als Pausenfüller vorzutragen. Ein Underground-Hit, der den Drogenkonsum in der Szene thematisierte, ward geboren. Falco wurde von Markus Spiegel entdeckt und unter Vertrag genommen, der »Kommissar« verkaufte sich weltweit an die sieben Millionen Mal. Auf einmal war ein junger Mann in aller Munde, den der österreichische Mikrokosmos erst zu verdauen hatte. Klar, anfangs wurden seine Lieder noch von den Radiosendern boykottiert – da könnt' ja jeder kommen! –, doch mit der Zeit konnte man Falco nicht mehr umgehen. Dennoch war das Land noch nicht bereit, dem großen Sohn uneingeschränkt zu huldigen. Schauen wir uns einmal sein zweites Album an, *Junge Römer*, eigentlich eine Sensation. Aber wenn wir in unseren Kritiken schreiben, dass die Platte nie und nimmer an den Erstling heranreicht, dass Falco nichts Neues einfällt, dass das Werk bestenfalls Durchschnitt ist, dann werden wir ihn schon wieder auf den Boden unserer Realität, den wir, nur wir definieren, zurückholen. Die Folge: ein kommerzieller Misserfolg, an dem Falco zwei Jahre zu knabbern hatte. Er wechselte zu den niederländischen Produzenten Rob und Ferdi Bolland, die ihn mit *Falco 3* wie Phönix aus der Asche steigen ließen. Mit der Nummer »Rock me Amadeus«, die passagenweise autobiografische Züge trägt (»Er war Superstar, er war so populär, er war zu exaltiert, genau das war sein Flair, er war ein Virtuose, war ein Rockidol ...«), schaffte der Wiener im März 1986 den Sprung an die Spitze der amerikanischen Billboard-Charts, was noch nie einem deutschsprachigen Sänger gelungen war. Mit einem Schlag war Falco weltberühmt, und prompt kam in diesem Moment der Österreicher in ihm durch. Anstatt sich uneingeschränkt zu freuen, haderte er mit seinem Schicksal – was soll da noch drüber gehen? Ich werde scheitern, wenn ich versuche, an diesen Erfolg anzuknüpfen … Trotzdem versuchte er es. Aber nicht in den USA, wo man ihm den roten Teppich ausrollen wollte, sondern daheim. »Ich hätte oftmals Gelegenheit gehabt, nach Amerika zu gehen. Ich habe es nicht getan, weil das Schönste an der amerikanischen Fahne die rotweißroten Streifen sind.« Nach *Jeanny* und den damit verbundenen Diskussionen über Verherrlichung von Gewalt und geistesgestörten Triebtätern wurde es immer stiller um den Falken. Wie von ihm selbst erwartet, hatte er den Zenit des Ruhmes bereits überschritten.

Im Privatleben lief's auch nicht wirklich rund. Nachdem er endlich glaubte, als einfacher Hans Hölzel geliebt zu werden, heiratete Falco 1988 in Las Vegas, wo sonst?, die Steirerin Isabella Vitkovic, die ihm zwei Jahre zuvor Töchterchen Katharina Bianca geschenkt hatte. Die Ehe dauerte allerdings nur ein Jahr, 1993 stellte sich bei einem Vaterschaftstest heraus, dass der Falke ein Kuckucksei im Nest hatte. Plötzlich litt das Volk mit dem Gehörnten, wir hatten ihn ja so lieb, seine Tonträger wurden wieder gekauft, etwa »Mutter, der Mann mit dem Koks ist da«. Recht bald war wieder Schluss mit Mitleid, Falco war ja immer noch Falco, die Dance-Nummer »Naked« aus dem Jahr 1996, seine letzte Veröffentlichung, schaffte es in Österreich nur auf Platz 4 in der Hitparade. In Deutschland wurden nicht mehr als 50 000 Exemplare abgesetzt. Dann der verhängnisvolle Autounfall mit 1,5 Promille, der Körper vollgepumpt mit Kokain und Marihuana, die Überstellung der Leiche nach Wien, das Begräbnis auf dem Zentralfriedhof, wo der Sarg von Mitgliedern der

Motorrad-Rocker-Band Outsider Austria, die beim Video zu »Rock me Amadeus« mitgewirkt hatten, zum Ehrengrab, na klar, getragen wurde. Falco war tot. Aber nicht lange. Nur wenige Wochen später wurde das Album *Out of the Dark (Into the Light)* veröffentlicht. Nach dem Flop von »Naked« war Falco das Risiko nicht eingegangen, sich auch noch für eine ganze Platte von den Kritikern zerfleischen zu lassen. Das posthum erschienene Werk stieg in Österreich selbstverständlich auf Platz 1 ein, in Deutschland hielt es sich fast ein Jahr in den Top 100. Heute besitzen zwei Millionen Österreicher und Deutsche diese CD, die Single über 3,5 Millionen. Und als hätt' er's gewusst, hinterließ er in *Out of the Dark (Into the Light)* sein Vermächtnis: »Reich mir die Hand, mein Leben, nenn mir den Preis! Ich schenk' dir gestern, heute und morgen, und dann schließt sich der Kreis. Kein Weg zurück, das weiße Licht rückt näher, Stück für Stück. Will mich ergeben. Muss ich denn sterben, um zu leben?«

Er muss. Er ist ein Mythos. Ein rotweißroter Elvis. Der erste weiße Rapper. 60 Millionen verkaufte Tonträger zu Lebzeiten. Multimedia-Event, 2000: *F@lco – A Cyber Show*. Musical, 2000: *Falco meets Amadeus*. Film-Biografie, 2008: *Falco – Verdammt, wir leben noch*. Er wird immer einer von uns sein, auch wenn er nie einer von uns war. Dafür war er zu unösterreichisch.

Genau das war sein Flair.

3 Hans Moser und der Grant –
ein Garant für gute Laune

»Und, wie geht's?« – »Wie die anderen wollen.« Oder: »Es geht.«
Oder: »Wie soll's mir schon gehen?« Oder: »Ist mir schon besser
gegangen.« Oder: »Frag mich das morgen.« Gut geht's jedenfalls
nie, aber immer wenn du glaubst, es geht nicht mehr, kommt
von irgendwo ein »es wird schon werden« her. Die schlechte
Laune, bedingt durch Stress, Einsamkeit und Läuse, die mit Vorliebe über Wiener Lebern laufen, muss man erst durchschauen,
bevor man sie verscheuchen kann. Prinzipiell gilt: Erst einmal
ein paar Minuten raunzen lassen, den Mund halten und zuhö-
ren. Bloß keine vernünftigen Zwischenfragen stellen, höchstens ein paar Wortfetzen einwerfen, etwa: »Ein Wahnsinn!«
Oder: »Echt?« Oder: »Na bumm!« Oder: »Aber geh!?« Oder: »Da
legst dich nieder.« Und siehe da: Wenn der Grantler sein gesam-
tes Inneres nach Außen gekehrt hat und darüber hinaus die
Themen Politik, Teuerung und Ausländer zu seiner Zufrieden-
heit abgehandelt hat, dann wird ihm so was von fad, dass er sich
selbst nicht mehr hören kann und den Monolog von sich aus beendet. »Aber was soll's – und jetzt geh ich ins Kaffeehaus.« Wo
ihn der nächste fragen wird, wie es ihm denn so ginge. Dieses
Spiel kann sehr unterhaltsam sein, versuchen Sie's! Am Ende
wird Ihnen ein blendend gelaunter Wiener gegenübersitzen,
der vielleicht sogar Ihren Kaffee zahlt.

Der bekannteste »Grantscherben« ist wohl der unerreichte
Schauspieler und Wienerliedsänger Hans Moser, von dem sich
der Ausdruck »rummosern« übrigens nicht ableitet. Der kommt
aus dem Jiddischen, und überhaupt: In Wien sagt man matsch-
kern, wenn man herumfäuln meint. Moser gab oft Charaktere,

die im Laufe der Handlung eine unvermutete Wandlung zum Guten vollzogen. Raunzend und polternd beginnend, sanftmü- tig und rührselig endend. Nuschelnd stellte er Dienstmänner, Schneider, Knechte, Portiers oder Tanzlehrer dar – so authen- tisch, dass die Menschen Schlange standen, um einen der »Ih- ren« im Kino zu sehen. Einen vergleichbaren Schauspieler gab es nicht, es wird wohl auch nie einen geben. In *Das Ferienkind* spielte er einen vergrämten Pensionisten, der seine Tochter we- gen ihres Ehemannes verstoßen hatte und durch das Enkerl zum fürsorglichen Opa wird; in *Das Gässchen zum Paradies* ei- nen Hundefänger, der bekehrt wird und ein Hunderl rettet; in *Anton, der Letzte* einen aufopfernden Diener, der für den adeli- gen Hausherrn alles getan hätte, ehe er sich enttäuscht abwendet und sich für seine Mitmenschen einsetzt; in *Der Herr Kanzleirat* einen in die Jahre gekommenen Frauenfeind, der sich plötzlich in eine viel Jüngere verliebt – herzzerreißend auch das Titellied mit dem Text von Erich Meder aus dem Jahr 1941. »Sog'n Sie, Herr Wirt, wer ist is denn der Herr, der durt in der Eck'n so stü trinkt? I waaß net, Herr Wirt, i glaub da Kummer drückt ihm schwer, weil sich ihm mancher Seufzer entringt [...] Der oide Herr Kanzleirat, träumt jetzt von einer Heirat, die er versäumt hat, segn'S, und jetzt is er allein. Wie schwer is doch so einsam, wie schön wär's hoit gemeinsam. Aber was man versäumt hat, das bringt man nimmer ein [...] Jetzt trinkt er hoit a bisserl mehr vom Wein.«

Moser hieß nicht immer Moser, sondern wurde 1880 als Johann Julier in Wien geboren, der beim Schauspieler Josef Moser Sprechunterrichtsstunden nahm und auf Wanderbühnen auf- trat. Als junger Mann erkannte er recht bald, dass die Liebha- berrollen immer nur die anderen bekamen, also verlegte sich der 1,57 Meter kleine Bursch aufs Komischsein. Am *Theater in der Josefstadt* durfte er in Stücken von Nestroy und Schnitzler mitwirken. Die *Neue Freie Presse* berichtete vom jüngsten und letzten wienerischen Hanswurst, bald war »Der Moser« ein Begriff, seine Originalität wurde der breiten Öffentlichkeit ab 1930 durch den Tonfilm zugänglich. Obwohl er längst zum gut verdienenden Publikumsliebling aufgestiegen war, plagten ihn stets Existenzängste. Seine Sparsamkeit wurde legendär. Er behielt seinen Mantel lieber an, als dass er der Garderobiere ein paar Groschen gegeben hätte; in der Hietzinger Villa soll er bevorzugt die Räume der Dienstboten bewohnt haben, um sein Mobiliar nicht zu strapazieren; und, so erinnert sich sein ehemaliger Nachbar, der Kappenmacher Eduard Schmidt: »Am Gartenzaun fragte mich Herr Moser, ob wir nicht eine Glühbirne für ihn hätten. Ich gab ihm eine, er musterte sie und sagte: Die hat ja 50 Watt, nein, die ist viel zu stark! Was glaubst du, Bub, was das Strom kostet?«

Hans Moser starb 1964. Tot wird er nie sein.

32 *Das Hunderl, sein Herrl und das Sackerl fürs Gackerl*

Zugegeben: Sie sind ja lieb, die Viecherl, die so treuherzig dreinschauen, wenn sie nicht gerade die Zähne fletschen oder bellen. Die vor Freude wedeln, wenn sie sich nicht gerade ins Bein des Briefträgers verbissen haben. Die friedlich auf dem faulen Pelz liegen, wenn sie nicht gerade ihr Geschäft an Geschäften, Fahrrädern oder Autos verrichten. Sie haben die Intention wahrscheinlich erraten: Hunde, die uns gehören, sind super. Und Hunde, die wir nicht haben, sind blöde, unnötige Köter, die unsere Stadt versauen.

An die 600 000 Hunde soll es geben in Österreich. Es ist davon auszugehen, dass diese 600 000 Hunde nicht ein und denselben Besitzer haben. Dennoch kann man »den« Hundehalter schubladisieren, zumindest den großstädtischen, der wenig Wert auf Tugenden wie Wachsamkeit und Lawinenspürsinn legt. Also greifen wir wieder einmal in die Klischee-Kiste: Das typische österreichische Herrl hat einen kleinen Hund und einen dicken Bauch, einen Schnurrbart (auch der Hund) und ist fortgeschrittenen Alters. Hund und Herrl schauen einander oft frappierend ähnlich. Weil die Kinder längst aus dem Haus sind, pflegt das Herrl mit seinem Vierbeiner die infantile Konversation. Es kommt wenig bis nichts zurück, ab und zu gibt der Hund Pfoti und leckt den Ernährer ab. Was denkt sich ein Hund, wenn er mit abstrusen Satzfragmenten wie »Herrli Burli Bauchi kratzi« oder »Herrli Mädi Gassi gehi« konfrontiert wird? Du bist ein Vollidiot? Ich habe Hunger? Oder denkt er sich: »Burli Herrli ganz viel gerni habi«? Rätsel über Rätsel.

Und dann promeniert das sechsbeinige Gespann durch die Straßen und geht Gassi, auch »äußerln« genannt, kommt wohl von »nach draußen« gehen. Herrli stolz voraus, Hunderl im Hintergrund. Wenn Burli viel getrunken hat, muss jeder Mauervorsprung dran glauben. »Schauen S', Frau Maierhofer, ist er nicht süß, wie er das Haxerl hebt? Brav, Burli, ja, tu nur alles schön markieren.« Der Wet-Angle-Contest wäre ja nur halb so schlimm, wenn es nur einen Hund gäbe in der Stadt. Aber es gibt Tausende, und die Rüden stecken halt gern ihr Revier ab. Die ganze Stadt ist ihr Revier, das fällt besonders im Sommer auf, wenn man den Gehweg vor lauter Flecken nur erahnen kann. »Aber«, sagt das Herrli, »die Leute sollen sich net anscheißen, der nächste Regen kommt bestimmt. Und der wäscht alles wieder weg, gell, Burli?!« Der nächste Regen ist auch für die Schuhpflege sehr praktisch. Denn der nächste Regen bringt Pfützen mit sich, in denen sich unaufmerksame Spießrutenläufer den Hundekot aus dem Sohlenprofil schwemmen können. »Sollen s' halt aufpassen, wo sie hinsteigen«, sagt dann das Herrli, wenn ihm eine Beschwerde zu Ohren kommt. Und überhaupt: »Meiner war's sicher nicht. Ich räum's immer weg, gell, Burli?!«

Um der nicht enden wollenden Diskussion um den Hundedreck ein Ende zu bereiten, führte die Stadt Wien die Aktion »Ein Sackerl für mein Gackerl« ein. Das besitzanzeigende Fürwort »mein« bezieht sich auf den Hund. 160 000 Protestunterschriften aus der Bevölkerung dürften den Umdenkprozess im Rathaus beschleunigt haben. Die Plastikbeutel hängen zur freien Entnahme aus, zudem wurden 25 000 Hinweistafeln in Form eines Jack-Russell-Terriers an beliebten Tatorten wie Blumenbeeten oder Grünflächen in die Erde gerammt. Auf jeder Tafel steht »Sind dir 36 Euro wurst?«, die Plastik-Wauwaus sind heute bereits Kult, die überwiegende Mehrzahl wurde mittlerweile gestohlen. Vermutlich nicht nur von Hundehaltern.

Wenn jetzt also Herrli Burli Gacki machi, muss sich Herrli bücki. Oder ganz genau schauen, dass ihn keiner beobachtet, wenn er unschuldig pfeifend weiterschlendert, wissend, dass schnell jemand verpfiffen wird in diesem Land. 36 Euro Strafe sind ein Argument für die morgendliche, mittägige und abendliche Bewegungstherapie, die Hundesteuer ist ein gern strapaziertes dagegen. Denn diese wird auch dafür aufgewendet, dass Fachpersonal die Straßen vom Kot befreit. Und Herrli Burli doppelt zahli geht schwer in so manchen Kopf. Deshalb ist ja der Winter so schön. Weil der Schnee die Hundstrümmerl, wie das

Stoffwechselendprodukt bei uns auch liebevoll genannt wird, verdeckt.

Abseits dieses doch harmlosen Hundehalter-Typus tummelt sich vor allem in den Wiener Randbezirken die Kampfhunde-Fraktion. Kahlgeschorene Burschen oder andere Minderbemittelte machen sich eine Hetz daraus, ihren Maschinen außergewöhnliche Kunststücke beizubringen. Einer schreit: »Wo is der Jugo?«, und die Nackenhaare des Hundes richten sich auf. Der Hund daneben bleibt ruhig, weil »Jugo« nicht zu seinem bevorzugten Wortschatz gehört. Er wird jedoch bei »Tschusch« hellhörig und schlägt an. Lustig finden das die Burschen, weil irgendjemand muss sie ja beschützen vor diesen Einwohnern mit Migrationshintergrund, wie die Zugereisten aus zweiter Generation offiziell genannt werden. Diese Hundehalter hüllen sich gern in bunte Trainingsanzüge, der IQ des Hundes ist meist um ein Vielfaches höher als der ihre. Wählen dürfen trotzdem die Burschen, möglich, dass darin der Erfolg der rechten Parteien in Österreich begründet liegt. Nicht selten kommt es zu blutigen Übergriffen, aber was kann denn im Grunde der Hund dafür, wenn jemand nach Knoblauch riecht und er von klein auf gelernt hat, dass jemand, der nach Knoblauch riecht, für das Herrli total gaga ist?

So, und jetzt geh ich schnell mit meinem Burli Gassi. Wobei: Burli heißt er ja gar nicht, das ist nur sein Spitzname im Bravheitsfall. Ebenso wie Himbeerrotzunger, Marmorfußi, Ringelschwanzi, Stehohrer, Nass- oder Radiergumminaser, Bussi- oder Mausebär, Plüschkopfi, Barthaarverstecker – Moment, es klingelt an der Tür. Er bellt. Und ich nenne das Kind laut beim Namen: »Cato! Aus!« Aber das versteht er nicht, weil er mittlerweile vergessen hat, wie er wirklich heißt. Das Bernsteinaugi schaut mich nur treuherzig an, umklammert mit den Vorderpfoten mein Knie und rammelt meine Wade. Süß, mein kleiner Bub, oder?

Der Handel hat längst erkannt, dass die Stadt auf den Hund gekommen ist. Dass nicht mehr ausschließlich Pensionisten mit Dackeln oder Pudeln, die sie gegen das beiderseitige Alleinsein aus dem Tierheim geholt haben, spazieren gehen. Rasse ist Klasse, Hundeboutiquen schießen wie die Schwammerl aus den Boden. Immer mehr Läden bieten Adventkalender und Modeaccessoires sowie Hundebäckereien an. Was es nicht alles gibt! Sofas, Himmelbetten, Näpfe mit Goldrand, Leinen aus Elchleder. Warum tragen Elche eigentlich keine Leinen aus Hundeleder? Weil es in Österreich keine Elche gibt. Aus. Unsere Viecherl werden zu Trotteln gemacht, Hauptsache, der Besitzer findet das originell. Letztens musste Cato einen roten Pullover anprobieren, auf dem ein Christbaum appliziert war. Auf Knopfdruck blinkten Lämpchen. Er sah so dämlich aus, dass ich mich für das Playboy-Halsband entschied. Auf der Straße umklammerte der coole Hund aus Dankbarkeit mit den Vorderpfoten mein Knie …

An die schimpfenden Passanten haben wir uns längst gewöhnt, egal, ob Wiener, Jugo oder Tschusch. Es ist seltsam, aber was die Hundefeindlichkeit betrifft, ist sich das Volk so was von einig. Der einzige Unterschied besteht darin, dass man einen Jugo oder Tschusch nicht immer versteht, wenn er sich aufpudelt, dass Herrli Burli Lacki machi vor seiner Eingangstüre. Und das ist wahrscheinlich besser so. Denn manche Wiener sind ordinär für drei. Minimum.

33 Wien, Wien, nicht nur du allein – Steiermark

Hoch vom Dachstein an, wo der Aar noch haust,
bis zum Wendenland am Bett der Sav'
und vom Alptal an, das die Mürz durchbraust,
bis ins Rebenland im Tal der Drav'
Dieses schöne Land ist der Steirer Land,
ist mein liebes teures Heimatland,
dieses schöne Land ist der Steirer Land,
ist mein liebes, teures Heimatland!

Wo die Gämse keck von der Felswand springt
und der Jäger kühn sein Leben wagt;
wo die Sennerin frohe Jodler singt
am Gebirg', das hoch in Wolken ragt
Dieses schöne Land ist der Steirer Land
ist mein liebes teures Heimatland
dieses schöne Land ist der Steirer Land
ist mein liebes, teures Heimatland!

Wo die Kohlenglut und des Hammers Kraft,
starker Hände Fleiß das Eisen zeugt
wo noch Eichen steh'n, voll und grün von Saft
die kein Sturmwind je noch hat gebeugt
Dieses schöne Land ist der Steirer Land
ist mein liebes teures Heimatland
dieses schöne Land ist der Steirer Land
ist mein liebes, teures Heimatland!

Landeshymne,
Text: Jakob Dirnböck, Melodie: Ludwig Carl Seydler

Abgesehen von den Wienern sind die Steirer die sympathischsten Österreicher. Die Steiermark ist der Fläche nach das zweitgrößte, der Bevölkerungszahl nach das viertgrößte Bundesland. Es grenzt an Kärnten, Salzburg, Ober- und Niederösterreich, das Burgenland und an Slowenien. Landeshauptstadt ist Graz, die zweitgrößte Stadt in Österreich. Die Steiermark wird auch »Grüne Mark« oder das »Grüne Herz Österreichs« genannt, da rund 60 Prozent der Fläche bewaldet sind. Hauptfluss ist die Mur. Das Ennstal mit seinen schroffen Felsen, vom Dachstein bis zum Nationalpark Gesäuse sowie die Gebirgsplateaus zwischen Hochschwab und Rax machen die Steiermark auch als alpines Bundesland interessant. Zu den bekanntesten Sehenswürdigkeiten gehören die Marien-Wallfahrtskirche Mariazell, der Erzberg in Eisenerz, das Benediktinerstift Admont, der Tierpark Schloss Herberstein, das Bundesgestüt Piber, das bäuerliche Freilichtmuseum in Stübing bei Graz, die Riegersburg sowie Graz, dessen Altstadt zum Weltkulturerbe zählt. Im Zentrum thront der Uhrturm auf dem Schlossberg. Zu den VIPs, die in Graz geboren wurden, zählen die Kaiser Ferdinand II. und III., der Barockbaumeister Johann Fischer von Erlach, der 1914 in Sarajevo ermordete Erzherzog Franz Ferdinand, der Autor Gerhard Roth, der Komponist Robert Stolz und Bundespräsident Heinz Fischer.

Links, rechts und unter Graz, das an sich bereits ziemlich weit südlich gebaut wurde, befinden sich die West-, Ost- und Südsteiermark. Das riesige Gebiet nördlich von Graz nennt sich Obersteiermark, deren westlichster Ort westlicher liegt als der westlichste der Weststeiermark. Auch sonst sind die Steirer recht sonderbare Gesellen, zumindest, was die Reisetätigkeit betrifft. Nehmen wir zum Beispiel den Leobener, der im Stadtzentrum wohnt: Er fährt nicht einfach nach Göss, nein, er fährt nach Göss

aussi (hinaus); auf Lerchenfeld owi (hinunter); nach Vordernberg auffi (hinauf); nach Tragöss eini (hinein); auf Hinterberg
ummi (hinüber); und befindet er sich außerhalb Leobens, dann
fährt er immer ham (heim). Den Steirern wird eine Rivalität mit
den Kärntnern nachgesagt, die jedoch über Verbalinjurien nicht
hinausgeht. Der Ausdruck »Kropferter« ist zwar nicht die feine
englische Art, aber wer von sich behauptet, dass Steirerblut
kein Himbeersaft ist, der muss auch einstecken können. »Kropferter« rührt daher, dass vor Jahrhunderten auffallend viele
Steirer an der Struma litten, einer sichtbaren Vergrößerung der
Schilddrüse, die aufgrund ernährungsbedingten Jodmangels
entstand. Gott sei Dank gab es immer schon Halstücher.

Das beliebteste Kleidungsstück ist das T-Shirt, früher dürfte
es der Steireranzug gewesen sein, vor allem sonntags, wenn
Sich-sehen-Lassen angesagt war. Ursprünglich war der graue
Lodenanzug mit den grünen Aufschlägen und Lampassen in der
Mitte des 19. Jahrhunderts von den Adeligen als Freizeitkluft erfunden worden. Populär wurde er durch Erzherzog Johann, der
als Modernisierer, Sammler und Förderer der materiellen und
geistigen Kultur des Landes in die Geschichte einging. 1811 legte
der Erzherzog den Grundstein für das Joanneum in Graz, den
Vorläufer der Technischen Universität; 1817 gründete er das
Steiermärkische Landesarchiv; 1840 rief er die Berg- und Hüt-
tenmännische Lehranstalt in Vordernberg ins Leben, die 1849
als Montanuniversität nach Leoben übersiedelte und immer
noch Top-Fachleute hervorbringt. Zwischendurch, 1829, fand
er Zeit, die Postmeisterstochter Anna Plochl auf dem Brandhof
bei Mariazell zu heiraten. Dadurch wurde der gute Johann von
der Thronfolge ausgeschlossen, das war ihm wurscht, Hauptsache, er durfte weiter seinen Steireranzug tragen, der später im
gehobenen Bürgertum großen Anklang fand und sich auch heu-

te noch in konservativen Kreisen großer Beliebtheit erfreut. Nur ganz böse Zungen bedenken Trachtenanzüge generell mit dem Begriff »Dodl-Smoking«.

Was sonst noch wichtig ist: In der Steiermark wird köstliches Bier gebraut, die bekanntesten Marken sind Murauer, Schladminger, Puntigamer, Reininghaus und Gösser; eine kulinarische Spezialität mit Ruf von Welt ist das Kernöl, weitere Aushängeschilder sind die Käferbohnen sowie die Wein-Spezialitäten Schilcher und Steirischer Junker; zu den typisch steirischen Mahlzeiten zählt der Sterz, ein Brei aus Buchweizen, Maisgries oder Erdäpfel (Kartoffeln), der mit Suppe oder Kaffee gegessen wird; es gibt über viertausend slowenische Steirer, die seit 2004 als autochthone Minderheit laut Staatsvertrag anerkannt sind; in der Tourismusregion südöstlich von Graz haben sich die Thermen von Bad Radkersburg, Bad Gleichenberg, Loipersdorf, Bad Blumau, Bad Waltersdorf und Sebersdorf zum *Steirischen Thermenland* zusammengeschlossen – Bad Gleichenberg weist eine 170-jährige Kurtradition mit bis zu 110 Grad heißem Wasser auf; und den großartigsten Roman über den Steirer an sich hat Reinhard P. Gruber 1973 geschrieben: *Aus dem Leben Hödlmosers* (Residenz Verlag) ist ein Meisterwerk der Anti-Heimatliteratur, das sich sarkastisch mit den Problemen der Leute auf dem Land auseinandersetzt. Und das preisgibt, dass die politische Hoffnung Österreichs ausschließlich im Bestand der Steiermark liegt:

> *»die steiermark zerfällt aus zufälligkeit,*
> *österreich aus notwendigkeit.*
> *die resistenz der teile ermöglicht die labilität des ganzen.*
> *das ganze existiert nur als labiles ganzes.*
> *steiermark, das ist resistenz.*
> *österreich, das ist labilität.«*

Hödlmoser saß übrigens zehn Jahre im Gefängnis, weil er seinen Vater umgebracht hat.

34 Arnold Schwarzenegger und der Grazer Weg

Lehnen Sie sich jetzt bitte einen Moment zurück und sagen Sie fünfmal hintereinander das Wort »Baaadibillda«. Erraten? »Baaadibillda« ist dem steirischen Englisch zuzuordnen und steht für Hantel-Stemmer & Expander-Artist. Für Arnold Schwarzenegger, der den Dialekt aus Thal bei Graz in die Neue Welt hinaustrug und *die* bemerkenswerteste Karriere eines Österreichers in den USA schaffte. Er wurde gleichermaßen vom »Baaadibillda«, der sich gewaschen hat, zum Millionär. Die Volksmusikgruppe *Stoakogler-Trio* (leitet sich vom Familiennamen Steinkogler ab und hat nichts mit dem ehemaligen Fußballer von Austria Wien zu tun) widmete der »Steirischen Eiche« dieses schöne Lied und verdiente sich damit eine goldene Nase:

Steirermen san very good, very very good for Hollywood,
Arnold und sein' Steirerschmäh kennen's drüb'n in USA.
Steirermen san very good, very very good for Hollywood,
Dirndl, schau dir olle an, dann möchst' an Steirermann.
Steirermen san very good, very, very good for Hollywood,
Arnold und sein' Muskelschmäh kennen s' drüb'n in USA.
Steirermen san very good, very, very good for Hollywood,
Muskeln, Schönheit und a Hirn, des kannst exportier'n!

Überstanden! Zu diesem Text seien folgende Anmerkungen erlaubt: Der Steirer-Schmäh definiert sich nicht über Arnold Schwarzenegger, denn der hat keinen. Es ist eher die ungewollte Tollpatschigkeit, die ihn lustig erscheinen lässt. Vor allem, wenn man an seine Anfänge als Schauspieler zurückdenkt. Im Erstling *Hercules in New York* (1970) durfte er sowieso fast nichts reden. Und schleuderte er ein paar Wortbrocken Richtung Kameramann, musste er synchronisiert werden. Hauptsache ein begnadeter Körper. Den hatte er sich noch in der Steiermark zugelegt, bevor er im Alter von 21 in die USA auswanderte. Als 18-Jähriger wurde Schwarzenegger in Stuttgart zum »Bestgebauten Juniorenathleten« gewählt, zwei Jahre später gewann er in London die Amateurweltmeisterschaft und wurde mit zwanzig erstmals Mr. Universum. Vier Titel folgten. Zudem krönte er sich siebenmal zum Mr. Olympia, zuletzt 1980 – damit war er der erfolgreichste Bodybuilder seiner Zeit und der Hauptverantwortliche dafür, dass dieser Sport, der im Schmuddel-Eck vor sich hindümpeln hatte müssen, seinen Siegeszug antreten konnte. Schlecht entlohnt wurde der Werbeträger nicht für diese Leistung.

1982 schaffte Schwarzenegger in *Conan der Barbar* den internationalen Durchbruch auf der Leinwand. Die Dialoge, die er zu führen hatte, waren, na ja, auch nicht gerade abendfüllend. Aber es besserte sich. Der Steirerman, der stets seine österreichischen Wurzeln betonte und vom Apfelstrudel seiner Mama Aurelia schwärmte, ist seit 1983 Doppelstaatsbürger. Er wurde 1984 von Regisseur James Cameron für den Film *Terminator* als böser Roboter verpflichtet, der 17 Sätze sagen durfte. Ein Welterfolg! Spätestens jetzt war Schwarzenegger ein Aushängeschild der Republik Österreich. Sein Dialekt, für den sich eine ganze Nation geniert hatte (außer die Steirer vielleicht), wurde

plötzlich als originell, als charmantes Markenzeichen wahrge-
nommen. Und er als gern gesehener Gast willkommen geheißen. Bei einem Heimatbesuch ruderte er mit der Journalistin
Maria Shriver, der Nichte von John F. Kennedy, auf einem See
und machte ihr einen Heiratsantrag. Sie sagte 1986 »Yes«. Maria
ist trotzdem Demokratin geblieben, das Paar hat vier Kinder.
1990 machte ihn der republikanische Präsident George Bush
zum Vorsitzenden des nationalen Rates für Fitness und Sport,
1997 wurde die neue Fußballarena in Graz als *Arnold-Schwarzenegger-Stadion* eröffnet. Seit 2003 ist er Gouverneur von Kali-
fornien, seit 2006 muss das *Arnold-Schwarzenegger-Stadion* den
wohlklingenden Namen *UPC-Arena* tragen. Weil Arnie beleidigt
war auf ein paar seiner Landsleute, die es ihm sehr, sehr übel
genommen hatten, dass er das Gnadengesuch eines zum Tode
verurteilten Vierfachmörders abschlägig beschied. Nach den
Proteststürmen vor dem Stadion schrieb Schwarzenegger einen
Brief an den Grazer Bürgermeister, in dem er der Stadt ab sofort
das Recht entzog, seinen Namen im Zusammenhang mit dem
Stadion zu verwenden. Außerdem retournierte er den Ehrenring
der Stadt, der ihm 1999 im Rathaus verliehen worden war – um
damit einer etwaigen Aufforderung zur Rückgabe vorzugreifen.
Der Ring sei für ihn wertlos geworden, weil ihn das offizielle
Graz offensichtlich nicht mehr als einen der Seinen akzeptiere.
Und dennoch: Er werde selbstverständlich weiterhin mit gan-
zem Herzen Grazer, Steirer, Österreicher bleiben. Sollte Schwarzenegger von einer Gesetzesänderung profitieren, die Einge-
bürgerten das Tor ins Weiße Haus öffnet und er wider Erwarten
Barack Obamas Nachfolger werden – was glauben Sie, wer mit
dem Ehrenring in Washington antanzen und zu Kreuze kriechen
wird? Und wer sich dann den Ehrenring auf den Hut stecken
kann, gleich neben den Gamsbart?

Auf den Hut stecken konnten sich die Veranstalter des Gegen-Oscars auch ihre Goldenen Himbeeren. Achtmal war der Action-Held in der Kategorie »Schlechtester Darsteller« nominiert, in den sauren Apfel beißen musste er aber nie. Hasta la vista, Baby!

35 Gutes neues Jahr!

Es muss immer alles so sein, wie es war, dann wird alles gut. Nicht unbedingt, was das Pech des alten Jahres angeht, sondern was den Wechsel ins neue betrifft. Tradition verpflichtet, auch wenn sich das heiß ersehnte Glück auch diesmal nicht eingestellt hat und die guten Vorsätze wie Nichtrauchen oder Abnehmen den ersten Jänner nicht überlebt haben. Manche Bräuche halten sich seit Jahrhunderten, nur wenige kommen dazu. Wie etwa der Silvesterpfad in der Wiener Innenstadt, der sich in weniger als zwanzig Jahren zum Publikums- und Tourismus-Magneten entwickelt hat. Zwischen Rathausplatz und der Klassikmeile am Graben rutschen alljährlich an die 500 000 Menschen ins neue Jahr. Sollte es Sie an irgendeinem 31. Dezember nach Österreich verschlagen – hier ein kleiner Brauchtums-Ratgeber, damit Sie nicht mit offenem Mund dastehen, rätselnd, was die Ösis da so treiben.

Rauchengehen. Die Silvesternacht gilt in den Alpen und im Voralpengebiet als Raunacht. Der Name leitet sich nicht vom rauen Klima, sondern von Rauch und Nebel ab. Der reinigende Rauch ist es auch, der im neuen Jahr Segen bringen soll. In einer Eisenpfanne wird Weihrauch vom Hausherrn durch sämtliche Räume des Hauses und den Stall getragen. Die Familie – so vorhanden – folgt betend. Die Raunacht ist mit vielen Legenden verbunden. Unheimliche Gestalten sollen unterwegs sein, vor denen man sich nur mit Weihrauch schützen kann. Manche meinen, Tiere sprechen gehört zu haben.

Bleigießen. Jedes Jahr das gleiche Theater: Darf der Zinn vor oder nach Mitternacht ein Bad nehmen? Interpretieren wir heuer die Gussform oder den Schattenwurf? Daran scheiden sich die Geister. Jedenfalls werden Glücksbringer wie Schwein, Geldsack oder Pilz in einem Löffel über kleiner Flamme geschmolzen und ins kalte Wasser gekippt. Die erstarrten Formen sollen Hinweise auf das kommende Jahr liefern: Ein Baum verspricht wachsende Fähigkeiten, eine Kuh Heilung, ein Pantoffel keinen Helden, sondern Hochzeit. Angeblich hat das Bleigießen schon die alten Griechen fasziniert.

Rauchfangkehrer. Ebenso wie die Sau soll der Schornsteinfeger in Form kleiner Marzipan- oder Plastikfiguren Schwein bringen. Wer eines leibhaftigen ansichtig wird, dreht am Hemd- oder Hosenknopf, Mutige fragen, ob sie den guten Mann berühren dürfen. Dass der Rauchfangkehrer als Glücksbringer gilt, rührt daher, dass er sich bei seiner Arbeit 1. um den Feuerschutz kümmert und 2. als erster Gratulant im neuen Jahr auftaucht – weil er traditionell zu Neujahr die Rechnung legt. Andere wiederum glauben, aufgrund seiner schwarzen Kleidung habe er einen besonders heißen Draht zum Teufel und könne deshalb Geister bannen.

Neujahrsbaby. Wenn Sie Menschenschlangen mit Transparenten vor Krankenhäusern stehen sehen: nicht wundern! Dann handelt es sich um Schlachtenbummler für werdende Mütter, die möglichst punktgenau niederkommen möchten. Damit das Butzerl zwei Tage später vom Titelblatt der *Kronen Zeitung* lachen kann. Mittlerweile sind die Ärzte auch schon auf den Zug aufgesprungen und helfen tatkräftig mit – ist doch ein Renommee, wenn der kleine Philipp ausgerechnet im Landeskrankenhaus Leoben das Licht der Welt erblickt hat? Freilich lässt sich die Familienministerin niemals lumpen und entbietet Glückwünsche. Toll!

Neujahrswünsche. Einmal im Jahr heißt es nicht »Prost«, sondern »Prosit«, wenn zu Mitternacht mit Sekt oder Champagner angestoßen wird. Der Trinkspruch stammt aus dem Lateinischen und bedeutet »es möge nützen«. Der Wunsch »Einen guten Rutsch« hat nichts mit eisglatten Straßen und Ausrutschen zu tun, sondern leitet sich wohl vom hebräischen »Rosch« (Kopf, Haupt, Anfang) ab: Wir wünschen einander damit »einen guten Anfang« im neuen Jahr. Früher wurde dieser Wunsch auch vom alten Gebrauch des Wortes »Rutsch« für »Reise« abgeleitet, wie es noch in *Grimms Wörterbuch* formuliert wird.

Silvesterkracher. Wenn Hunde jaulen und Tierschützer jammern, hat das Feuerwerk Hochsaison. Ursprünglich sollten laute Böller »böse Geister« oder ganz generell den Winter und die Dunkelheit vertreiben, heute gehören die Silvesterkracher und das bunte Feuerwerk zum Silvesterfest dazu. Solche Feuer-Feste am Jahresende haben germanische Wurzeln. Ein Jahresendfest wurde auch von den Römern gefeiert, erstmals im Jänner 153 v. Chr., als der Jahresbeginn vom 1. März auf den Jänner verschoben wurde.

Essen. In den 8oer-Jahren war es das Fondue, das am Silvesterabend modern war. Wir haben's überlebt und widmen uns jetzt wieder älteren Traditionen, mit denen wir uns seit Generationen ins neue Jahr hinüberessen. Vom Silvestermahl sollte etwas übrig bleiben, denn das verspricht genügend Nahrung im nächsten Jahr. Wer reich werden möchte, isst Erbsen- oder Linsenbrei. Auch Schweinernes verspricht Wohlstand. Zu Neujahr kommt es oft in Form eines (gekochten) Schweinsrüssels auf den Teller. Der Fisch ist Symbol für das Glück: Er wird zu Silvester von hinten weg verspeist, weil man im nächsten Jahr vorwärtsschwimmen möchte. Geflügel sollte man meiden – sonst fliegt das Glück davon.

Perchten. Man muss wohl ein Landmensch sein, um den Überblick zu wahren. Über Schnabel-, Schön- und Schiachperchten, Tresterer und Glöckler, die in den Tagen nach Neujahr unterwegs sind. Die Glöckler machen den Salzburger Flachgau unsicher. In Gruppen von Männern, die »Passen« genannt werden, ziehen sie mit bemalten und beklebten, von innen beleuchteten Kappen durch den Ort. Damit bringen sie Licht in die dunkle Winternacht. Behängt sind die Glöckler mit allerlei Schellen – von dem Geläute soll die Natur unter der Schneedecke wieder erweckt werden. In Rauris sind am Vorabend zu Dreikönig die Schnabelperchten anzutreffen. Unter »Qua-qua-qua«-Geschrei wandern sie von Haus zu Haus; drei besondere Utensilien tragen sie mit sich: einen Besen zum Reinigen, eine Schere zum »Bauchaufschneiden« und einen Korb, um Bösewichte mitnehmen zu können. Besagt doch der Brauch, dass Dreck, der sich in den Stuben angesammelt hat, zusammengekehrt werden muss und den Schmutzfinken in den Bauch hineingestopft werden sollte. Weil das natürlich jeder vermeiden möchte, werden für diesen Tag die Stuben besonders sauber gefegt. Eine Besonderheit unter den Schönperchten sind die Pinzgauer Tresterer. Sie sollen am Dreikönigstag reiche Ernte, Glück und Segen bringen. Die Tresterer tragen verzierte Kopfbedeckungen, von denen »Bändermäntel« – bis zur Hüfte reichende Bänder – fallen. Ihr Tanz, ein monotones Stampfen, wird auch mit dem Stampfen (= trestern) der Trauben in Verbindung gebracht. Im Pongau wüten die Schiachperchten, die alles Böse vertreiben, und die Schönperchten, die wieder Licht, Sonne und Fruchtbarkeit ins Land bringen. Sie wünschen »an Fried', an G'sund und an Reim«.

Silvesterschießen. In manchen Gegenden wird zu Silvester noch geschossen. Und zwar werden nicht nur farbenfrohe Raketen und laute Knaller abgefeuert, sondern die Böller kommen aus Büchsen. Menschen, die das tun, werden Prangschützen oder Prangerschützen genannt. In der Stadt Salzburg feuern sie am Silvestertag traditionell von der Festung Hohensalzburg. In Bad Ischl versammeln sich die Schützen auf dem Feld, und rund um den Wolfgangsee machen sie gleich in mehreren Orten lautstark auf das kommende Jahr aufmerksam. In St. Gilgen nennt sich die Veranstaltung »Christkindl anschießen«.

36 Das Neujahrskonzert – alles Walzer, und die ganze Welt schaut zu

Alle Jahre wieder kommt nicht nur das Christkind, sondern auch der Kater, der sich auf Samtpfoten in den Kopf schleicht und nur durch eine kräftige Hühnersuppe zu vertreiben ist. Blödes Vieh! Immer dasselbe, aber nächstes Jahr passiert mir das nicht mehr, versprochen, nach dem dritten Glaserl Sekt ist Schluss. Wann beginnt endlich die TV-Übertragung des Skispringens aus Bischofshofen? Dabei kann man so gemütlich daran denken, wie schlecht es einem geht, und warten, bis der erste Tag im neuen Jahr endlich zu Ende ist. Doch halt – ich Idiot – schnell her mit der Fernbedienung, die spielen ja schon längst!

Jöö, schön! Schau, unsere Wiener Philharmoniker, die Werbe-
botschafter Wiens, Österreichs, Europas und des Mars! Menschen aus über siebzig Ländern sind schon seit einer halben
Stunde live dabei, und ich hab' den Einstieg verpasst. Ich glau-
be, dass ich die gesamte Übertragung aus dem Goldenen Saal des
Wiener Musikvereines zuletzt als Vierjähriger gesehen habe.

Über siebzig Länder also, in denen man hören kann, welch
große Söhne wir tatsächlich hervorgebracht haben. Wie Walzer
klingt. In denen man sehen kann, wie elegant die Mädchen des
Staatsopernballetts über das Parkett schweben. Werbung wirkt,
vor allem im Fernsehen. Ein Wahnsinn, dieses Vienna, werden
sich die Menschen in aller Welt denken, die zwischen 2. Jänner
und 31. Dezember glauben, in Österreich säßen die Einwohner
noch auf den Bäumen und könnten nur mit Marmelade herun-
tergelockt werden. Seit 1959 schickt der ORF die Bilder um den
Globus, danke, denn dank der unverwechselbaren Wiener Philharmoniker wissen zumindest ein paar der Zuseher, dass es in
Austria keine Kängurus gibt. Wären ja ganz anders gekleidet,
die Aussie-Musikanten, nicht so adrett.

Gleich, jetzt kommt's gleich! Der Dirigent steht mit erhobe-
nem Stab, bereit, die zweite Zugabe »An der schönen blauen Donau« von Johann Strauß, dem Sohn, beginnen zu lassen. Und
was macht das Publikum? Es ignoriert den Maestro und klatscht
munter weiter. Ein Affront? Nein, Tradition, nennt man das. Der
Dirigent tut überrascht, lächelt, wendet sich und ein paar Worte
an das Publikum und die Kameras. Zubin Mehta hieß 2007 die
neuen EU-Mitgliedsstaaten Rumänien und Bulgarien willkommen, Daniel Barenboim appellierte 2009 an Israel und die Ha-
mas, den Konflikt im Gaza-Streifen doch um Himmels willen
alsbald zu beenden. Die Musiker wünschen inbrünstig im Chor
»Prosit Neujahr!« und die leisen Töne beginnen, durch den Kör-

per zu wogen. Der Kater schläft ein, er wird erst vom Trommler und den Bläsern geweckt, die zur dritten Zugabe ansetzen, dem »Radetzky-Marsch« von Johann Strauß, dem Vater, bei dem die Zuhörer vom Dirigenten aufgefordert werden, mitzuklatschen. Was sie mit Begeisterung tun, den Rest des Jahres muss man im Goldenen Saal ja eh sitzen wie in einem Wachsfigurenkabinett. Nach diesem Feuerwerk ist Schluss, der Marsch wurde nur im Jahr 2005 in Gedenken an die Tsunami-Opfer in Asien ausgesetzt. Die Tickets werden aufgrund der enormen Nachfrage unter www.wienerphilharmoniker.at verlost. Wer bis zum 23. Jänner seinen Kartenwunsch deponiert hat und gezogen wird, darf für seinen Sitzplatz zwischen 30 und 940 Euro zahlen.

Das erste Neujahrskonzert fand am 31. Dezember 1939 statt, erst seit der zweiten Auflage 1941 wird es am Neujahrstag aufgeführt. Im Mittelpunkt standen von Anbeginn Werke der Strauß-Dynastie, weil die Wiener Philharmoniker in Anbetracht der damaligen historischen Umbrüche aus dem Schaffen der Walzer-Koryphäen ein heiteres und zugleich besinnliches Programm basteln konnten – sie luden die Menschen in dieser schwierigen Zeit zur Rückbesinnung ein und versprühten mit unbeschwerten Klängen Optimismus für das neue Jahr. Dabei waren einander Strauß, der Sohn (1825–1899), und die Philharmoniker nicht immer grün gewesen. Das Orchester ignorierte anfangs die Tanz- und Unterhaltungsmusik, die beim Volk immer beliebter wurde, und nahm die Stücke nicht ins Repertoire auf. Den ersten Strauß-Walzer, »Wiener Blut«, spielte der Klangkörper, der 1842 von Otto Nicolai gegründet worden war, erst beim Opernball 1873. Mit überwältigendem Erfolg.

Philharmoniker wird man nicht über Nacht. Schon immer galt die Regel: Nur wer drei Jahre lang im Orchester der Wiener Staatsoper (ehemals Hofoper) als Künstler engagiert war, hat die Möglichkeit, einen Antrag auf Mitgliedschaft in den Verein der Wiener Philharmoniker zu stellen. Wird er akzeptiert, bleibt er zwar Angestellter des Orchesters der Wiener Staatsoper, darf aber beim Konzertorchester *Wiener Philharmoniker* außer Haus mitwirken. Pro Jahr finden etwa dreihundert Opernabende statt, bei denen um die siebzig verschiedene Werke aufgeführt werden. Juli und August sind spielfrei. Darüber hinaus geben die Philharmoniker bis zu neunzig Konzerte zwischen Wien und New York, Salzburg und Tokio. Seit 1933 wird auf den Posten des Chefdirigenten verzichtet, die bedeutendsten Maestri unserer Zeit wechseln einander in loser Folge ab. Untrennbar verbunden mit den Philharmonikern bleiben Arturo Toscanini, Wilhelm Furtwängler, Bruno Walter, Karl Böhm, Herbert von Karajan, Leonard Bernstein und Carlos Kleiber.

Seit 1997 dürfen auch Frauen Mitglieder der Philharmoniker werden. Das Wahlrecht für Frauen wurde in Österreich übrigens 1918 beschlossen und ein Jahr später umgesetzt.

37 Die Reserve-Österreicher – gern schmücken wir uns mit den Leistungen der Emigrierten. Mit einer Ausnahme ...

Was zählt der Prophet im eigenen Land? Exakt, er zählt nichts. Nehmen wir ein Beispiel, das jedem geläufig ist: Junger Mann arbeitet als Buchhalter. Brav. Er spart seinem Unternehmen Unsummen. Sieben Jahre lang. Er bittet um eine Gehaltserhöhung.

»Aber Sie wissen doch, in Zeiten wie diesen …« Der Mann verlässt beleidigt das Unternehmen und heuert anderswo an. Drei Jahre später ruft ihn sein ehemaliger Chef an, weil seine Firma den Bach runtergeht. Er bietet ihm ein Drittel mehr und den Job des Prokuristen an. Der Kreis des Propheten schließt sich nicht, weil der Buchhalter anderswo ein glücklicheres Leben gefunden hat. Auf Menschen umgelegt, die nicht freiwillig anderswo angeheuert haben, stellt sich dieses Beispiel so dar: Der kleine Billy ist Jude. Juden sind nicht sehr en vogue in Zeiten wie jenen, also muss Billy sein geliebtes Wien verlassen. Billy hätte vermutlich keinem gefehlt, weil Billy damals erst Billy war. Als der junge Mann aber als Mann in Hollywood den Durchbruch schaffte, zu einem der bekanntesten Regisseure wurde und über sechzig Filme wie *Manche mögen's heiß* oder *Das Mädchen Irma la Douce* drehte und sechs Oscars einheimste, war er plötzlich wieder ein Unsriger. Ein Österreicher als Star in den USA! In solchen Fällen vergaßen sogar die ehemals eingefleischtesten Nazis, was sie den Juden angetan hatten. Wichtig war nur, dass Österreich wieder an Ansehen gewann im Ausland. Weil den Krieg haben ja die Deutschen angezettelt, wir waren bloß Opfer, die Ersten, die von der Militärmaschinerie überrollt wurden, die, die mitmachen mussten, obwohl sie ja gar nicht wollten. Auch Billy weiß, dass dem nicht so war.

Billy Wilder wurde notgedrungen zum Exportschlager. Wie seine Regisseurkollegen Otto Preminger (*Exodus*) und Fritz Lang (*Metropolis*). Wie die Schriftsteller Franz Werfel, Alfred Polgar, Ödön von Horvath, Joseph Roth, Robert Musil, Anton Kuh, Friedrich Torberg und Hans Weigel. Wie die Sänger Lotte Lehmann und Richard Tauber. Wie die Schauspieler Hedy Lamarr und Peter Lorre. Wie der Komponist Erich Wolfgang Korngold. Die geistige Elite Österreichs wurde vertrieben, als Hitler die Ostmark ausrief. Und sie hinterließ eine Lücke, die das Land nach dem Krieg nicht schließen konnte. So wurden in Summe 22 in Österreich Geborene mit dem Nobelpreis prämiert, aber nicht alle waren Österreicher, als sie ihn bekamen. Der Mediziner Eric Kandel sowie die Chemiker Max Perutz und Walter Kohn waren zum Zeitpunkt der Übergabe längst Amerikaner, den Literaturnobelpreis von Elias Canetti durften sich die Briten an ihren Union Jack heften. Auch Sigmund Freud starb als Engländer. Robert Stolz hatte Wien freiwillig verlassen – aus Protest gegen das Regime und aus Solidarität mit seinen Kollegen. Der Komponist wurde von Propagandaminister Goebbels sogar gebeten, zurückzukehren. Stolzens Antwort: »Ich möchte gerne wieder in meiner Heimat komponieren, aber erst, wenn es ein Trauermarsch für Hitler ist.«

Die meisten der Geflohenen wurden von argem Heimweh geplagt. Hermann Leopoldi sang in der *Old Vienna Bar* in New York seine Schlager, er englischte sie aber aus. Trotzdem waren jedem Exil-Österreicher das »Little Café down the Street« und »I am a quiet Drinker« geläufig. Manche, so erzählt man sich, hätten sogar auf ihren Uhren die europäische Zeit beibehalten, um mutmaßen zu können, was die Lieben in der Heimat gerade tun. Die meisten Künstler dachten trotzdem nicht daran, nach dem Krieg zurückzukehren. Das Bemühen des neuen Österreich, sie einzuladen, hielt sich ohnehin in Grenzen. Beziehungsweise: Es war nicht vorhanden. Geht auch ohne euch! Bis die ersten der insgesamt 29 Oscars (bei 111 Oscarnominierungen) an die Auslandsösterreicher vergeben wurden. Und die ersten Nobelpreise ... Einer kam dennoch heim: Henry Grunwald, der beim *TIME*-Magazin als Bote begonnen hatte und ebendort zum Herausgeber und Chefredakteur aufgestiegen war, wurde 1987 US-Botschafter in Wien.

Derzeit sorgt in den USA Gouverneur Arnold Schwarzenegger für das größte Aufsehen. Weitere lebende Legenden sind Modeschöpfer Helmut Lang, Star-Koch Wolfgang Puck und Frank Stronach, der im kanadischen Toronto dem Magna-Konzern vorsteht und beharrlich versucht, im österreichischen Klub-Fußball Fuß zu fassen. Der gebürtige Steirer Franz Strohsack butterte Millionen in den FK Austria Wien, wollte die Champions League gewinnen und dem Nationalteam durch ambitionierte Ideen (»Wir brauchen ein paar Ronaldos«) zum WM-Titel verhelfen. Tempi passati.

Ja, und dann haben wir noch den Mann aus dem stillen Örtchen Braunau am Inn, das ja eh fast nicht mehr auf österreichischem Staatsgebiet liegt. Bei uns musste der arme Tropf in den Schlafsälen der Männerwohnheime nächtigen und sein Geld als Postkartenmaler verdienen. Von den Deutschen hingegen wurde er nicht unterschätzt, nein, er durfte sich dort sogar zum Gröfaz (größter Fatzke aller Zeiten oder so ähnlich) entfalten und das Land, das ihn so gedemütigt hatte, befreien. Von wem eigentlich? Über Hitler Buchstaben zu verlieren, kostet Energie. Er war Illusionist und Demagoge, Rassist und Massenmörder. Vor allem war er aber ein Mann, der binnen kürzester Zeit ein unvergleichliches System auf die Beine stellte, um die Weltherrschaft anzutreten. Militärisch und infrastrukturell. Hierbei bemerkenswert das Aufblühen des Spitzelwesens, vor allem in der Ostmark: Um NSDAP-Mitgliedern Wohnungen zu beschaffen, wurde die Bevölkerung aufgefordert, die anwohnenden Mieter auszuspionieren. BBC-Hörer? Schlecht! Sozis, Kommunisten, Widerständler? Noch schlechter! Juden? Am schlechtesten. Ein Anruf bei der Gestapo, rauf auf den Lastwagen, Koffer wird nachgeliefert, auf Wiedersehen, willkommen, Herr Nachbar. Wie kann man einem Schulkind heute schlüssig ein Foto erklären, auf dem ein Rabbi zu sehen ist, der in der Wiener Gumpendorfer Straße auf dem Gehsteig kniet und mit seiner Zahnbürste die Spucke der hämisch grinsenden Passanten wegputzen muss, die ihn nicht getroffen hat? Oder die brennenden Synagogen, die Nur-für-Arier-Parkbänke, die Bilder der abgemagerten Leichen in den Konzentrationslagern, die in Öfen geworfen wurden? Der Zufall, die Russen, Amerikaner und Hitlers Größenwahn taten das Ihre dazu – die grausame Nazi-Seifenblase zerplatzte 1945 im Bombenhagel, übrig blieb ein Trümmerhaufen. Materiell wie seelisch. Noch heute wird man als Österreicher in so manchen »Aus-Ländern« kritisch beäugt, weil sich viele Österreicher, oder besser: deren Großväter und Väter, dort während des Krieges besonders grausam für die Expansion und Aufrechterhaltung der großdeutschen Idiotie eingesetzt hatten. Nachdem Adolf Hitler im Berliner Bunker den wichtigsten Pistolenschuss seiner Karriere abgegeben hatte, war auch sein Leben als Führer der Deutschen beendet und wir durften ihn als Ösi wieder zurückhaben. Herzlichen Dank! Nur zwei Jahre danach wurde erstmals die neue Bundeshymne mit der Textzeile »Heimat bist du großer Söhne« im Radio gespielt. In Anbetracht dieses Bürschchens fast ein Hohn.

38 Friedrich Karl Flick
und das Lösegeld
für einen toten Milliardär

Der Gerechtigkeit halber sei erwähnt, dass Österreich nicht nur große Töchter und Söhne in die Flucht geschlagen hat, sondern stets auch ein Anziehungspunkt für Prominente aller Sparten gewesen ist, die aus ganz unterschiedlichen Motiven kamen, um zu bleiben – für eine Weile zumindest. Einige wenige können als Beispiel stehen: Parade-Wahlösterreicher unter den Sportskanonen ist gewiss der ehemalige Formel-1-Pilot Ralf Schumacher; in den frühen 80er-Jahren hatte es Tennis-Profi Michael Stich nach Salzburg auf den Mönchsberg gezogen, wo er mit seiner Frau die schicke Villa St. Hubertus bewohnte. Österreicherin neueren Datums ist Operndiva Anna Netrebko, während der gebürtige Ingolstädter Michael Heltau schon als Kind ins Salzkammergut kam. Nach Österreich verschlug es auch so unterschiedliche Schriftsteller wie Wystan Hugh Auden (1907–1973) und Heinz Günther Konsalik (1921–1999), der in Salzburg starb, sich aber in Köln begraben ließ, was vielleicht keine schlechte Idee war. Denn nicht jeder, der Österreich zum Sterben gern hatte, findet hier auch die wohlverdiente letzte Ruhe, wie der »Fall Flick« beweist, der, wäre er für seine Familie nicht so tragisch, als einer der kuriosesten Fälle in die österreichische Kriminalgeschichte eingehen würde.

Friedrich Karl Flick, 1927 in Berlin geboren, wurde in Deutschland unrühmlich berühmt durch die »Flick-Affäre«, einen Parteispenden-Skandal. Der Unternehmer, der zu Rekordzeiten als Alleininhaber der Holding Friedrich Flick KGaA 330 Unternehmen besaß, bei denen 300 000 Menschen arbeiteten, verkaufte 1975 seine Daimler-Anteile in Milliardenhöhe an die Deutsche Bank und musste wegen einer Genehmigung durch das deutsche Wirtschaftsministerium für die dabei erzielten Gewinne keine Steuern zahlen. Später wurde bekannt, dass Flick als Gegenleistung vier Parteien des Bundestages Beträge in Millionenhöhe gespendet hatte. Wirtschaftsminister Otto Graf Lambsdorff musste gehen, gegen Flick wurde keine Anklage erhoben. 1985 verkaufte er den Rest seiner Firmen an die Deutsche Bank, 1990 heiratete er in dritter Ehe eine dreißig Jahre jüngere Österreicherin, mit der er Zwillinge hat. Aus seiner zweiten Ehe stammen zwei Töchter. 1994 ließ er sich in Kärnten nieder und nahm im selben Jahr die Staatsbürgerschaft an. Der reichste Österreicher verstarb im Herbst 2006 nach schwerer Krankheit in seiner zur Festung ausgebauten Villa am Südufer des Wörthersees. Die vier Kinder erbten sein auf 5 bis 6 Milliarden Euro geschätztes Vermögen zu gleichen Teilen.

Und jetzt ist er weg. Dazu diese Chronologie: 5. Oktober 2006: Flick stirbt im Alter von 79 Jahren; 11. Oktober 2006: Der Verstorbene wird auf dem Waldfriedhof in Velden beigesetzt, wo später ein Mausoleum errichtet wird; 14. November 2008: Ein Gärtner der Familie Flick vermutet Vandalismus in der Gruft; 19. November 2008: Die schweren Grabplatten werden gehoben, der Diebstahl des Sarges wird entdeckt; 22. November 2008: Eine Zeugin meldet sich, sie will am 13. November Männer und einen weißen Kastenwagen auf dem Friedhof gesehen haben; 28. November 2008: Weil der Zustand unerträglich sei, fordert die Familie Flick den Sarg zurück und betont, keinen Cent zu bezahlen; 2. Dezember 2008: Per E-Mail meldet sich ein ehemaliger Häftling und behauptet zu wissen, wer den Sarg habe; 3. Dezember 2008: Die Spezialeinheit Cobra durchkämmt von

17 bis 24 Uhr den vom Ex-Häftling angegebenen Bauernhof im südburgenländischen Eberau – Flicks Sarg bleibt verschwunden; 19. Dezember 2008: Unbekannte erkundigen sich bei einem deutschen Anwalt, wie sie die von der Familie Flick mittlerweile ausgesetzte Belohnung in Höhe von 100 000 Euro im Falle der Rückgabe des Leichnams lukrieren könnten. Ingrid Flick ist empört und sagt zur *Bild-Zeitung*: »Es ist abscheulich, wie man mit meiner Familie umgeht – und das vor Weihnachten.«

Bei aller Pietätlosigkeit: Wie soll man sich bitte die Suche nach einem Toten vorstellen? Werden zwei Jahre alte Leichen ausgegraben und fotografiert, damit man Phantombilder an die Zeitungsredaktionen weitergeben kann? »Wer hat diesen Mann gesehen?« Wurde Flick mit Brille beerdigt? Falls nein, setzt man dem toten Double diese Brille beim Fotoshooting auf? Verschlechtert sich der Zustand einer Leiche, wenn man sie ihrer gewohnten Mausoleums-Umgebung beraubt? Waren die Diebe gut zu ihm? Wurde er standesgemäß gelagert? Durfte er fernsehen? Wird es, falls er wieder auftaucht, eine Welcome-back-Party auf dem Veldener Waldfriedhof geben? Oder in der Flick-Villa? Ist seine Rückkehr von den Lebenden 100 000 Euro wert? Warum verlangen die Gauner nicht gleich eine Million? Oder 5,45 Millionen? Wird es Nachahmungstäter geben? Werden sich Hans Moser, Falco und Kaiserin Sisi in ihren Grüften warm anziehen müssen? Wird man fortan den Begriff »Bodyguard« weiter fassen müssen?

Kurios ließ sich vor allem die Razzia im Südburgenland an. Von Anfang an wussten alle, dass ihnen der besagte Ex-Häftling einen Schmäh erzählt hatte, nur die Tageszeitung *Österreich* nicht. Die schickte flugs einen Reporter nach Malaga, wo der Häf'nbruder mit deutschem Akzent nach ein paar Gläschen

Remy Martin (sic!) zu singen begann: Er selbst hätte sich vor vier Monaten nach Spanien abgesetzt und erst dort erfahren, dass der Sarg tatsächlich gestohlen worden sei. Für 5000 Euro Honorar wollte dieser »Mister X« nähere Details verraten. »Ich bin zwar ein Schränker, aber ein Mann von Ehre.« Der Reporter bohrte nach, versprach, den Betrag zu überweisen und löste mit reißerischen Schlagzeilen die grandiose Suche nach dem Toten in Eberau aus. »Es war absehbar, dass die Sache ein Fake war, aber als Polizei müssen wir jedem noch so wirren Hinweis nachgehen«, sagte ein Beamter vor Ort. Ein Einwohner meinte: »Schade, dass man nichts gefunden hat. Für Eberau wäre der Fund natürlich eine Sensation gewesen.« Dabei hatte die konstruierte Story, eine dilettantische Mischung aus je einer Folge von *Columbo* und *Monk*, so gut geklungen: Knastis planen die Entführung eines milliardenschweren Leichnams. Führen sie aus, haben aber laut Mister X keine Ahnung, wie sie die Telefonnummer des Anwalts der Familie auftreiben sollen, um ihre Lösegeldforderungen bekannt zu geben. Deshalb bitten sie ihren Freund in Spanien um Hilfe. Und der probiert's …

Wir sind dessen weiterhin eingedenk: Der Gesuchte ist tot.

Bei der Frage nach dem »Warum« tauchen immer wieder krause Theorien auf. Zum Beispiel jene, dass der Sarg von einem unehelichen Sohn entwendet wurde, damit der an der Leiche einen DNA-Test durchführen kann, um Friedrich Karls Vaterschaft zu bestätigen. Wie bitte schön soll das funktionieren? Seht her, ich habe mir Papa ausgeborgt, aber eh nur für ein paar Monate, und jetzt weiß ich, dass ich zur Familie gehöre. Ich habe es ja immer schon gewusst, aber Papa hat mich verleugnet. Teilen wir halt seine fünf, sechs Milliarden durch fünf. Darf ich »Ingrid« zu dir sagen? Oder ist dir »Mama« lieber? Schau, wie gut ich auf Papa aufgepasst habe – er hat sich überhaupt nicht verändert, oder? Ich habe ihn jeden Tag frisiert und ihm die Zähne geputzt. Zu Weihnachten wünsche ich mir einen neuen weißen Kastenwagen, aus dem alten bringe ich diesen süßlichen Geruch nicht raus. Findest du nicht, dass ich Papa ähnlich sehe? Er wird mir fehlen, auch wenn er etwas wortkarg war. Aber mit der Zeit ist er richtig aufgetaut. Darf ich ihn noch ein bisschen behalten?

Möglich, dass Friedrich Karl Flick, nein, seine Überreste, irgendwann nach Erscheinen dieses Buches gefunden wurden. Dass die Hinweise der Wahrsager und esoterischen Auspendler zweckdienlich waren. Dass die Familie wieder glücklich ist. Dass er wieder glücklich ist. Tot bleibt er trotzdem.

Und Eberau kann ja allenfalls den Zusatz »Die Gemeinde, in der beinahe der Leichnam des Milliardärs F. K. Flick gefunden worden wäre« auf die Ortstafel drucken lassen. Sozusagen als halbe Fremdenverkehrswerbung.

39 Wien, Wien, nicht nur du allein – Niederösterreich

O Heimat, dich zu lieben,
getreu in Glück und Not.
Im Herzen steht's geschrieben
als innerstes Gebot.
Wir singen deine Weisen,
die dir an Schönheit gleich,
und wollen hoch dich preisen,
mein Niederösterreich.

Im Rauschen deiner Wälder,
in deiner Berge Glanz,
im Wogen deiner Felder
gehören wir dir ganz.
Im Dröhnen der Maschinen,
im Arbeitsfleiß zugleich,
wir müh'n uns, dir zu dienen,
mein Niederösterreich.

Getreu dem Geist der Ahnen,
wir schaffen uns das Brot
und halten hoch die Fahnen
blau-gold und rot-weiß-rot.
Wenn sie im Winde wehen,
an ernster Mahnung reich,
gilt es, zu dir zu stehen,
mein Niederösterreich.

Landeshymne,
Text: Franz Karl Ginzkey, Melodie: Ludwig van Beethoven

Abgesehen von den Wienern sind die Niederösterreicher die sympathischsten Österreicher. Niederösterreich ist der Fläche nach das größte, der Bevölkerungszahl nach das zweitgrößte Bundesland. Es umschließt Wien und grenzt an Oberösterreich, die Steiermark, das Burgenland, Tschechien und die Slowakei. Landeshauptstadt ist Sankt Pölten, die neuntgrößte Stadt in Österreich. Kennen Sie auch keinen Heiligen, der Pölten hieß? Der Name geht auf Hippolitos zurück, den ersten Gegenbischof von Rom, der sich heute als »Pölten« vermutlich nicht wiedererkennen würde. Bis 1986 war Wien Sitz der niederösterreichischen

Landesregierung, bei einer Volksbefragung für oder gegen eine eigene Landeshauptstadt zogen Krems, Baden, Tulln und Wiener Neustadt deutlich den Kürzeren. Trotzdem gibt es Leute, die behaupten, dass sogar die Donau um St. Pölten einen großen Bogen macht; die sich gern diesen legendären Reim sagen hören: »Einem Mutigen bangt selten, warum graut dir vor St. Pölten?«; die hämisch darauf hinweisen, dass der St. Pöltener Bahnhof im Jahr 2007 dem Wiener Südbahnhof den Titel »Hässlichster Bahnhof Österreichs« abgerungen hat. Diese Leute waren vermutlich noch nie dort, denn in Wirklichkeit ist St. Pölten eine wunderschöne Stadt mit malerischen Plätzen. Und der Bahnhof wird ohnehin umgebaut.

Niederösterreich wird seit 1945 und dem Beginn der Zweiten Republik von der ÖVP dominiert, die seither immer den Landeshauptmann gestellt hat. Ist auch logisch, etwa vierzig Prozent der Fläche machen Ackerland aus, weitere vierzig Prozent sind als Waldfläche ausgewiesen. Der den Bauern verbundene Erwin Pröll hält seine Schäfchen beisammen, ebenso wie Klaus Küng, der Bischof der Diözese St. Pölten, der 2004 auf Kurt Krenn folgte. Letzterer stolperte, wie er es ausdrückte, über »Bubendummheiten« – im Priesterseminar war es zu homosexuellen Handlungen zwischen Vorgesetzten und Zöglingen gekommen. Generell spielt die Kirche eine große Rolle in Niederösterreich, die bekanntesten Klöster befinden sich in Melk, Dürnstein, Seitenstetten, Heiligenkreuz, Göttweig, Klosterneuburg und Zwettl. Das Stift Melk ist die größte Anlage des österreichischen Barocks. Allein der Südflügel mit seinem prächtigen Marmorsaal ist über 240 Meter lang, die Länge der Hauptachse beträgt insgesamt 320 Meter.

Die Gegend um die Donau bot in der Urgeschichte Jägern und Sammlern Lebensraum. Die älteste Grabstelle in Österreich wurde in der Nähe von Krems entdeckt: Vor 27 000 Jahren waren Zwillinge, bedeckt mit dem Schulterblatt eines Mammuts, beigesetzt worden. Die Skelette blieben im Lössboden gut erhalten. Einer der bedeutendsten Funde aus der Steinzeit ist die »Venus von Willendorf«, eine elf Zentimeter hohe Statue, gefertigt vor 25 000 Jahren. Um Christi Geburt wurden die Kelten von den Römern aus Noricum verdrängt, die die Region südlich der Donau in die Provinz Pannonia eingliederten. Die Garnisonsstadt Carnuntum, vierzig Kilometer östlich von Wien, wuchs zur Provinzhauptstadt heran. Der einzige oberirdisch erhalten gebliebene Bau ist das Heidentor, die Ruinen fanden lange Zeit wenig Beachtung, heute setzt man im Archäologiepark Carnuntum auf die möglichst originalgetreue Rekonstruktion von Gebäuden, zwischen denen spektakuläre Kampfspiele veranstaltet werden. Im Mittelalter dürften sie ganz gern Burgen gebaut haben, die Niederösterreicher. Aushängeschilder sind die Burganlagen Rappottenstein, Ottenstein und die Rosenburg. Falkenstein und Staatz galten als uneinnehmbare Festungen – die Schweden bewiesen während des 30-jährigen Krieges (1618– 1648) das Gegenteil. Die Nordmänner sorgten auch dafür, dass heute in Dürnstein nur noch eine Ruine zu besichtigen ist. Allerdings eine mit besonderer Geschichte: Zwischen 1192 und 1193 absolvierte der englische König Richard Löwenherz einen unfreiwilligen Staatsbesuch im Kerker, er soll vom Barden Blondel durch ein Lied, das nur die beiden kannten, ausfindig gemacht worden sein. Sagen wir, der zweite Teil ist eine Sage. Zurück zu den schwedischen Sprengmeistern. Die machten auch aus der Burg Kreuzenstein, wenige Kilometer nördlich von Wien, Kleinholz. Die Ruine kam im 18. Jahrhundert in Besitz der Wilczek-Dynastie, Johann Nepomuk ließ die Burg zwischen 1874 und 1906 wieder aufbauen und stattete die Räumlichkeiten mit einer

enormen Sammlung mittelalterlicher Einrichtungsgegenstän-
de aus. Die Burg ist beliebtes Ausflugsziel und als Museum zu
besichtigen.

Niederösterreich teilt sich in vier Viertel: Das Weinviertel (unter dem Manhartsberg), das Waldviertel (ober dem Manhartsberg), das Mostviertel (ober dem Wienerwald) und das Indus-
trieviertel (unter dem Wienerwald). Das Weinviertel heißt nicht
zufällig so, es ist tatsächlich das größte Weinanbaugebiet in Österreich. Sollte Ihnen ein Flascherl Weißer aus den Retzer oder
Falkensteiner Weinbergen, aus dem Matzner Hügelland, der
Wolkersdorfer Hochleithen, Poysdorf, Hagenbrunn oder Bis-
amberg unterkommen – zuschlagen, Sie können nicht falsch
liegen. Auch das Waldviertel hat edle Tropfen zu bieten, vor allem die Wachau, diese märchenhafte Landschaft, die von der
Donau sanft durchschnitten wird. Es scheint fast, als wolle ihr
der Strom nicht weh tun. Das Bundesland ist reich an Höhlen,
insgesamt sind über viertausend erfasst. Unangefochtener Spit-
zenreiter ist der Zusammenschluss aus Taubenloch und Geld-
loch, genannt Ötscherhöhlensystem, mit einer Länge von über
27 Kilometern. Der erste Verfolger, das Pfannloch, das sich ebenfalls im Ötschergebiet befindet, bringt's nur auf 5287 Meter. Womit stärken wir uns nach dem Spaziergang? Der Ötscher liegt
zwar im Mostviertel, egal, wir bestellen Waldviertler Mohnnu-
deln, Marchfelder Spargel und Wachauer Marillenknödel. Oder
sollen wir doch das Rehragout nehmen? Das Hirschsteak? Ist ja
alles nichts Besonderes, man meint, in einem Wiener Gasthaus
zu sitzen. Kein Wunder bei der gemeinsamen Geschichte.

Deshalb ist es auch schwierig, den typischen Niederösterreicher zu beschreiben. Grob gilt die Regel: Die Bewohner des
Wiener Einzugsgebietes haben einen Hang zum Schnöseligen,
vor allem in Mödling, Brunn, Gießhübl, Baden. Hatten wir schon,

dass Baden aufgrund der heißen Schwefelquellen eine bedeutende Kurstadt ist? Dass die Wiener gern auf dem Semmering Ski fahren und den Luftkurort seit dem 19. Jahrhundert zur Sommerfrische frequentieren? Dass die Semmeringbahn, eröffnet 1854, Weltkulturerbe der UNESCO ist? Dass die tiefste Temperatur in einem österreichischen Dauersiedlungsgebiet in Zwettl gemessen wurde? Die traditionell coole Stadt im Waldviertel fror am 11. Februar 1929 bei –36,6 Grad Celsius, dabei beträgt die Seehöhe nur 520 Meter. Dass der Schneeberg mit 2076 Meter die höchste Erhebung ist? Dass sich der größte Donauhafen in Krems befindet? Dass der Flughafen Wien-Schwechat nicht in Wien liegt? Dass Papst Benedikt XVI. im Rahmen seines Österreichbesuches 2007 auf einen Sprung im Stift Heiligenkreuz vorbeischaute? Dass die Bewohner des Wiener Einzugsgebietes …

… jedenfalls ist der Rest der Niederösterreicher bodenständig, freundlich und liebenswert. Aber das muss ja nicht jeder so sehen.

40 Hundert Jahre Stein – die Top Ten der berühmtesten Verbrecher

Weil man in einem Land nicht nur Nobelpreisträger, Ski-Weltmeister und Falcos haben kann, tasten wir uns nun an den Rand der genialen Gesellschaft. Genial deswegen, weil die meisten der berühmtesten österreichischen Verbrecher auf ihre Art gefinkelt agiert haben wie Schach-Weltmeister, die sich nicht in die Karten schauen lassen. Könnte ein Bild hinken, dann bräuchte das soeben strapazierte einen Gehstock, aber egal, Sie wissen, was gemeint ist. Top-Ten-Listen zu erstellen bringt immer die Gefahr des Argumentationsnotstandes mit sich. Warum rangiert mein Lieblingsmörder, der achtmal zugeschlagen hat, nur auf Platz 8, während dieser lächerliche Serienvergewaltiger, dieser Nichtskönner, dieser Dilettant, mit Platz 4 bedacht wird? Damit wir uns derlei Rechtfertigung ersparen, wird dieses Who is who in beliebiger Reihenfolge präsentiert – die Nummer 1 ist selbstverständlich nicht der böseste Bube aller rotweißroten Zeiten, der Anspruch auf Vollständigkeit ist ebenso wenig gegeben. Dieser Einblick in die Abgründe der österreichischen Seele trägt deshalb »Stein« im Titel, weil sich im gleichnamigen Ort an der Donau das berüchtigste österreichische Gefängnis befindet, in dem ausschließlich Schwerverbrecher untergebracht sind. Und »hundert Jahre« ist Teil einer beliebten Antwort in der Konversation, wenn etwas Zwielichtiges beschrieben werden soll. Zum Beispiel: »Und, wer war dort?« – »Es waren nur zwei Männer, aber hundert Jahre Stein!« Gemeint ist damit die Summe der Jahre, die diese beiden in der Haftanstalt verbracht haben.

1. **Josef Fritzl.** Der Mann aus Amstetten in Niederösterreich hielt seine Tochter Elisabeth seit deren 18. Lebensjahr 24 Jahre im Keller seines Hauses gefangen, während er mit dem Rest seiner vielköpfigen Familie wenige Meter über ihr ein geruhsames Leben führte. Der Keller war sein deklariertes Revier, sogar seiner Ehefrau war unter Strafandrohung verboten, ihn zu betreten. Mit Elisabeth zeugte er sieben Kinder, drei davon legte er »oben« vor die Eingangstür und zog sie mit seiner Frau groß. Elisabeth hatte jeweils Briefe verfassen müssen, dass es ihr gut gehe, sie aber nicht für die Babys sorgen könne. Ein Bub starb kurz nach der Geburt, den Leichnam verbrannte Fritzl im Ofen.

Die übrigen drei Keller-Kinder wuchsen auf, ohne jemals Himmel, Sonne oder Gras gesehen zu haben. Im April 2008 konnte Fritzl gefasst werden, als er eine Tochter Elisabeths ins Krankenhaus brachte und sich die Ärzte über den katastrophalen Zustand der 19-Jährigen wunderten. Die Ehefrau wunderte sich übrigens nicht, dass Josef Fritzl – so er nicht in Thailand urlaubte – täglich für mehrere Stunden im Keller verschwand.

2. Die Lainzer Krankenschwestern. Im April 1989 erzählten Waltraud Wagner und drei weitere Hilfsschwestern im Wiener Krankenhaus Lainz von ihrer wirklich beachtlichen Mordserie. Wagner hatte die »Mundpflege« erfunden. Sie drückte hilflosen Kranken eine Spachtel auf die Zunge und flößte ihnen Wasser ein, das in die Lunge eindrang und den Tod durch Ertrinken zur Folge hatte. Wagner war in ihrem Wirken aber recht kreativ, die Wahl der Tötungsart hing wohl von ihrer Tagesverfassung ab. Manchmal spritzte sie ihren Opfern zu große Dosen Rohypnol, manchmal injizierte sie Gesunden Insulin. Nachdem ihre Kolleginnen ob der vielen Toten während ihrer Nachtdienste misstrauisch geworden waren, wurden sie von Wagner eingeweiht und zum Mitmachen animiert. Irgendwann wurde von der Spitalsleitung der Medikamentenschwund bemerkt, die Schwestern wurden fortan überwacht. Bei der ersten Einvernahme gab Wagner 39 Morde zu, erinnerte sich bis ins kleinste Detail. Auch bei Fällen, die bereits Jahre zurücklagen. Beim Prozess wurde die damals 32-Jährige für fünfzehn Morde, siebzehn Mordversuche und zweifache Körperverletzung zu lebenslanger Haft verurteilt. Die um drei Jahre jüngere Irene Leidolf bekam wegen fünffachen Mordes und zweier Versuche ebenfalls die Höchststrafe, die anderen beiden Schwestern mussten für zwanzig beziehungsweise fünfzehn Jahre ins Gefängnis. Die lebenslange

Haft war für Waltraud Wagner im Sommer 2008 vorbei, sie versucht ihr Glück heute in Spanien.

3. Alfred Engleder. Der Oberösterreicher sicherte sich als »Mörder mit dem Maurerfäustl« einen Platz in der Kriminalgeschichte. Mit dem Fahrrad machte er sich auf die Pirsch nach Frauen, schlug sie mit seinem Hammer nieder und vergewaltigte sie. Zwischen 1951 und 1957 überfiel der kleinwüchsige Mann sechs Frauen, zwei davon mussten seinen »Hass auf die Weiber« mit dem Leben bezahlen. Später sollte Engleder zu Protokoll geben, dass sie ihn alle immer nur hintergangen und betrogen hätten. Die Opfer freilich nicht, die waren ihm fremd gewesen. Engleder wohnte im Stockwerk über der Polizeiwachstube und amüsierte sich königlich, wenn die Gendarmen ausrückten, um ihn zu suchen. Dieses Schauspiel verfolgte er meist vom Fenster aus. Bei seinem letzten Überfall wurde er von einem Motorradfahrer gestört, er flüchtete und ließ Fahrrad sowie Uhr zurück. Warum nimmt ein Vergewaltiger eigentlich die Uhr ab? Vier Tage später schnappten ihn die Ermittler nahe der tschechischen Grenze. Nach 26 Jahren wurde Engleder auf Bewährung aus der Haft entlassen. Und 1993 von seiner 26-jährigen Freundin erstochen. Weil ihr vor dem 73-Jährigen geekelt habe, wie sie dem Gericht mitteilte.

4. Udo Proksch. Er war der Liebling der High Society, der Politiker und überhaupt der Mächtigen. Beim Besitzer der k.-u.-k. Hofzuckerbäckerei Demel und dem von ihm gegründeten Club 45 gab sich die Prominenz ab 1974 die Klinke in die Hand. Er hatte sehr viele super Ideen, etwa, Tote in Plastikröhren einzuschweißen und sie senkrecht in die Erde zu stellen – damit die Plastikindustrie floriere und der Platzmangel auf Friedhöfen ein Ende habe. 1977 charterte er das Frachtschiff Lucona, um eine auf 15,4 Millionen Euro versicherte Uranerzmühle zu verschiffen. Die Lucona sank im Indischen Ozean nach einer Explosion, bei der sechs Menschen starben. Die Versicherung zahlte nicht, weil sie Ungereimtheiten feststellte. Prokschs gute Beziehungen zu hochrangigen Politikern erwiesen sich als hilfreich – für Proksch. Er wurde nämlich nach wenigen Tagen aus der Untersuchungshaft entlassen. Erst durch das Buch *Der Fall Lucona* des investigativen Journalisten Hans Pretterebner kam der Fall Ende 1987 wieder ins Rollen. Proksch setzte sich ins Ausland ab, Nationalratspräsident Gratz und Innenminister Blecha mussten zurücktreten, weil sie ihren Protegé nicht in der U-Haft hatten schmoren lassen. 1989 wurde Proksch auf dem Flughafen Wien-Schwechat verhaftet. Mit einem Tauch-Roboter konnte das Wrack der Lucona ausfindig gemacht werden, es stellte sich heraus, dass sich tatsächlich nur wertloser Ballast an Bord befunden hatte. 1992 wurde Udo Proksch wegen sechsfachen Mordes zu lebenslanger Haft verurteilt, er starb 2001 im Gefängnis.

5. *Helmut Frodl.* Helmut Frodl, geboren 1957 in Wien, arbeitete beim österreichischen Fernsehen. Groß wurde er als Moderator der Jugendsendung *Ohne Maulkorb*, später war er als Produzent und Regisseur tätig. 1992 lockte er unter Mithilfe einer Prostituierten den Tonstudiobesitzer Fritz Köberl nach Budapest, betäubte und erschoss den 46-Jährigen wegen Konkurrenzneides und zersägte die Leiche anschließend mit einem elektrischen Fuchsschwanz. Frodls Steuerberater half mit, die Leichenteile in einen Häcksler zu stopfen. Das Gerät dürfte leicht überfordert gewesen sein, statt der gewünschten Blut-Suppe mussten die Gliedmaßen in Müllsäcken entsorgt werden. Frodl deponierte sie in fünf verschiedenen Containern. Warum

eigentlich fünf? Vor Gericht legte Frodl kein Geständnis ab, im Gegenteil, er tischte eine wilde Agentengeschichte auf. Trotzdem wurde er 1994 zu lebenslanger Haft verurteilt – was, siehe Waltraud Wagner, nicht viel zu bedeuten hat. 2007 schloss er das Theologiestudium ab. Weil der TV-Star einer breiten Öffentlichkeit bekannt war, fand seine Tat sogar Eingang in den dialektalen Sprachgebrauch: Wenn sich jemand mit einem Hochgeschwindigkeitszerkleinerer einen Fruchtsaft zubereitet, dann »frodlt« er das Obst.

6. *Elfriede Blauensteiner.* Die »Schwarze Witwe« schaffte mit ihrer bemerkenswerten Mordserie den Sprung in die Top Ten. Die spielsüchtige Dame – das darf man ruhigen Gewissens schreiben, ohne geklagt zu werden, weil sie 2003 gestorben ist – lernte ihre Opfer über Kontaktanzeigen kennen. Als Pflegerin erschlich sie sich das Vertrauen der Bekanntschaften und ließ sich als Erbin für Besitz und Liegenschaften installieren. Na ja, anders ausgedrückt: Blauensteiners Anwalt half bei den Testamenten ein bisschen mit … Und dann ging sie ins Casino. Bei den Methoden, die Männer ums Eck zu bringen, war Blauensteiner sehr einfallsreich. Einen Pensionisten tötete sie mit blutzuckersenkenden Medikamenten in Verbindung mit einem Antidepressivum; bei einem anderen lüftete sie im Winter nächtens das Schlafzimmer gut durch – der gebrechliche Mann verstarb an einer Lungenentzündung. Im Jahr 1997 wurde die damals 66-Jährige für einen Mord schuldig gesprochen, 2001 folgten zwei weitere Verurteilungen. Bemerkenswert ihre Auftritte vor Gericht: Einmal erschien die Blondine mit einem riesigen goldenen Kreuz, streckte es in die Höhe und rief in den Saal: »Ich wasche meine Hände in Unschuld!« Der Senatspräsident empörte sich über eine »Unrechtsdimension, die für einen

irdischen Gerichtshof eigentlich zu groß ist«. Elfriede Blauensteiners Sterbehilfe war ein Gehirntumor, sie verblich 2003. Ihr
bewegtes Leben bildete die Grundlage für den Spielfilm *Die
Gottesanbeterin*, in dem Christiane Hörbiger brillierte.

7. **Franz Fuchs.** Was der Sonderling aus Gralla in der Steiermark war, ist nicht ganz klar: Terrorist, Attentäter oder einfach
nur ein Vollkoffer (eine ganz trübe Tasse). Jedenfalls verübte
der Einzelkämpfer unter dem Deckmantel der »Bajuwarischen
Befreiungsarmee« zwischen 1993 bis 1997 zahlreiche Anschläge
durch Brief- und Rohrbomben. Opfer und Adressaten waren Mi-
granten, Angehörige österreichischer Minderheiten sowie Personen und Organisationen, die sich in diesen Bereichen stark-
machten. Vier Volksvertreter der Roma ließen in Oberwart das
Leben, an der Zufahrtsstraße zu ihrer Wohnwagensiedlung hatte Fuchs ein Schild mit der Aufschrift »Roma zurück nach In-
dien« zurückgelassen. Als sie es entfernen wollten, zündete die
Bombe. Durch Fuchs wurden in Summe fünfzehn Menschen
großteils schwer verletzt, darunter der damalige Wiener Bürgermeister Helmut Zilk, der zwei Finger der linken Hand ein-
büßte. Nach jeder der sechs Anschlagserien versandte Fuchs
penibel getippte Bekennerschreiben im Namen der »BBA«. Am
1. Oktober 1997 ließ Fuchs eine Rohrbombe platzen, im Glauben,
entlarvt worden zu sein. Bei diesem Selbstmordversuch wurden ihm beide Hände abgetrennt. Im März 1999 hatten die Ge-
schworenen kein Mitleid – lebenslang. Rund ein Jahr später erhängte sich Fuchs, der Armprothesen trug, am Kabel seines Ra-
sierapparates. Hat wohl für einen Moment keiner hingeschaut.

8. **Reinhard Steinbauer.** Der Oberösterreicher hatte Schul-
den angehäuft im Jahr 2008. Davon wusste aber keiner was,

und keiner durfte von dieser »Schande« erfahren. Deshalb wollte der 39-Jährige seine Familie »befreien«. Er kaufte eine Axt. Drei Tage später erschlug er um 7.30 Uhr in Wien seine Frau, wenig später die siebenjährige Tochter. Mit wuchtigen Hieben auf Oberkörper und Kopf. Er deckte die Leichen zu, setzte sich ins Auto und fuhr nach Ansfelden, OÖ, wo der Parlamentsmitarbeiter um 13 Uhr seine Eltern zu Tode hackte. Um 19 Uhr musste Steinbauers verwitweter Schwiegervater in Linz dran glauben. Nachdem er anschließend ein bisschen spazieren gefahren war, besuchte er ein Bordell zur »Henkersmahlzeit«, wie er um 3.20 Uhr früh in der Inspektion Lainzer Straße in Wien Hietzing zu Protokoll gab. Seine Kleidung war blutbespritzt, die Axt lag unter dem Beifahrersitz im Auto. Steinbauer sagte, dass er sich im Wald erhängen hätte wollen, bloß habe ihm dazu der Mut gefehlt. Auch der Prozess gestaltete sich mehr als eigenartig. Mit den Worten »es ist besser, wenn ich weggesperrt werde«, nahm er seinem Verteidiger den Wind aus den Segeln. Steinbauer wurde erhört.

9. **Jack Unterweger.** So schnell kann's oft gehen: 1990 wurde der Wiener als Paradebeispiel für geglückte Resozialisierung präsentiert, 1994 ging er als Paradebeispiel für fehlgeschlagene Resozialisierung in die Kriminalgeschichte ein. Als 24-Jähriger, 1974, wurde er wegen Mordes an einer 18-jährigen Deutschen zu lebenslanger Haft verurteilt. Im Gefängnis begann Unterweger seine schriftstellerische Tätigkeit, die Autobiografie *Fegefeuer oder die Reise ins Zuchthaus* machte ihn zum bekannten »Häf'nliteraten«. Häf'n ist die Abkürzung für Haftanstalt, die bestimmten Artikel »der« und »das« sind beide zulässig. Viele Intellektuelle setzten sich für den Bonvivant, den Dandy, den Geläuterten ein, er wurde von Bundespräsident Waldheim be-

gnadigt. Sechs Monate nach der Entlassung begann eine Serie von Morden an Prostituierten, acht in Prag, Graz, Bregenz und Wien, drei in Los Angeles. Unterweger war stets in der Nähe des Tatorts, angeblich, um Geschichten für eine Zeitschrift zu recherchieren. 1992 wurde er in Miami verhaftet, er leugnete aber, die Taten begangen zu haben. Allerdings wurden in seinem Auto Haare einer Ermordeten gefunden, an der Kleidung eines anderen Opfers Fasern von Unterwegers Schal. 1994 wurde er in Graz wegen neunfachen Mordes zu lebenslanger Haft verurteilt. In der Nacht nach dem Urteil erhängte er sich mit der Kordel seiner Jogginghose in der Zelle. Die Schuhbänder waren ihm wohl abgenommen worden.

10. *Wolfgang Priklopil.* 1998 entführte der Niederösterreicher die damals zehnjährige Natascha Kampusch und hielt sie mehr als acht Jahre in seinem Haus in Strasshof gefangen. Am 23. August 2006 gelang Kampusch die Flucht, Priklopil löste einen Freifahrtschein in den Tod und legte sich vor den Zug.

3096 Tage dauerte das Martyrium des Mädchens, das in einer Montagegrube unter der Garage des Einfamilienhauses leben musste. Der fensterlose Raum war circa 1,80 Meter breit, 2,7 Meter lang und 2,4 Meter hoch, eine Tresortür sicherte den Eingang, in einer Ecke befanden sich ein WC und eine Spüle. Priklopil führte ein perfekt getarntes Doppelleben, und als Natascha größer war, durfte sie sogar bei ihm im Haus putzen und übernachten. Wenn seine Mutter zu Besuch kam, sperrte er sie weg. Sie sah viel fern, las, verfügt über einen außergewöhnlichen Wortschatz in Anbetracht der verlorenen Jugend. Im Nachhinein stellte sich heraus, dass der Polizei einige Ermittlungsfehler passiert waren – Priklopil war als möglicher Täter befragt und für unauffällig befunden worden. Kampusch wurde bei ihrem ersten TV-Interview das bedingungslose Mitleid der Bevölkerung zuteil, später schlug die Stimmung um. Auch, weil viele meinten, Kampusch habe Kapital aus der Opferrolle geschlagen. Jedenfalls versuchte sie sich als Moderatorin für einen Privat-TV-Sender und lud zu »Natascha Kampusch fragt …« lokale Größen wie Niki Lauda oder Oscar-Regisseur Stefan Ruzowicky, die, so weiß man jetzt, über eine Eselsgeduld verfügen. Kampusch lebt heute in Wien.

41 Helmut Elsner
und der Zorn des kleinen Mannes

Helmut Elsner, Spitzname »der schöne Marcel«, geboren am 12. Mai 1935, hat Unrechtes getan und – typisch österreichisch – geglaubt, dass ihm eh nix passieren kann. Eine Hand wäscht nämlich die andere, blöd nur, wenn der bereits Gewaschene keine Seife mehr hat. Elsner wurde am 4. Juli 2008 zu neuneinhalb Jahren Haft verurteilt. Unbedingt. Er sitzt hinter Gittern. Weil das Urteil nicht rechtskräftig ist, handelt es sich nach wie vor um Untersuchungshaft (Stand: Februar 2009). Daher diese Anmerkung, die bei keiner Geschichte mit chronikalem Touch fehlen darf: Es gilt die Unschuldsvermutung.

Laut Gericht hat Generaldirektor Elsner der BAWAG, der Bank des Österreichischen Gewerkschaftsbundes, zwischen 1995 und 2003 einen Schaden in Höhe von 1,72 Milliarden Euro zugefügt. Das kam so: Im März 2006 gab die Finanzmarktaufsichtsbehörde bekannt, dass die »Karibik-Geschäfte« der BAWAG einer Prüfung unterzogen werden. Investmentbanker Wolfgang

Flöttl, der Sohn von Elsners Vorgänger, hatte zwischen 1995 und 2001 insgesamt rund 1,9 Milliarden Euro verspekuliert, die er in Teilbeträgen zur Veranlagung erhalten hatte. Von 1998 bis zum Sommer 2005 wurden die Verluste nicht in den Geschäftsberichten der BAWAG ausgewiesen, sondern in Briefkastenfirmen und Stiftungen versteckt. Die internen Kontrollorgane der BAWAG wurden vom Vorstand ausgeschaltet oder umgangen. Nach Sitzungen mussten die Teilnehmer auf Elsners Geheiß nach allen Seiten Stillschweigen bewahren – ausdrücklich auch gegenüber dem Aufsichtsrat und den Aktionären.

Im August 2006 erschien Elsner nicht zur Anhörung – aus gesundheitlichen Gründen; im September wurde seine Villa in Mougins, Südfrankreich, von der Staatsanwaltschaft Wien gepfändet, um einen Verkauf zu verhindern; seine privaten Bankkonten wurden gesperrt; die Staatsanwaltschaft erließ einen internationalen Haftbefehl; Elsner wurde Mitte des Monats in Mougins verhaftet, ins Gefängnis nach Marseille gebracht und nach drei Tagen wegen seines laut Anwalt »schwer angeschlagenen Gesundheitszustandes« in ein Krankenhaus verlegt; Ende September entschied ein Gericht in Aix-en-Provence, dass Elsner nach Österreich ausgeliefert werden müsse; Anfang Oktober kam er durch die Kautionszahlung eines Freundes von einer Million Euro auf freien Fuß, durfte Frankreich aber nicht verlassen und musste seinen Pass abgeben; er blieb vorerst im Spital, weil ihn sein Anwalt für transportunfähig hielt; am 13. Februar 2007 wurde Elsner von einem französischen und einem österreichischen Arzt für transportfähig befunden und umgehend nach Österreich gebracht; in Wien wurde die Untersuchungshaft »ausschließlich wegen Fluchtgefahr« verhängt; am 15. Februar wurde Elsner ins Wilhelminenspital eingeliefert, wenig später wurden ihm im Allgemeinen Krankenhaus drei Bypässe eingesetzt; nach einem Kuraufenthalt im Rehabilitationszentrum Althofen wurde Elsner am 7. Mai 2007 in die Justizanstalt Josefstadt verlegt.

Der Beginn des Prozesses wurde für 16. Juli 2007 anberaumt. Elsner verkühlte sich mit einer Beschwerde beim Verfassungsgerichtshof, weil er das Recht auf ein faires Verfahren verletzt sah. Neben dem pensionierten Generaldirektor waren acht Personen angeklagt, die Gewerkschaftsbank durch Untreue und Bilanzfälschung in einer Höhe von bis zu 1,44 Milliarden Euro geschädigt zu haben, davon sechs ehemalige BAWAG-Spitzenmanager. Am 4. Juli 2008 wurden alle neun Angeklagten schuldig gesprochen, Elsner fasste die saftigste Strafe aus: neuneinhalb Jahre Haft. Wolfgang Flöttl kam mit zweieinhalb Jahren, davon zwanzig Monate bedingt, glimpflich davon. Elsner wurde zudem wegen schweren Betrugs verurteilt, weil er sich bereits im Jahr 2000 die Abfertigung und Pensionsabfertigung in Höhe 6,76 Millionen von der BAWAG auszahlen hatte lassen – ab 2001 wäre eine höhere Versteuerung angefallen. Laut Gerichtsentscheid musste er sechs Millionen rückerstatten.

Ein Fall wie jeder andere, oder? Wären da nicht zwischendurch diese Details ans Tageslicht gekommen, die den Volkszorn zum Kochen gebracht haben. Wie etwa diese vorzeitige Pensionsabfertigung.

Oder, dass der Gewerkschaftsbund anno 2000 mit seinem Gesamtvermögen für die BAWAG haften musste, um die Bank zu retten, während Elsner im selben Jahr eine zusätzliche Leistungsprämie in Höhe von 580 000 Euro erhielt und damit sein Jahresgehalt verdoppelte.

Oder, dass die BAWAG im Jahr 2005 ohne Genehmigung des Aufsichtsrates ein Penthouse in der Wiener Innenstadt an Elsners Frau Ruth um 474 000 Euro verkaufte, wiewohl das 278 Quadratmeter große Domizil mit 60 Quadratmetern Dachterrasse laut Gutachten damals 2,85 Millionen wert war.

Oder, dass der passionierte Golfer auf dem Platz manchmal einen Mitarbeiter im Cart vorausschickte, der den verdutzten Flight vor Elsner aufforderte, den Generaldirektor gefälligst durchspielen zu lassen.

Oder, dass er bei Turnieren den Runden-Partnern das »Tages-Du« anbot, das nach dem letzten Loch selbstverständlich die Gültigkeit verlor.

Ach ja, während des BAWAG-Prozesses, am 21. Mai 2008, wurde Elsner zu zweieinhalb (nicht rechtskräftigen) Jahren Haft wegen Veruntreuung verurteilt, weil er Hermann Gerharter 550 000 BAWAG-Euro geschenkt hatte, damit der die Kosten aus dem Konsum-Prozess decken konnte.

Schon als Elsner seinen Kuraufenthalt in Althofen antrat, schlug ihm ein Donnerwerk der Antipathie entgegen, das sich in Form von Buh-Rufen über dem ehemaligen Chef der roten Gewerkschaftsbank entlud. Der nachweislich durch Tricks Unsummen verdient hatte, während der »kleine Mann von der Straße«, wie der Wähler in Österreich gern von der hohen Politik genannt wird, jeden Euro auf die Bank trägt, um wenigstens ein paar Cent Zinsen zu bekommen. Ein einfaches Gewerkschaftsmitglied begreift einfach nicht, wie jemand so etwas machen kann und sich nicht einmal dafür entschuldigt. Elsner selbst dürfte nicht bewusst sein, wie sehr er in der Öffentlichkeit verachtet wird.

Er gibt sich als bemitleidenswerter Kranker, der während des Prozesses Hausschuhe zum Anzug tragen muss, weil die Füße so geschwollen sind. Er möchte jetzt lieber mit elektronischen Fußfesseln im Penthouse einen Hausarrest absitzen und ist bereit, dafür eine Million Euro Kaution zu hinterlegen.

Richterin Claudia Bandion-Ortner, die durch ihr forsches, konsequentes Auftreten und nicht zuletzt durch ihre Sachkompetenz fast ein Jahr lang Werbung in eigener Sache machen durfte, lehnte ab und schob den Ball an ihren Nachfolger weiter. Frau Rat ist jetzt nämlich parteifreie Justizministerin.

42 Kronen Zeitung und ORF – wer weiß, wo es täglich langgeht

Manche Phänomene sind, so intensiv man seine Ganglien auch strapaziert, rational nicht erklärbar. Warum ist Gras grün? Warum wachsen beim Krokodil die Zähne ständig nach und beim Menschen nicht? Warum lesen täglich fast drei der circa acht Millionen Österreicher die *Kronen Zeitung*?

Das Boulevardmedium macht Meinung. Ungeniert. Seit 1959, als Hans Dichand die *Krone* kaufte und seine Feder gegen den Holzhammer tauschte, mit dem er im Hintergrund agiert, um vordergründig regieren zu können. Er bombardiert die Leserschaft mit einfacher Sprache, ohne Raffinesse, Wortwitz oder Tiefgründigkeit. Nein, der passt mir nicht, und meine Österreicher werden lesen, dass der mir nicht passt! Und dann mögen sie ihn auch nicht mehr, und das Land ist gerettet! Seit Jahrzehnten funktioniert dieses Kinderspiel des mächtigen Herausgebers, der unter dem Pseudonym Cato und angeblich auch als verdeckter Leserbriefschreiber selbst in die Tasten haut. Er startet Kampagnen wie etwa gegen den Bau des Kraftwerkes Hainburg oder das tschechische Kernkraftwerk Temelin, und er macht sich für Volksbegehren stark. Ja, die Viecherl sind süß, die muss man schützen! Die EU ist dem greisen Mann, der am 29. Jänner 2009 seinen 88. Geburtstag feierte, ein Dorn im Auge, und er verschont keinen, der sich für die europäische Idee starkmacht.

Obwohl die deklarierte Blattlinie »Die Vielfalt der Meinungen ihres Herausgebers und der Redakteure« lautet, gibt es keine Vielfalt. Dichands Journalisten sind auf Linie, wie sich am Beispiel der ehemaligen Außenministerin Ursula Plassnik gezeigt hat. Sämtliche Kolumnisten, von Wolf Martin über Michael Jeannee bis zur Zeichentrickfigur Herr Strudl, verpassten der bereits zurückgetretenen ÖVP-Politikerin im November 2008 einen Denkzettel. An einem Tag! Dazu passend vielleicht diese Aussage des *Krone*-Außenpolitikers Kurt Seinitz, veröffentlicht im *Standard* am 24. Oktober 2002: »Wir sehen unsere Rolle auch darin, Politiker, die sehr leicht auf den Wolken dahinschweben und den Boden zur Realität verlieren – das ist eine Gefahr, die alle Politiker betrifft –, wieder auf den Boden der Realität zurückzuholen. Das machen wir mit unseren Kommentaren und gelegentlich müssen wir einen scharfen Ordnungsruf erteilen, wie in der Sonntagszeitung mit den doppelt/dreifachen Auslandsreisen und dem Gerangel um die besten Auslandstermine zwischen Bundespräsident, Bundeskanzler und Außenministerin. Der Titel ist kurz und bündig: ›Klestil, Schüssel, Ferrero: So blamieren sie uns im Ausland‹. Weil im Ausland lacht man bereits darüber. Ja, weil mich der Klestil gefragt hat, ob das eine Richtungsänderung ist der Zeitung, dass er jetzt befürchten muss, dass er auf die Dauer durch den Kakao gezogen wird. Und ich hab' ihm gesagt, das ist ein Ordnungsruf. Also wenn sich der Tatbestand zum Positiven ändert, wird alles wieder normal.«

Nur zur Erinnerung: Fast drei der circa acht Millionen Österreicher …

Der SPÖ-Mann Werner Faymann hat die *Krone*-Maschinerie durchschaut, er biederte sich bei Dichand an und schrieb einen EU-kritischen Leserbrief an das Volk. Onkel Hans war happy, fortan jagte eine Faymann-Lobhudelei die nächste, »endlich ein sympathischer Politiker«, unschlagbar bleibt die Geschichte mit dem Titel »Sogar die Tiere würden Faymann wählen«. Sie dürften's tatsächlich getan haben, Faymann ist seit Ende 2008 Bundeskanzler von Dichands Gnaden. Fairerweise ist festzuhalten, dass der Zeitungs-Zar keiner Parteilinie folgt, sondern seinem Bauchgefühl. In den 1980er-Jahren hat ihm ein gewisser Jörg Haider imponiert, der frech die Missstände im Land anprangerte. Ergo prangerte Dichand fleißig mit.

Nachdem die Mordserie der Lainzer Krankenschwestern bekannt geworden war, rissen sich die österreichischen Zeitungen um Exklusiv-Storys. Die *Krone* hatte am 23. April 1989 eine: Über dem Bild der Hauptangeklagten Waltraud Wagner stand die Schlagzeile »Das Schweinchen, das alles macht« – Dichands Pech war allerdings, dass Wagner der angesprochenen Geheimprostituierten nur ähnlich sah und nie als »geile Trude« in einem Animierlokal gearbeitet hatte. Die *Krone* musste eine Gegendarstellung bringen. Cato hat das im Gegensatz zur Konkurrenz nicht sehr gefallen, er notierte: »Jetzt, da sich unsere Lokalreporter, den anderen meist ein gutes Stück voraus, einmal – trotz intensiver Recherchen – geirrt haben, kommen die Neider und Hasser erneut wie Ratten aus dreckigen Hinterhöfen hervor. Mit ihren vom Aas ihrer Gesinnung vergifteten Zähnen versuchen sie uns anzufallen.« Verständlich, dass sich Dichand regelmäßig vor dem Presserat zu verantworten hatte – dieses »Anti-*Krone*-Syndikat« wurde mittlerweile aber aufgelöst …

Neben der *Kronen Zeitung* ist der Österreichische Rundfunk der größte Meinungsbildner in Österreich. Der ORF ist eine

Stiftung öffentlichen Rechts und produziert drei Fernsehprogramme sowie drei bundesweite und neun regionale Radioprogramme. Begünstigter der Stiftung ist die Allgemeinheit. Finanziert wird der Staatsfunk zu rund 37 Prozent aus Werbung, um die 55 Prozent der Einnahmen kommen von den Rundfunkgebühren, die selbst dann zu bezahlen sind, wenn man ausschließlich deutsche Privatsender schaut. Es reicht, ein funktionierendes Gerät in der Wohnung stehen zu haben. Eigentlich seltsam, oder? Seit 1. August 1955, als der ORF die erste Sendung ausstrahlte, ist er Spielball der hohen Politik, weil die jeweils regierende Partei versucht, die Berichterstattung zu manipulieren. Die ORF-Journalisten warnten mehrmals, dass die Unabhängigkeit des Senders in Gefahr sei, sie erwähnten »Druckausübung, versuchte Einschüchterung und Beeinflussung« sowie zahlreiche Interventionen seitens der Regierungsparteien. Hervorzuheben ist in diesem Zusammenhang der Mut des *Zeit im Bild*-Nachrichtensprechers Armin Wolf, der am 17. Mai 2006 bei der Verleihung des Robert-Hochner-Preises, der ihm zugesprochen worden war, der damaligen ÖVP-BZÖ-Regierung und der ORF-Führung coram publico »fast hemmungslose politische Einflussnahme auf die Programmgestaltung« vorwarf. Der ORF berichtete über die Preisverleihung, erwähnte Wolfs Kritik aber nicht.

Im Jahr 2008 schrieb der ORF ein Minus von etwa 100 Millionen Euro: Die Quoten brechen ein, damit sinken die Werbeerlöse. 2007 waren es noch 300 Werbemillionen gewesen, ein Jahr später 269, für 2009 sind 253 Millionen budgetiert. Generaldirektor Alexander Wrabetz gab die Devise aus: sparen, sparen, sparen. Durch Personalabbau, Pensionierungen und Kündigungen sollen 700 Jobs gestrichen und 300 Mitarbeiter in Tochterunternehmen ausgelagert werden.

Aber wer weiß, vielleicht ruft ja Hans Dichand zu einer Spen-
denaktion auf. Wenn jeder *Krone*-Leser 33,33 Euro überweist,
dürfen die braven österreichischen Mitbürger ihre Arbeitsplätze
behalten. Und schwuppdiwupp, der ORF ist saniert. Als Danke-
schön bekommt jeder Spender ein Gratis-Abo und ein Abendessen mit Werner Faymann.

43 Córdoba – der sinnloseste Sieg für das fußballerische Nationalgefühl

Bei der Fußball-Weltmeisterschaft 1978 in Argentinien musste
Deutschland, der regierende Champion, gegen die bereits aus-
geschiedenen Österreicher gewinnen, um die theoretische
Chance auf das Endspiel zu wahren. Ein hoher Sieg sollte her,
am besten mit fünf, sechs Toren Unterschied. Daran hatte im
Vorfeld keiner im schwarz-rot-goldenen Lager gezweifelt. Den
Österreichern wiederum war die Partie nach dem 1:5 gegen die
Niederlande und dem 0:1 gegen Italien im Grunde wurscht, es
galt lediglich, nicht das Gesicht zu verlieren, späte Revanche für
das semifinale 1:6 bei der WM 1954 zu nehmen und den großen
Bruder erstmals seit 47 Jahren wieder zu schlagen. Österreich
hatte damals eine fantastische Mannschaft. Herausragend die
gestalterische Kraft Herbert »Schneckerl« Prohaska, der später
mit AS Roma Meister werden sollte; und Johann »Hansi-Burli«
Krankl, der den FC Barcelona im Jahr nach der WM zum Euro-
papokal der Pokalsieger schoss.
    Wir schreiben den 21. Juni 1978 und ein Kapitel österreichi-

scher Sportgeschichte. Rummenigge trifft in der 19. Minute wie erwartet zum 1:0, doch der deutsche Plan, ein »Bummerl« nach dem anderen zu schießen, geht nicht auf. Im Gegenteil. Vogts trifft nach der Pause ins falsche Tor zum 1:1; Krankl versenkt einen Volley ins Kreuzeck, Hölzenbein gleicht aus. Als bereits alles mit einer brüderlichen Punkteteilung rechnet, wird eine Nation mit einem ORF-Radioreporter narrisch – lassen wir Edi Finger hochleben und im O-Ton selbst schildern, wie er diese magische 88. Minute in Córdoba erlebt hat:

»Und jetzt kann Sara sich noch einen aussichtslos scheinenden Ball einholen, Pass nach links herüber, es gibt Beifall für ihn, da kommt Krankl, vorbei diesmal an seinem Bewacher, ist im Strafraum – Schuss … Tooor, Tooor, Tooor, Tooor, Tooor, Tooor! I wer' narrisch! Krankl schießt ein – 3:2 für Österreich! Meine Damen und Herren, wir fallen uns um den Hals – der Kollege Rippel, der Diplom-Ingenieur Posch, wir busseln uns ab. 3:2 für Österreich durch ein großartiges Tor unseres Krankl. Er hat olles überspielt, meine Damen und Herren. Und warten S' noch a bisserl, warten S' no a bisserl – dann können wir uns vielleicht ein Vierterl genehmigen. Also das, das musst miterlebt haben. Jetz bin i aufg'standen, alle Südamerikaner mit ihren Toros. I glaub jetzt hammas g'schlagn! Angriff aber der Deutschen, aufpassen, wieder Kopfabwehr. Das Leder kommt hinüber nach links zu Pezzey – Pezzey, aber Burschen jetzt follt's net um hinten, bleibt's aufrecht stehn. Noch zwei Minuten, das Leder wieder bei Österreich, noch woll'n ma nichts verschreien. Jetzt kommt die Flanke in unsern Strafraum und da Kreuz hot scho wieder abgewehrt! Die Deutschen ham alles nach vorn beordert. Eine Möglichkeit der Deutschen! Und!? Daneeeeben! Also der Abraaaamczik – obbusseln möchte' i den Abramczik dafür. Jetzt hat er uns g'hooolfn. Allein vor dem Tor stehend.

Der braaave Abramczik hot daneben g'schossn. Der Orme wird si' ärgern. Noch 30 Sekunden. 3 : 2 für Österreich. Nach 47 Jahren, meine Damen und Herren, liegt eine österreichische National-mannschaft, aber wos für ane, eine Weltklassemannschaft, die da heute spielt, gegen die Bundesrepublik mit 3 : 2 in Führung. Und jetzt trau i mi scho gar net mehr hinschauen. Aussig'schossen ins Out. Schiedsrichter Klein aus Israel, ein ganz hervorragen-der Schiedsrichter, er hat es nicht leicht heut g'habt, aber hat bis jetzt klass gepfiffen. 45. Minute, noch einmal Deutschland am Ball, und Prohaska haut den Ball ins Out. Und jetzt ist auuus! Ende! Schluss! Vorbei! Aus! Deutschland geschlagen, meine Damen und Herren, nach 47 Jahren kann Österreich zum ersten Mal wieder Deutschland besiegen!«

Freilich wusste Edi Finger nicht, was er mit dieser Radio-reportage angerichtet hatte. Zum einen fürchtete er, der über-schwängliche Enthusiasmus habe ihn den Job gekostet – Ende der 70-er war ausschließlich seriöses Kommentieren angesagt. Doch im Gegenteil: Finger wurde noch zu Lebzeiten zur Legen-de. Zum anderen, weil er diesem 3:2 eine Wichtigkeit ange-deihen ließ, die ihm ob der Bedeutungslosigkeit gar nicht zu-stand. Doch das Volk lag sich in der Heimat in den Armen, der endlich bewältigte Minderwertigkeitskomplex wurde kollektiv im Land zu Grabe getragen, wildfremde Menschen sangen in al-ler Vertrautheit die Fußball-Hymne: »So ein Taaaag, so wun-derschööön wie heute, so ein Taaaag, den wird's nie wieder geb'n.« Als die Spieler in Schwechat landeten, wurde ihnen auf dem Flughafen ein großer Bahnhof bereitet. Die Helden begrif-fen das nicht, schließlich hatten sie ihr Ziel, zumindest das Spiel um Platz drei zu erreichen, klar verfehlt. Aber was soll's, bei der folgenden WM kam es zu einer sportlichen Versöhnung, die un-sportlicher nicht hätte sein können.

Österreich war nach zwei gewonnenen Vorrunden-Partien bereits Fixaufsteiger. Und die Algerier, die Deutschland geschlagen hatten, hatten ihre letzte Partie bereits am Vortag gegen Chile gewonnen. Die zur Untätigkeit gezwungenen Nordafrikaner mussten also auf der Tribüne mitansehen, wie Hrubesch in der 11. Minute das einzige Tor schoss, das Deutschland ebenfalls zum Aufstieg reichte. Die restlichen 79 Minuten wurde der Ball seelenruhig hin- und hergeschoben, es gab kaum Zweikämpfe oder Torchancen. Der ARD-Kommentator stellte ab einem gewissen Zeitpunkt die Kommunikation ein, der ORF-Reporter forderte die Zuschauer sogar zum Abschalten der Fernsehgeräte auf. Im Stadion fuchtelten die wutentbrannten Algerier mit Geldscheinen. Doch die »Schande von Gijon« hatte auch ihr Gutes: Seit der nachfolgenden Europameisterschaft 1984 werden die letzten Gruppenspiele zeitgleich ausgetragen.

In Österreich wurde nie groß thematisiert, dass man die Deutschen in Gijon auch nach Hause schicken und somit einen sinnvolleren Triumph als vier Jahre zuvor hätte feiern können. Man zog es vor, die Córdoba-Männer weiter als Heiligtümer zu behandeln. Die meisten wurden Trainer, Hickersberger (1990) und Prohaska (1998) schafften mit dem Team WM-Teilnahmen; Krankl lamentierte stets auf der Bank, dass er keinen Krankl in der Mannschaft habe; einer wurde Alkoholiker, ein anderer Trafikant, viele sind Zeitungskolumnisten, die überall ihren Senf dazugeben. Und der schmeckt penetrant nach Nostalgie. Im Vorfeld der EURO 2008 in der Schweiz und Österreich, dreißig Jahre nach Córdoba, wurden die Helden wieder einmal vor jeden nur vorstellbaren Vorhang geholt. Ein letztes Mal? Viele haben's versprochen. Zumindest, bis sich der Weg der beiden Mannschaften wieder kreuzen wird. Oder bis zum 40-Jahr-Jubiläum. Deutschland gewann in Wien übrigens im letzten Gruppenspiel durch einen Ballack-Freistoß 1:0 und erreichte in weiterer Folge das Finale, Österreich schied in der Vorrunde aus. Dass Deutschland allerdings gewinnen musste, das will heute keiner mehr wissen. Was in den Köpfen blieb, ist die Frage, ob denn so die Dankbarkeit für Gijon aussehe. Aber andererseits: Danke, Herr Ballack! Denn woraus sollten die Österreicher sonst Motivation für eine Revanche schöpfen, in ein paar Jahrhunderten, wenn sie wieder bei einem Großereignis mitspielen dürfen?

44 Wie uns das Ausland einen Minderwertigkeitskomplex einreden will

In einem Interview mit der Tageszeitung *Der Standard* antwortete *Weltwoche*-Chefredakteur Roger Köppel auf die Frage »Die Schweizer machen sich gerne über die Österreicher lustig. Wie lautet ihr bester Österreicher-Witz?«: »Ich habe keinen. Das ist sehr traurig, dass wir nicht einmal mehr dieses Klischee erfüllen. Die Österreicher sind uns mittlerweile so egal, dass wir uns nicht einmal mehr über sie lustig machen. Man kann das auch als zivilisatorischen Fortschritt der Schweizer sehen.« Köppel bekennt allerdings, dass die Schweizer von den Österreichern schon auch noch was lernen könnten, nämlich: »Die Ironie, den Humor, den Schmäh, auch die elegante Nonchalance. Bei den Schweizern schlägt immer diese protestantische Freudlosigkeit durch, auch eine gewisse Unerbittlichkeit. Da wäre sicher diese Grundlässigkeit wünschenswert, wie sie die katholischen Österreicher pflegen. Die brauchen sich weniger darum scheren, dass ihnen heute auf den Kopf fällt, was sie gestern gesagt haben. Die Katholiken können dank der Beichte wohl generell etwas flexibler mit der Realität umgehen. Die Schweizer tun sich damit bedeutend schwerer.«

Das Schlimmste, das einem in Österreich widerfahren kann, ist das »Nicht-einmal-ignoriert-Werden«. Wie tief sind wir gesunken, dass man in der Schweiz nicht einmal mehr Witze über uns macht? Ein Glück, dass es die Deutschen gibt, denn die halten uns wenigstens noch für verspottenswürdig. Okay, wir leben in einem kleinen Land, haben nur ein paar Millionen Einwohner, zählen wirtschaftlich gesehen nicht zu den Granden in Europa. Aber muss man uns deshalb kleiner machen, als wir ohnehin schon sind? Gibt man zum Beispiel bei der Internet-Suchmaschine www.google.at den Begriff »Österreicher-Witze« ein, landet man beachtliche 785 000 Treffer. Lasset uns bei www.spitzenwitz.de beginnen, was so erzählt wird über uns:

Kommen zwei Österreicher von einer Alm herunter,
stehen vor einem Kuhfladen. Steckt der einen seinen Finger
rein und schleckt ihn ab: »Wie gut, dass wir da nicht
reingestiegen sind.«

Nachrichten: »Über dem städtischen Friedhof in Wien
ist heute Morgen ein Hubschrauber abgestürzt. Bis jetzt
wurden schon 2000 Leichen geborgen.«

Wie wurde Österreich erschaffen? –
Der liebe Gott saß auf der Zugspitze und schnitzte die
Menschen. Alles, was ihm nicht gefiel, warf er nach hinten
über die Schulter!

Was ist die größte Orgel der Welt? –
Österreich! Acht Millionen Pfeifen.

Warum werden in Österreich keine AIDS-Plakate mehr
aufgehängt? – Bei der letzten Wahl haben 74 Prozent AIDS
gewählt!

Was machen die Österreicher, wenn sie nach dem Auto-
waschen einen Eimer heißes Wasser übrig haben? –
Einfrieren! Heißes Wasser kann man immer brauchen!

Unter www.lachmeister.de kommen wir auch nicht besser weg:
Wo ist die Grenze zwischen Genie und Wahnsinn? –
Irgendwo bei Kufstein …

Wieso bohren die Österreicher Löcher in ihre Särge? –
Damit die Würmer zum Kotzen wieder rauskommen können …

Wie nennt man einen intelligenten Menschen in Österreich? –
Tourist …

Was sucht ein einarmiger Österreicher in London? –
Einen Second-Hand-Shop.

Was ist der Unterschied zwischen »gratis« und »vergebens«? –
In den meisten Ländern gehen die Kinder gratis zur Schule.
In Österreich gehen sie vergebens.

Gestern kam ein österreichischer Terrorist auf einem Postamt
ums Leben: Er wollte eine Briefbombe faxen!

Eine Österreicherin geht zum Arzt. Er untersucht die Frau
und sagt: »Ich muss Ihnen leider mitteilen, dass Sie an
Alzheimer erkrankt sind!« Darauf die Frau: »Wunderbar,
da lerne ich jeden Tag neue Leute kennen!«

Und unter www.witze-kiste.de noch weniger:
Weißt Du, wie man 'nem Österreicher das Leben rettet? –
Nein! – Gott sei Dank!

Wieso gibt es in Bayern keine Arbeitslosen mehr?
Sie arbeiten jetzt alle als Manager in Österreich!

Geht ein Österreicher auf dem Gehweg lang und sieht
in zehn Meter Entfernung eine Bananenschale liegen.
Was denkt er? – Oh verdammt, jetzt fliege ich schon wieder
auf die Schnauze!

Warum stellt ein Österreicher eine leere Weinflasche in
den Kühlschrank? – Vielleicht kommt jemand auf Besuch,
der nichts trinkt!

Der Österreicher ist im Witz immer bloß der Depp vom Dienst,
er ist die Blondine Europas. Andere Nationen fallen durch Lang-
samkeit, Geiz, übertriebene Genauigkeit, fehlenden Mut oder be-
scheidene Kochkünste auf, der Österreicher ist einfach nur doof.
Bemerkenswert auch der fehlende Witz-Patriotismus: Während
die Deutschen ihr Spaßpotenzial in launige Sketche investieren,
in denen der kluge Deutsche den trögen Holländer und den
tumben Ösi übers Ohr haut, findet man hierzulande wenig Vergleichbares. Angeblich soll in Österreich folgender Scherz zum
»Witz des Jahres 2008« gewählt worden sein:

*»Was steht mit einem IQ von 10 an der österreichisch-
bayrischen Grenze? –
Ein Österreicher mit 10 deutschen Schäferhunden.«*

Ist dieser Hang zur Selbstbezichtigung vielleicht auf das Katholische in uns zurückzuführen? Drängt es den Österreicher dennoch, herausragende Pfeifen auszumachen, dann sucht er oft
innerhalb der eigenen Grenzen; wer das Rennen macht, hängt
wohl vom eigenen Standpunkt ab, als Mädchen für alles kann
aber der Burgenländer gelten. Oder, was glauben Sie, wieso die
Burgenländer in der Adventzeit immer beim Fenster ein und
aus gehen? – Weil Weihnachten vor der Tür steht!

45 Wien, Wien, nicht nur du allein – Burgenland

*Mein Heimatvolk, mein Heimatland, mit Österreich
    verbunden!*
Auf Dir ruht Gottes Vaterhand, Du hast sie oft empfunden.
*Du bist gestählt in hartem Streit zu Treue, Fleiß und
    Redlichkeit.*
*Am Bett der Raab, am Heiderand, Du bist mein
    teures Burgenland!*
*Am Bett der Raab, am Heiderand, Du bist mein
    teures Burgenland!*

Rot-Gold flammt Dir das Fahnentuch, Rot-Gold sind
    Deine Farben!
Rot war der heißen Herzen Spruch, die für die Heimat starben!
Gold ist der Zukunft Sonnenlicht, das strahlend auf Dich
    niederbricht!
Stolz trägt das Volk Dein Wappenband: Du bist mein
    teures Burgenland!
Stolz trägt das Volk Dein Wappenband: Du bist mein
    teures Burgenland!

Mein Heimatvolk, mein Heimatland! Mit Öst'reichs
    Länderbunde
hält dich verknüpft das Bruderband schon manche
    gute Stunde!
An Kraft und Treue allen gleich, Du jüngstes Kind von
    Österreich.
Zu Dir steh' ich mit Herz und Hand: Du bleibst mein
    teures Burgenland!
Zu Dir steh' ich mit Herz und Hand: Du bleibst mein
    teures Burgenland!

Landeshymne,
Text: Ernst Görlich, Melodie: Peter Zauner

Abgesehen von den Wienern sind die Burgenländer die sympathischsten Österreicher. Das Burgenland ist der Fläche nach das
drittkleinste, der Bevölkerungszahl nach das kleinste Bundesland. Es grenzt an Niederösterreich, die Steiermark, Ungarn, die
Slowakei und Slowenien. Landeshauptstadt ist Eisenstadt, die
47.-größte Stadt in Österreich. Nach dem Ersten Weltkrieg fand
ein dreijähriges Tauziehen um die Staatszugehörigkeit des Bur-

genlandes statt, Ungarn hatte 1921 das Nachsehen. Das Um und Auf ist der Neusiedler See, der größte See in Österreich, der für seinen Schilfgürtel mit einzigartiger Fauna und Flora sowie seine geringe Tiefe bekannt ist. Der See wird überwiegend durch Niederschläge gespeist und durch Verdunstung entwässert, 1993 wurde er samt Umland zum Nationalpark erklärt, der Park besteht aus dem österreichischen Teil »Neusiedler See-Seewinkel« und dem größeren ungarischen Teil »Fertö-Hanság«. Im Burgenland leben geschätzte 40 000 Burgenland-Kroaten, an die 20 000 Burgenland-Ungarn und zahlreiche Roma und Sinti. Diese Volksgruppen sind als autochthone Sprachgruppen gesetzlich anerkannt, zweisprachige Ortstafeln sind gängig. Das Burgenland ist das ärmste Bundesland in Österreich, Arbeitsplätze sind knapp, sodass viele nach Wien pendeln müssen. Eisenstadt gelangte 1648 unter die Herrschaft des ungarischen Hauses Esterházy; durch rege Bautätigkeit prägte das Fürstengeschlecht das Bild der Stadt nachhaltig. Mit der Bestellung des Komponisten Joseph Haydn zum fürstlichen Hofkapellmeister entwickelte sich in den 1760er-Jahren ein reges Kunst- und Kulturleben. Heute locken die Seefestspiele in Mörbisch, die Opernfestspiele im St. Margarethener Römersteinbruch, die Schlossspiele Kobersdorf sowie die Burgspiele Güssing die Musik- und Theaterfreunde ins Burgenland. Beim Festival in Wiesen werden von Juni bis September Konzerte mit Weltstars in den Musikrichtungen Rock, Reggae, Alternativ und Jazz veranstaltet. Das Gebiet um den Neusiedler See lädt Touristen und Einheimische zu sommerlichen Badefreuden; Wellnessbewusste zieht es in die Thermen Lutzmannsburg, Stegersbach und Bad Tatzmannsdorf. Beliebt ist auch das über 5000 Kilometer lange Radwegnetz. Obwohl das Burgenland flach ist (die höchste Erhebung ist der 884 Meter hohe Geschriebenstein, tiefster Punkt ist der Hedwighof in der Gemeinde Apetlon mit 114 Metern) können Radtouren ganz schön anstrengend sein. Der Wind, das himmlische Kind …

Die Flachland-Indianer werden von den übrigen Österreichern gern belächelt. Bei jenen Witzen, die mit »Treffen einander drei Männer« beginnen, sind immer die Burgenländer, die so lustig sprechen, die Trotteln. In Wahrheit sind sie herzensgut, liebenswert und verfügen über ein gehöriges Maß an Bauernschläue. Ein Reporter der Tageszeitung *Kurier*, der dem Burschen auf diesem Buchcover täuschend ähnlich sieht, durfte im Jahr 2000, als es noch den guten alten Schilling gab, ein illustres Grüppchen fünf Tage lang begleiten und sich ein Bild machen. Machen Sie sich auch eines! Zum besseren Verständnis sind in Klammer einige Erklärungen angeführt.

Tag 1: Immer dann, wenn ein paar Multimillionäre in Ungarn oder Österreich sehr schnell im Kreis fahren wollen, macht die »French Connection« mobil. Die *Mitglieder* haben mit Alesi und Prost nichts am Helm, sie kommen aus dem Burgenland und werden nur deshalb so genannt, weil sie zu ihrer Heimatgemeinde Apetlon »Owelaun« sagen. Heute früh reist eine 15-köpfige Fan-Delegation zum Formel-I-Grand-Prix nach Spielberg. Mit von der Partie sind Manfred, Ernst und Martin, die aufgrund ihrer körperlichen Vorzüge Dudi, Hugo und Maus genannt werden. Alle drei haben einen unmittelbaren Bezug zur Rennfahrerei. Dudi, 40, pilotiert im echten Leben einen Bagger, Hugo, 33, einen Lkw, Maus, 35, hat einen Führerschein und ist Gemeindebediensteter in Owelaun. Seit fünfzehn Jahren macht das Trio die Campingplätze unsicher. Im Gepäck: 300 Dosen Bier, 15 Kilo Brot, 50 Eier, 60 Würstel, 40 Koteletts, 10 Flaschen Schnaps, 30 Doppler Wein. »Mia geb'n durt koa Göd *(Geld)* aus. Koust' eh des Drei-Toges-Ticket schou mehr ois drei Taus'nda«, sagt Maus, der heuer samt Kollegenschaft zum ersten Mal beim Rennen in São Paulo war und sich dort in die Samba-Königin Suheli verschaut hat. »A guata Hos *(ein süßes Mädchen)*.« Das Ticket hat Maus schon weggeschickt, Suheli fliegt im August auf Apetlon. Dann wird der Maus der Maus erzählen, wie er am 13. Juli das Zelt aufgebaut und sich das erste von sehr vielen Belohnungsbieren genehmigt hat.

Tag 2: Ein Teil der burgenländischen Fanschaft ist gestern um 13 Uhr in Spielberg angekommen. »Da Dudi und da Hugo loss'n mi aufbau'n und setz'n si daun auf'd Nocht ins g'mochte Nest *(die Kumpels setzten sich ins gemachte Nest)*«, schimpft Maus, der sein Revier in der Zone »Camping Gelb« mit Pflöcken und rotweißrotem Band markiert, nachdem er das Schild »Camp Apetlon« montiert hat. Maus belohnt sich mit dem ersten Bier. Dass elf Menschen bis Sonntag 300 Dosen Bier und 30 Doppler Wein schlucken werden, ist für Maus normal. »Mia hackl'n *(arbeiten)* des gaunze Joahr, jetz haumma Urlaub und wuin a Gaude *(Spaß)* haum. Außadem foah ma do net mit'n Auto.« Am Abend kommen Dudi und Hugo, der zum ersten Mal seinen 13-jährigen Sohn Markus mitgebracht hat. »Der hot a Muadsfreid *(Mordsfreude)*. Er woa in da Schui *(Schule)* so brav«, sagt Hugo, »und er is no mea Fan ois wia i *(ein größerer Fan als ich)*.« Die Apetloner, die mit Wurz-Leiberln herumgelaufen sind, seit es Wurz gibt, haben für heute einen Plan: Jeder zieht ein Häkkinen-T-Shirt an. »Damit ma uns richti vastengan: Mia san imma no Österreicha. Owa da Wuaz bringt koa Leistung. Der suacht die Föhla *(Fehler)* imma bei aundare. Fia dee Gaasch *(Gage, Gehalt)* muaß er a wos bringan. Da Häkkinen is supa«, sagt Maus, der nur zum Finnen hält, weil er nicht will, dass Schumacher gewinnt. »Es is owa besser, wenn des die Daitschn am Campingplotz erscht Montag erfoahn.« Dann geht er mit Dudi, Hugo und ein paar Deutschen zu einem offenen Standl, trinkt einen Absacker, wie er das nennt, schmiegt sich im Iglu-Zelt an Dudi und träumt vom ersten Bier.

Tag 3: Die Burgenland-Sportbotschafter in Spielberg haben eine kurze Nacht hinter sich. Dudi, Hugo und Maus haben beim Heimgehen bei jedem Standl einen letzten Schnaps getrunken, um 2 Uhr waren sie sehr müde und sind ins Zelt gefallen. Hugo war um sieben Uhr nicht der einzige, der ein Bier zum Frühstück gegessen hat. Von den 300 Dosen sind nicht mehr viele übrig. Heute kommt Nachschub aus der Heimat, Rosi wird die einzige Frau im 11-köpfigen Apetlon-Camp sein. »A Ausnaum *(Ausnahme)*«, sagt Junggeselle Dudi, »wei im Urlaub wuimma unsa Rua hom von die Weiwaleit *(Frauenvolk)*.« Der traurige Maus nickt. Das Flugticket für seine Bekanntschaft vom Grand Prix in São Paulo, das er weggeschickt hat, damit sie auch einmal das Burgenland sieht, ist nicht angekommen. »Sie warat die erschte Brasilianarin in Owelaun. A Thailändarin haumma scho, de hot da Zwerg kauft.« Die drei Holländer von nebenan kommen auf Würstl. »Supaburschn«, sagt Dudi, »wei mit Nochborn kaunnst a Pech a haum.« Maus lacht wieder und erzählt: Beim Ungarn-Grand-Prix 1998 pinkelte ein deutscher Zeltnachbar unseren Burgenländern spätnachts in den Grillkessel. Maus hat's gesehen. Man wollte Rache, aber wie? Dudi, Hugo, Maus & Co. gruben eine Rinne, deren Delta-Mündung das deutsche Zelt war. Dann tranken sie sehr viele Biere und verrichteten glücklich ihr Geschäft. »Mia woarn zu dreißigst. Kaunst da voastölln *(vorstellen)*, wia's g'stunk'n hot«, grinst Hugo und klopft einem Holländer auf die Schulter. Der versteht Gott und die Welt nicht mehr. Und Hugo schon gar nicht.

Tag 4: Die Apetloner Fan-Delegation in Spielberg freut sich schon auf Montag. Nicht, weil das Autorennen und das Biertrinken dann endlich ein Ende haben, sondern weil in der Heimatgemeinde Kirtag ist. »Duat geb' ma uns die Gurk'n *(den Rest)*«, sagt Hugo, den man bereits zu Mittag nicht mehr versteht. »Owa de aundan san no dichta *(noch betrunkener)* ois wia i.« Das Qualifying war wieder einmal ein Erlebnis. »De McLaren haum den schenst'n Sound, de Minardi-Kraxn san net zan auhean«, berichtet Maus, der Ohrenstöpsel ablehnt. »Da Bauch muaß eini- und aussifoahrn. Sunst host koa Feeling.« Dudi ist auf dem Campingplatz geblieben. Das Schwergewicht hat mit Hugo und dessen Sohn Markus ein paar der vierzig mitgebrachten Koteletts gegrillt. »I woa froh, dass i net mit bin. Daunn taunz i im Zöht *(tanze ich im Festzelt)* wieda ois wia da Travolta und geh net hoam *(heim)*.« Weil Küchenkrepp nicht wirklich gut brennt, brauchte Dudi drei Stunden, um das Feuer zu entfachen. Den Frust hat er mit einer halben Flasche Whiskey bekämpft. »Ollewei *(immer)* des Bia – mia graust scho«, sagt er, bevor er mit seiner berüchtigten 89er-Trockenbeerauslese zu den Hannoveranern ins Nebenzelt geht. »De Trouttln haum glaubt, des kau ma sauf'n ois wia an Spritza. Und daunn woan's fett *(sehr betrunken)* ois wia de Haubitz'n.« Der Regen und der daraus resultierende knöcheltiefe Gatsch machen unseren Apetlonern nichts aus. »Des g'spia *(spüren)* ma goa neamma«, sagt Maus, der nicht mehr traurig ist. Seine eingeladene Brasilianerin hat das Flugticket bekommen, sie kommt in drei Wochen. »Daunn nemmas zan Ungarn-Grand-Prix mit. Des wird ihra sicha taug'n *(gefallen)*.«

Tag 5: Dudi, Hugo, Maus und der Rest der elfköpfigen Kumpanie schliefen sich in Spielberg den Restalkohol aus den burgenländischen Luxuskörpern, brachen ihre Zelte ab, packten den Bus und düsten Montagmittag nach Apetlon. Am Abend hatte der Seewinkel seine großen Fan-Söhne wieder. Und Maus durfte endlich so richtig duschen. »In vier Tog kummt scho a Dreck zaumm.« Die letzten Highlights: Hugo, der pro Tag 40 Bier getrunken hat und »togsüber nia schlof'n geht«, schlief sich Samstagnachmittag seinen 20. Vollrausch in 4 Tagen aus und musste aufs Klo. Er ging mit einem Schlapfen an einem und einem Turnschuh am anderen Fuß zum Bauern, schnallte sein Bauchtascherl ab und ließ es im WC liegen. Anderntags kam er drauf, das Tascherl war noch da, 4000 Schilling waren weg. Damit ist Hugo der Einzige, der statt 10 000 Schilling 14 000 ausgegeben hat. »Hauptsoch des Ticket woa no drin.« Dudi, der pro Tag eine Flasche Whiskey getrunken hat und »den Alkohol üwahaupt net g'spiat«, verspürte ausgerechnet Sonntagfrüh Seitenstechen. Er blieb im Zelt. »I bin kraunk. Owa die Auto hob i eh scho hundatmoi gseh'n.« Maus und Hugo versteckten zwei Flaschen Wein auf dem Rücksitz eines Gendarmerie-Autos. »Geb'm kemmas eana net. Owa a bissl a Bestechung kau nia schod'n vorm hamfoahr'n«, sagt Hugo. Das Resümee: »Waumma oabeit'n, daun oabeit ma. Und waumma sauf'n, daunn sauf ma«, sagt Maus, der morgen hinter seinem Schreibtisch sitzen und sich auf den viertägigen Dauerrausch im nächsten Jahr freuen wird.

Das Resümee noch einmal zum Auswendiglernen: »Wenn wir arbeiten, dann arbeiten wir. Und wenn wir saufen, dann saufen wir.« Dazwischen befindliche Grauzonen sind dem Burgenländer fremd.

46 Markus Rogan und Hermann Maier – eine gelbe Kopfbedeckung wird weltberühmt

Und über Nacht wurde das Land der Beckenrandschwimmer zur Rücken-Nation. Der Wiener Markus Antonius Rogan, der als 14-Jähriger in die USA ausgewandert war, um in Stanford zu studieren, holte bei der WM 2001 in Fukuoka die Silbermedaille über 200 Meter. Vergleichbares hatte es noch nie gegeben. Warum schwimmen Deutsche eigentlich traditionell besser als Österreicher? Liegt es vielleicht daran, dass Österreich ein Binnenland ist? Andererseits: Swimming-Pools gibt es da wie dort … Rogan avancierte jedenfalls zum Liebling, zum Schwiegersohn, den man gern gegen den eintauschen möchte, den die Tochter daheim sitzen hat. Der blitzgescheite Bursche, ein waschechter Österreicher, der mit dem Thema Einbürgerung nichts auf der gelben Raiffeisen-Badehaube hatte, drückte sich gewählt aus, hob sich wohltuend vom monotonen Singsang einiger Fußballer ab. Den endgültigen Sprung in die Herzen schaffte Rogan bei den Olympischen Spielen 2004 in Athen, als er über 100 und 200 Meter Rücken wieder Silber und damit das erste Olympia-Edelmetall für Österreich seit 1912 eroberte.

Für zwanzig Minuten war er sogar Olympiasieger gewesen. Unmittelbar nach dem 200-er wurde Sieger Aaron Peirsol wegen eines falschen Unterwasser-Zuges disqualifiziert. »1. ROGAN« blinkte auf der Anzeigetafel im Stadion, Fassungslosigkeit im Lager der Amerikaner, verunsichertes Schulterzucken bei Rogan, der den Titel nicht auf derart billige Weise geschenkt haben wollte. Nachdem die USA Protest eingelegt hatten, machte der Österreicher dem seltsamen Treiben von sich aus ein Ende. Er tat kund, dass Peirsol sein Freund und außerdem der bessere Schwimmer sei, dem Gold mehr gebühre. Die Entscheidung wurde revidiert. Nach den Spielen bekam Markus Antonius für diese Geste den »Special Fair Play Award« ausgehändigt, ebenfalls 2004 kürten ihn die Journalisten zum »Sportler des Jahres«. Doch die Stimmung sollte kippen.

Rogan verlegte sich nämlich darauf, als Schnittlauch auf jeder Suppe zu schwimmen. Kaum ein Society-Event, bei dem er nicht zugegen gewesen wäre. Eine halblustige Wortspende hier, eine hochgeistige Expertise dort – ja, er wurde zum Franz Beckenbauer der Alpenrepublik. Der wird auch gern zu jedem Thema befragt, redet viel und sagt dabei wenig bis nichts. Diverse Schönheiten sonnten sich im Schatten des Athleten mit der intellektuellen Brille, der nicht müde wurde zu wiederholen, dass er bei den Spielen in Peking 2008 die Goldmedaille holen werde. Und nicht: Ich will versuchen, die Goldmedaille zu holen. Das kam nicht gut an in seinem Land, in dem Tiefstapeln fast wichtiger ist als der Bundespräsident. Also lehnen wir uns gemütlich zurück und schauen dem Abgehobenen beim Scheitern zu, recht geschieht ihm, der Größenwahn ist nämlich ein Hund! Über 100 Meter Rücken verpasste er den Einzug ins Finale. Über 200 Meter wurde er Vierter. Dass er 27 Medaillen bei Großveranstaltungen geholt und einen Weltrekord aufgestellt hatte, wird seither oft vergessen. Nicht aber vom Konzern Raiffeisen, dem getreuen Sponsor, der Rogan zum Investment-Banker ausbilden wird.

Der zweite Gigant, der das schwarze Giebelkreuz auf der gelben Kopfbedeckung tragen darf, ist Hermann Maier, der Skifahrer, der Gigant, das Stehaufmännchen. Um ein Haar hätte ihm im August 2001 nach einem Motorradunfall das rechte Bein amputiert werden müssen. Die Spezialisten im Unfallkrankenhaus Salzburg operierten sieben Stunden. Plötzlich zeigte der Ehrgeizling Gefühle, als er im Spitalsbett lag und mit tränenerstickter Stimme um seine Zukunft bangte. Bis zu diesem Zeitpunkt hatte Maier polarisiert wie kein Zweiter. Der gelernte Maurer war 1996 aus dem Nichts aufgetaucht, durfte beim Weltcup-Rennen in seiner Heimatgemeinde Flachau gnädigerweise als Vorläufer starten und erreichte die zwölfte Zeit. Aber Hoppala, haben wir da vielleicht gar ein Talent übersehen? Maier schnupperte ein paar Wochen im Europacup, am 23. Februar 1997 feierte er in Garmisch-Partenkirchen den ersten Weltcup-Sieg im Super-G, 1997/98 holte er den Gesamtweltcup, drei weitere folgten. Zum Superstar wurde Maier bei den Olympischen Spielen in Nagano. Bei der Abfahrt tauchte er ein bisserl zu forsch an, ein Schlag, und er hob ab. Sekundenlang segelte er in Querlage meterhoch durch die Luft, überschlug sich mehrmals, detonierte im Sicherheitsnetz und wurde über die Absperrung katapultiert. ORF-Kommentator Robert Seeger überschlug sich verbal gleich mit, »hoffentlich ist dem Hermann nichts passiert«. Mühselig richtete er sich im Tiefschnee auf und winkte in die Kamera. Was er während des Abfluges wohl gedacht hat? »Wenn ich das überlebe, bin ich unsterblich.« Er überlebte, noch dazu unverletzt, bekam in den USA in Anlehnung an Arnold Schwarzenegger die Berufsbezeichnung »Herminator« verpasst und wurde nur ein paar Tage später Olympionike im Super-G und Riesentorlauf.

Dann wurden Skirennen irgendwie fad – bis zum Unfall. Maier gewann Rennen um Rennen, kehrte dabei aber zu sehr den Egoisten heraus, vor allem seine Rivalität mit Stephan Eberharter wurde legendär. Aber, so sagte er einmal in Val d'Isere:

»Skifahren ist kein Teamsport. Wer neben mir auf dem Podest steht, ob Österreicher oder Amerikaner, ist irrelevant. Hauptsache, ich stehe in der Mitte.« Das Volk teilte sich in Pro-Maier und Pro-Eberharter. Der Steff, der arme Teufel, der immer nur Zweiter werden durfte, riss die Bäume erst aus, als Maier daniederlag. Und von allen bemitleidet wurde, ganz ehrlich! Als er im Jänner 2003 in Kitzbühel gleich das zweite Rennen nach der Pause gewann und bei der WM in St. Moritz Silber im Super-G holte, kehrte das Leuchten zurück in seine Augen. Hermann Maier war geläutert, er begann sogar langsam, den Konkurrenten Anerkennung zu zollen und die berühmten fadenscheinigen Ausreden zu vermeiden. Vergessen auch, dass er Eberharter 2001 bei der WM in St. Anton die Zunge zeigte, weil auch der das Rennen nicht gewonnen hatte.

2003/04 sicherte sich Maier bereits wieder den Gesamtweltcup, 2004 bekam er den »Laureus World Sports Award« für das Comeback des Jahres. Zum Drüberstreuen nahm er 2005 den WM-Titel im Riesentorlauf aus Bormio mit nach Hause. Insgesamt hatte Hermann Maier, der dreifache Weltmeister, bei über fünfzig Rennen die Nase vorn, stand fast hundertmal auf dem Podium, ist vierfacher österreichischer »Sportler des Jahres«, belegte 1998 hinter dem Fußballweltmeister Zinedine Zidane bei der Wahl zum »Weltsportler« Platz zwei.

Rogan und Maier, beide auf ihre Art einzigartig, stehen sinnbildlich für die Aufopferungsbereitschaft, die Individualisten in Österreich zu leisten imstande sind. Wie stumpfsinnig muss es sein, täglich ab sieben Uhr früh kilometerlang das chlorhaltige Wasser eines Schwimmbades zu durchpflügen? Oder in der Finsternis auf einem Sessellift zu sitzen, damit man bei Tagesanbruch der Erste auf der Piste ist und so oft wie nur möglich auf und ab rasen kann? Sommer für Winter, tagein, tagaus. Beide

Sportler sind aus jenem Holz, aus dem Ausnahmeerscheinungen geschnitzt sind. Nein, anders: Sie haben sich selbst geschnitzt. Freuen wir uns doch mit unseren großen Söhnen, während wir vor dem Fernseher sitzen, Chips in uns hineinstopfen und unserer Bedeutungslosigkeit frönen!

47 Die Obrigkeitshörigkeit und die gelebte »Gutmütigkeit« daheim

Wie wir bereits gelernt haben, ist der Österreicher per se ein liebenswerter Mensch. So richtig zum Knuddeln und Gernhaben. Apropos: »Hab mich doch gern!« kann auch »Verzieh dich!« bedeuten, womit wir wieder einmal einen Kurz-Abstecher ins Reich der rot-weiß-roten Schizophrenie hinter uns gebracht hätten. Es gibt aber nicht nur Nette in diesem Land, solche Länder gibt es generell nicht, wir beherbergen auch ein paar ziemlich durchtriebene, gemeine Charaktere, die nach oben buckeln und nach unten treten. Dazu folgende Geschichte:

Nennen wir ihn Franz Gruber, weil statistisch gesehen die meisten Männer in Österreich Franz Gruber heißen. Franz ist 43 Jahre alt, seit 16 Jahren mit Renate verheiratet, Franz hat eine Geliebte, 23, von der Renate natürlich nichts weiß. Franz ist Beamter in einem Ministerium, seine Hobbys sind, wie er offiziell angibt, Lesen, Sport und Zeit mit der Familie verbringen. Tatsächlich liegt er daheim immer vor dem Fernseher, und wenn er nicht daheim vor dem Fernseher liegt, onaniert er auf dem Klo. Franz und Renate wohnen in Wien, die Geliebte ebenfalls. Renate ist Volksschullehrerin.

So sieht Franzens ganz normaler Morgen aus: Er steht um 6.30 Uhr auf. Während ihm Renate das Frühstück zubereitet, onaniert er auf dem Klo. Er sagt: »Der Kaffee schmeckt wieder richtig scheiße. Und wie oft hab ich dir schon gesagt, ich will drei Blätter Schinken in der Semmel. Drei! Du bist sogar zu blöd zum Zählen!« Er schmeißt ihr die angebissene Semmel vor die Füße, geht ins Bad, sperrt ab und putzt sich die Zähne. Renate klopft, es pressiert, weil sie das Haus früher verlassen muss. Er sagt: »Schleich dich!« und betrachtet sein Konterfei im Spiegel. Wie jugendlich er doch noch aussieht für sein Alter! Am liebsten ginge er bei diesem Anblick aufs Klo und … Renate klopft erneut, seine Illusion zerplatzt wie eine Seifenblase. »Ich habe gesagt, du sollst dich schleichen!« Unwirsch verlässt er das Bad und will sich anziehen. Renate hat ihm, wie immer, bereits am Vorabend das Gewand bereitgelegt. »Du!«, schreit er aus dem Schlafzimmer, »du richtest mich ja her wie einen Kasperl! Das passt ja alles überhaupt nicht zusammen! Einen Geschmack hast du, unfassbar!« Er wirft Sakko und Krawatte ins Eck. »Wo sind denn die Krawatten …?« Renate ist bereits weg. Franz schickt seiner Geliebten via Handy eine Nachricht: »wusm« – steht für »Will unanständige Sachen machen«. Diese Codes sind beiden geläufig. Beruhigt geht er zur U-Bahn, als die Antwort »ia« (ich auch) eingetroffen ist.

So sieht Franzens ganz normaler Arbeitstag aus: Er betritt um Punkt 8.29 Uhr das Ministerium. Er ist noch nie zu spät gekommen. Der Portier sagt: »Guten Morgen, Herr Gruber«, Franz geht einfach weiter und ruft den Lift. »Ah, der Herr Magister, wie geht's, wie steht's?«, fragt Franz seinen Kollegen, der, wie es aussieht, bald sein Vorgesetzter werden könnte. »Darf ich Ihnen dann ein Kaffeetscherl bringen, mit Milch und Zucker vielleicht? Aber selbstverständlich doch, wird erledigt, Herr Magister.« Im Büro angekommen, sagt Franz zur Sekretärin: »Mach einen Kaffee für den Herrn Oberg'scheit, mit Milch und Zucker, weißt eh, aber hurtig! Und mir kannst auch gleich einen bringen.« Dann dreht er seinen Computer auf und schaut, was sich am Ebay-Sektor Neues tut. Er schreibt eine SMS an seine Geliebte: »bsad« – bin scharf auf dich. »Was ist mit meinem Kaffee?«, ruft er ins Vorzimmer und klickt g'schwind die Website weg, als die Sekretärin das Zimmer betritt. »Die könnt's auch wieder einmal ordentlich gebrauchen«, denkt Franz, als sein Mobiltelefon piept. »hgn« – heute geht nicht. »Na, was mach' ma denn heute am Abend?«, fragt er die Sekretärin, die bereits mit dem Magister verabredet ist. »Hätt' eh keine Zeit gehabt«, sagt Franz und macht sich auf den Weg zur täglichen Elf-Uhr-Sitzung. »Meine Verehrung, Herr Sektionschef! Alles Roger in Kambodscha? Auch bei der gnä' Frau passt alles, ja?« Franz hat längst gelernt, die Mimik und Gestik des Sektionschefs zu durchschauen. Wenn der Sektionschef leer auf die Tischplatte blickt, ist es besser, gegen alles zu sein. »Also ich würde Ihnen dringend abraten«, sagt Franz, aus dem laut Sektionschef noch einmal was werden könnte. In der Mittagspause nimmt Franz immer gegenüber der Sekretärin Platz, das bedeutet, dass er neben dem Magister sitzen muss. Weil der ihr auch in den Ausschnitt schauen will. Der Trottel, denkt Franz und säubert seine Mundwinkel mit dem Stofftaschentuch, das Renate schön gebügelt hat. Er will das so. Ob die Sekretärin und der Magister schon einmal auf dem Schreibtisch … so wie er es mit ihr früher immer gemacht hat, um sich einen Gusto für seine Geliebte zu holen? Entgegen seiner Gewohnheiten geht Franz im Büro aufs Klo und onaniert. Das macht er ungern, weil er sich noch immer nicht sicher ist, ob die Toilettenanlage nicht videoüberwacht ist. »Heute geh ich noch ins Fitness-Center, und danach entführe ich meine Frau in die Oper«, sagt Franz zum Sektionschef, »Sie wissen – mein Schatz mag Mozart, und die *Tosca* in dieser Besetzung spiel'ns nicht alle Tage in Wien.« Der Sektionschef blickt leer auf die Tischplatte. Franz verabschiedet sich.

So sieht Franzens ganz normaler Abend aus: Er betritt um 18 Uhr die Wohnung, weil seine Geliebte »hgn« geschrieben hat. Ansonsten wird's schon mal halb zwölf, Renate hat längst aufgehört zu fragen, wo er war. Das eine Mal hat ihr gereicht, der Zahnarzt hat recht viel Geld gekostet. Und so viel verdient sie auch wieder nicht. »Wie es da ausschaut!«, sagt Franz, »wie in einem Schweinestall. Sag, wann hast du eigentlich das letzte Mal geputzt, ha? Und überhaupt: Wie du ausschaust! Graust dir nicht vor dir selber?« Er zieht seinen Jogginganzug an und legt sich aufs Sofa. »Hör sofort auf mit dem Lärm! Wie oft hab ich dir schon gesagt, dass du Staub saugen sollst, wenn ich nicht da bin? Zeit hast du ja genug. Was gibt es überhaupt zu essen? Bist du taub? Was es zu essen gibt?« Franz zählt bereits die halben Stunden bis zur *Millionenshow,* geht ins Bad, entkleidet sich und lächelt sein Spiegelbild an. »Eine Spur größer könnt' er sein, nur ein bisschen. Ob der Magister auch so einen Pracht-Burschen hat? Nach einer warmen Dusche setzt er sich im Bademantel zum Tisch, wo er leer auf die Platte blickt. Franz ist lernfähig. Renate stellt ihm einen Teller Nudeln mit Fleisch-Sugo hin. »Schon wieder so ein Fraß! Den kannst dir auf den Bauch picken! Mir ist der Appetit vergangen!« Franz zieht sich an und geht ins Wirtshaus. »sn?«, schreibt er seiner Geliebten, das »sn!« baut ihn nicht gerade auf. Er bestellt ein Schweinsschnitzel und muss dabei an Renates Schenkel denken. »Wie viel hat die zugenommen, seit wir uns kennen? Fünfzehn, zwanzig Kilo? Lang braucht sie sich nicht mehr spielen, dann bin ich weg! Aber das Geld von ihrem Vater …« Renate liegt bereits im Bett, als Franz heimkommt. Er rülpst – böser Gurkensalat! – und schaltet den Fernseher ein. Wie kann ich dem Sektionschef den Magister madig machen?, denkt er, und die Sekretärin wäre dann auch wieder disponibel. Hmm … irgendwas mit Kinderpornos könnt' mir da schon einfallen. Franz geht ins Bett und sieht Renate im Halbdunkel. »Mein Gott, ist die schiach!«, murmelt er gerade so laut, dass sie es verstehen kann.« Franz dreht den orangen Lumy-Bären ab.

So sieht Franzens ganz und gar nicht normale Nacht aus: Er verschläft, dass Renate über ihm kniet und 24-mal mit dem Küchenmesser zusticht.

48 *Wien, Wien, nicht nur du allein – Vorarlberg*

Du Ländle, meine teure Heimat, ich singe dir zu
Ehr' und Preis;
begrüße deine schönen Alpen, wo Blumen blüh'n so
edel weiß,
und golden glühen steile Berge, berauscht von harz'gem
Tannenduft.
»O Vorarlberg, will treu dir bleiben, bis mich der liebe
Herrgott ruft,
o Vorarlberg, will treu dir bleiben, bis mich der liebe
Herrgott ruft!«

Du Ländle, meine teure Heimat, wo längst ein rührig
Völklein weilt,

wo Vater Rhein, noch jung an Jahren, gar kühn das
  grüne Tal durcheilt;
hier hält man treu zum Heimatlande und rot-weiß weht es
  in der Luft.
»O Vorarlberg, will treu dir bleiben, bis mich der liebe
  Herrgott ruft,
o Vorarlberg, will treu dir bleiben, bis mich der liebe
  Herrgott ruft!«

Du Ländle, meine teure Heimat, wie könnt' ich je
  vergessen dein,
es waren doch die schönsten Jahre beim lieben,
  guten Mütterlein.
Drum muss ich immer wieder kommen, und trennte mich
  die größte Kluft.
»O Vorarlberg, will treu dir bleiben, bis mich der liebe
  Herrgott ruft,
o Vorarlberg, will treu dir bleiben, bis mich der liebe
  Herrgott ruft!«

Landeshymne,
Text und Melodie: Anton Schmutzer

Abgesehen von den Wienern sind die Vorarlberger die sympathischsten Österreicher. Vorarlberg ist der Fläche und der Bevölkerungszahl nach das zweitkleinste Bundesland. Es grenzt
an Tirol, Deutschland, Liechtenstein und die Schweiz. Landeshauptstadt ist Bregenz, die 14.-größte Stadt in Österreich.

Der Name Vorarlberg leitet sich vom Pass Arlberg ab, das
Bundesland könnte mit viel Pech auch Hinterarlberg heißen. Ist
alles Ansichtssache, nicht jedoch für die Habsburger, deren

Stammburg in der Schweiz lag, sodass sie Vorarlberg durch- und den Arlberg überqueren mussten, um nach Osten zu gelangen.

Nach dem Ende des Ersten Weltkriegs und dem damit verbundenen Zusammenbruch der Monarchie wurde in Vorarlberg eine Volksabstimmung durchgeführt, bei der 82 Prozent der Bevölkerung für einen Anschluss an die Schweiz plädierten. Heute liest man in den Geschichtsbüchern, dass die provisorische Landesversammlung anschließend zu zögerlich agiert habe; dass der Schweizer Bundesrat das ausgeklügelte Verhältnis zwischen Sprachen und Religionen nicht durch einen zusätzlichen Kanton mit deutschsprachigen Katholiken ins Ungleichgewicht bringen wollte; und dass der Kanton »Übrig«, wie er wohl geheißen hätte, bei den Friedensverhandlungen in Saint-Germain ohnehin nicht akzeptiert worden wäre. Die Wahrheit wird in der Mitte liegen.

28 Kilometer des Bodenseeufers liegen in Vorarlberg. Vor Bregenz liegt die Bregenzer Bucht, vor Hard und Fussach die Fussacher Bucht, westlich davon der Wetterwinkel. Das Naturschutzgebiet Rheindelta ist das größte Feuchtgebiet am Bodensee und zählt zu den bedeutendsten Brutgebieten für Vögel. Hauptfluss ist der Neue Rhein, der größtenteils die Staatsgrenze zur Schweiz bildet, höchster Berg ist der Piz Buin in der Silvretta (3312 Meter). Die wichtigsten Sehenswürdigkeiten: die Pfänderbahn, mit der man auf den 1064 Meter hohen Pfänder schwebt und einen sensationellen Ausblick auf den Bodensee, Österreich, Deutschland, die Schweiz und 240 Alpengipfel der Region genießt; die Bregenzerwald-Museumsbahn aus der Monarchie, mit der eine nostalgische Fahrt von Bezau nach Schwarzenberg unternommen werden kann; das Jüdische Museum in Hohenems; das größte Rolls-Royce-Museum der Welt in Dorn-

birn; Bregenz mit seinen Festspielen, der historischen Oberstadt und der Zisterzienserabtei Mehrerau; die Schattenburg und die Domkirche St. Nikolaus in Feldkirch.

Vorarlberg ist mit 141 Einwohnern pro Quadratkilometer nach Wien das am zweitdichtesten besiedelte Bundesland. Der Ballungsraum zwischen Feldkirch und Hörbranz ist sogar eines der am dichtesten besiedelten Gebiete Europas. Das westlichste Bundesland weist neben Wien den höchsten Immigrantenanteil auf, der bei etwa 13 Prozent der Gesamtbevölkerung liegt. Wirtschaftlich ist Vorarlberg eine der am frühesten entwickelten Industrieregionen Österreichs, die sich mit der handwerklichen Textilverarbeitung einen Namen machte. Heute dominieren die feinmechanische Industrie und die Elektroindustrie sowie der Tourismus, hauptsächlich in den Nobelskiorten Zürs und Lech am Arlberg sowie im Montafon, Bregenzerwald und Kleinwalsertal, das eine geografische Besonderheit aufweist: Es ist von Österreich aus nicht erreichbar und nur über Bayern zugänglich.

Das »Ländle«, wie Vorarlberg im Dialekt genannt wird, unterscheidet sich grundlegend von Rest-Österreich. Nur dort werden alemannische Dialekte gesprochen, vergleichbar dem Schwyzerdütsch, dem südbadischen Alemannisch und dem Schwäbischen. Der nördliche Dialekt in und um Bregenz ist mit dem Allgäuer Dialekt verwandt; der Dialekt im Rheintal orientiert sich eher an der Sprache im Kanton St. Gallen und Liechtenstein. In Deutschland gängige Floskeln wie »Tschüss« oder »Hallo« werden nahezu überhaupt nicht gebraucht, gegrüßt wird mit »Grüaß Gott«, »Grüaß Di«, »Guata Morga« oder »Guata Obad«. Unter Vorarlbergern ist »Servus«, ausgesprochen »Zeawas« oder »Seas«, »Heil« oder »Heile« üblich. Dieses »Heil« hat nichts mit Hitler zu tun, das gab es schon viel früher. Ein weiterer Du-Gruß ist das häufig verwendete »Hoi«, bei der Verabschiedung ist in Lustenau das Wort »Lebe«, eine Kurzform von »Lebe wohl«, angesagt. Auch kulinarisch nimmt Vorarlberg aufgrund seiner alemannischen Kultur eine Sonderstellung ein. Das Ländle gilt als das Käseland schlechthin, seit über zweitausend Jahren sind erstklassige Käsemacher am Werk, die Hartkäse, Schnittkäse, Weich- und Frischkäse produzieren. Der Vorarlberger Berg- und Alpkäse verfügt über einen garantierten Ursprungsschutz. Die Milch liefert vorwiegend das Montafoner Braunvieh, eine heimische Rinderrasse. Auf dem Speisezettel findet sich auch das Alpschwein, das auf den zahlreichen käseproduzierenden Almen mit einer Molke-Getreidemischung gemästet wird. Forellen und Bodenseefische wie der »Egli« oder das »Felchen« dürfen nicht fehlen.

Dass die Vorarlberger wenig Humor haben, ist eine bösartige Unterstellung. Nur ein Beispiel: Seit dem 13. Jahrhundert wird in der Faschingszeit am »unsinnigen Donnerstag« dem »Bratenstehlen« nachgegangen. Den Narren war erlaubt worden, vor Beginn der Fastnacht das Fleisch aus der Klosterküche zu entwenden. Heute wird der Braten von Angehörigen der Faschingszunft zubereitet und von Mitgliedern der Faschingszunft gestohlen. Das allein ist noch nicht lustig. Allerdings kommt es vor, dass Scherzbolde den Braten mit unbekömmlichen Zutaten vermengen oder ihn einfach vom Nachbarn stibitzen.

49 Der Zentralfriedhof und die Beziehung zum Tod

Der Österreicher, vornehmlich der Wiener, hat ein seltsam verklärendes Verhältnis zum Tod. Die Nationalhymne der morbiden österreichischen Seele wird seit über dreißig Jahren von Wolfgang Ambros gesungen, und die Massen grölen heute noch begeistert mit:

Es lebe der Zentralfriedhof
und alle seine Tot'n,
da Eintritt is für Lebende
heut ausnahmslos verbot'n.
Weu da Tod a Fest heut gibt
Die ganze lange Nacht,
und von die Gäst ka anziger
a Eintrittskarten braucht.

Erzählt wird von Toten in Partylaune, die das 100-Jahr-Jubiläum ihrer letzten Lagerstätte feiern; sie braten Knochenmark ab und prosten einander mit Urnen zu. »Draußt is kalt und drunt is warm«, und schlussendlich macht auch noch der Knochenmann persönlich seine Aufwartung und »winkt mit seiner Sens'n«.

Der Text stammt übrigens von Joesi Prokopetz, ohne den es Wolfgang Ambros, den viel umjubelten Liedermacher, den Revoluzzer, der mit seinen frechen, traurigen Stücken die Siebziger prägte und später zum Liebling von Generationen wurde, wahrscheinlich nie gegeben hätte. Na ja, gegeben hätt's ihn schon, aber er hätte es wohl höchstens zum Straßenmusikanten, Universitätsprofessor oder Hilfsarbeiter gebracht.

Warum schreibt jemand eine Ode an einen Friedhof? Gut,

weil der Zentralfriedhof am 1. November 1974 tatsächlich »seine ersten hundert Jahr'« feierte. Aber warum wurde dieses Lied zum Hit, warum kennt es heute fast jedes Kind? Warum brüllen die Zuschauer bei Ambros-Konzerten immer noch »Zentralfriedhof, Zentralfriedhof« und hören erst damit auf, wenn die Band mit den ersten Takten die flehenden Seelen befreit hat? Weil es aufbauend ist, sich vorzustellen, dass da unten jemand liegt, der verfault und sich freut, wenn seine Lieben zu Besuch kommen und ein Kerzerl für ihn anzünden? Warum besingt Wolfgang Ambros auch den »Pomfinebera«, den traurigen Totengräber, der am offenen Grab die Hand aufhält, um von den Gästen Trinkgeld zu bekommen? Warum nennt Ostbahn-Kurti ein Album *A scheene Leich?* Kann eine Leiche schön sein? Sie kann. Gemeint ist damit die Mahlzeit nach dem Begräbnis, wenn sich die engsten Familienmitglieder im Wirtshaus versammeln und des Verstorbenen gedenken. Wenn sie sagen, was für ein guter Mensch er nicht war. Wenn sie Schmäh führen, weil der Tote keine Trauerstimmung beim Essen gewollt hätte. Aber zuerst zu den Fakten.

Der Zentralfriedhof ist nach dem Hamburger Friedhof Ohlsdorf die zweitgrößte Friedhofsanlage in Europa. Auf einer Fläche von zweieinhalb Quadratkilometern sind an die drei Millionen bestattet, das bedeutet wiederum unangefochtenen Europa-Rekord. Schön ist die von der Gemeinde Wien verwaltete Anlage zwar nicht, aber die zahlreichen Ehrengräber und Bauten im Jugendstil machen den »Zentral« zur Touristenattraktion. Ehrengräber belegen etwa Johann Nestroy, Ludwig van Beethoven, Hugo Wolf, Johannes Brahms, Franz Schubert, Johann Strauß Vater und Sohn, Franz Werfel, Robert Stolz, Curd Jürgens. Und die »jüngeren« Semester wie der Modeschöpfer Fred Adlmüller, Opernkritiker Marcel Prawy, die Schauspieler Maxi Böhm und Helmut Qualtinger, die Schrifsteller Ernst Jandl und Hans Weigel, der Maler Max Weiler. In der Gruppe 33 G ist noch »viel Platz für weitere Belegungen«. Der Musiker Hansi Dujmic (1956–1988), der an einer Überdosis Heroin starb, darf zwar zwischen all den Promis ruhen, ein Ehrengrab hat er aber nicht.

Das Areal im Stadtteil Simmering wurde deshalb ausgewählt, weil der sich dort befindliche Lössboden eine beschleunigende Wirkung auf den Verwesungsprozess hat und das Schaufeln der Gräber flinker vonstatten geht. Logisch, dass die direkten Anrainer anfangs protestierten – schlägt ja aufs Gemüt, wenn täglich zig Leichenzüge vor dem Fenster vorbeifahren. Erst 1918 wurden die Pferdegespanne weitgehend von der Straßenbahn Nr. 71 abgelöst, in der die Särge meist nächtens befördert wurden. Seit 1925 benutzt man Kraftfahrzeuge, außer während des Zweiten Weltkrieges, als die Wiener Linien sogar drei Leichentransport-Garnituren pro Tag nach Simmering schicken mussten. Das hat sich in den Köpfen der Bevölkerung festgesetzt, noch immer sprechen ältere Wiener davon, dass sie bald das letzte Mal mit dem 71er fahren werden, dass sie also in absehbarer Zeit den Löffel abgeben, abkratzen oder einfach nur »hin« (wohl die Abkürzung für »hinüber) sein werden.

Was geschehen wird, wenn sie einmal »drüben« sind, dieses Thema lässt den Österreichern keine Ruhe. Wem werde ich fehlen? Wer wird zum Begräbnis kommen? Wer wird weinen? Selbstverständlich lautet die Antwort meistens dreimal »keiner«, was der Todessehnsucht zusätzlichen Nährstoff gibt. Das Glas des Lebens ist stets halb leer statt halb voll, positiv sollen von mir aus die anderen denken! Selbstmordgedanken wechseln einander mit »das wird schon wieder« ab. Wo werde ich liegen? Wer wird neben mir liegen? Sicher irgendein Unsympathler, der dauernd mit mir plaudern will. Ach, lasst mich doch alle in Ruhe! Wann hatte ich eigentlich zum letzten Mal Besuch? Wieso ist der Bub nach einer Stunde schon wieder gegangen? Gut, wenn er meint, braucht er gar nicht mehr zu kommen, ist mir eh lieber. Früher war alles besser. Wenn ich noch einmal jung wäre, würde ich trotzdem alles anders machen. Ich würde eine andere Frau heiraten, nicht dieses Flitscherl, Gott hab sie selig, das mich dauernd betrogen hat. Aber jetzt bin ich dafür zu alt, jetzt schaut mich keine mehr an. Ich vermisse meine Frau. Worin besteht mein Lebensinhalt? Aufstehen, einkaufen, Mittagsschlaferl. Der einzige Höhepunkt des Tages ist die *Zeit im Bild* im Fernsehen um 19.30 Uhr, dann leg ich mich nieder und träum davon, wieder unter Leute zu gehen. Vielleicht zum Heurigen. Aber der Bub führt mich nie mit dem Auto hin, und das bisserl Pension werde ich sicher nicht für Straßenbahnfahrscheine ausgeben. Wann habe ich das letzte Mal wirklich herzlich gelacht? Beim *Musikantenstadl*, als der Hias noch mitgespielt hat. Der ist jetzt auch tot. Alle sind sie schon tot, meine Freunde, Verwandten, Bekannten. Es gibt nur noch den Buben, dieses asoziale G'frast. So schön könnt' ich wohnen bei ihm, aber seine Frau sagt, sie will das nicht. Und in ein Heim gehe ich auf keinen Fall, zu diesen alten Knackern, die den ganzen Tag *Mensch ärgere dich nicht* spielen und beim Kartenspielen betrügen. Wie soll man heutzutage einen vernünftigen Lebensabend verbringen, bei dem, was das alles kostet? Wenn ich die Heizung drossle, könnte ich mir locker eine Pistole leisten. Und wer zahlt für mich die Gasrechnung, wenn ich nicht mehr bin?

Meistens sind es banale Gründe, dass der finale Schritt in die Glückseligkeit nicht getan wird. Wer will schon eine schlechte Nachrede haben, wenn er an die Himmelstür klopft? Ist ihm ja eh so gut gegangen! Große Wohnung, hohe Pension, eine Familie, die immer für ihn da war, die alles getan hat, dass es ihm an nichts fehlt. Das hat man davon, das ist der Dank, dass er sich einfach aus der Verantwortung stiehlt und wir jetzt auf dem Schuldenberg sitzen. Alle weinen sie, schau wie lieb, sogar der Bub. Ist ja doch ein guter Kerl ... Und eines Tages steht der Pfarrer am Krankenbett, bereit, die letzte Ölung zu erteilen. Warum jetzt schon, Hochwürden, warum?

Ich hätte doch so gern noch ein paar Partien *Mensch ärgere dich nicht* gespielt!

59 Worauf die Österreicher sonst noch stolz sind

Auf sich.

Österreichisch-Deutsch-Quiz

1 *Vollkoffer:* a) Übergepäck b) Idiot

2 *Tschick:* a) Singvogel b) Zigarette

3 *mir geht etwas ab:* a) fehlen, vermissen b) kommen

4 *heuer:* a) Mähdrescher b) dieses Jahr

5 *Jänner:* a) Januar b) Februar

6 *Schmankerl:* a) Mannweib b) Leckerbissen

7 *Spital:* a) Krankenhaus b) Taliban-Spion

8 *Adabei:* a) Klosterbruder b) Wichtigtuer, Promi

9 *Schmäh:* a) Witz b) Kreuzung aus Schaf und Ziege

10 *Durchwurschteln:* a) Tätigkeit des Metzgers
   b) irgendwie den Alltag meistern

11 *hamma:* a) Hammer b) haben wir

12 *Frittaten:* a) Pfannkuchenstreifen b) Pommes

13 *sich fadisieren:* a) stricken b) langweilen

14 *Gewand:* a) Klamotten b) Mauerwerk

15 *Most:* a) Apfelwein b) Gewand

16 *Obers:* a) Schiffskellner b) Sahne

17 *präpotent:* a) überheblich b) überaus fruchtbar

18 *Ringelspiel:* a) Swingerclub b) Karussell

19 *Grüß Gott!:* a) Guten Morgen/Tag/Abend b) sterben

20 *es geht sich aus:* a) ausgehen b) knapp ausreichen

21 *Stiege:* a) Treppe b) Stechmücke

22 *Topfen:* a) Getreide b) Quark

23 *weiters:* a) darüber hinaus, außerdem b) weit weg

24 *Zuckerl:* a) (liebevoll für) Diabetiker b) Bonbon

25 *jemandem etwas zu Fleiß tun:* a) etwas absichtlich
   machen b) faul sein

26 *leiwand:* a) Alpengipfel b) gut, toll

27 *zusperren:* a) abschließen, in Konkurs gehen b) öffnen

28 *sich ausrasten:* a) ausflippen b) ausruhen

29 *Bim:* a) Straßenbahn b) Bam

30 *Hendl:* a) Mobiltelefon b) Huhn

31 *Bursch:* a) männlicher Jugendlicher b) Fischgattung

32 *Rufzeichen:* a) Taubstummensprache b) Ausrufezeichen

33 *Häferl:* a) Tasse b) kleiner Hafen

34 *schiach:* a) liebreizend b) hässlich

35 *Palatschinke:* a) Pfannkuchen
b) Salat mit Schinkenstreifen

36 *Busserl:* a) (zärtlich für) weibliche Brust b) Kuss

37 *Tschusch:* a) Gastarbeiter vom Balkan
b) Kärntner Volkslied

38 *samma:* a) Sommer b) sind wir

39 *Erdapfel:* a) Kartoffel b) Globus

40 *Christtag:* a) Faschingsdienstag b) 1. Weihnachtsfeiertag

41 *durchwegs:* a) gänzlich, ausnahmslos
b) mit dem Kopf durch die Wand

42 *eh:* a) Kurzform für verheiratet
b) doch, ohnehin, sicher, sowieso

43 *Sandler:* a) Obdachloser b) Sandmann

44 *Watsche:* a) Musikinstrument b) Ohrfeige

45 *Jause:* a) Zwischenmahlzeit b) flotte Party

46 *Türschnalle:* a) Pförtnerin b) Türklinke

47 *Übersiedlung:* a) Umzug b) Nobelskiort

48 *Karotte:* a) kariertes Oberhemd b) Möhre

49 *Polster:* b) Kissen b) österreichischer Fußballer
(Achtung, gefinkelt!)

50 *Powidltatschkerl:* a) böhmische Süßspeise
b) tschechischer Botschafter

51 *Gehsteig:* a) Marschschritt b) Gehweg

52 *Pickerl:* a) Aufkleber, Sticker b) Akne

53 *Trafik:* a) überhöhtes Verkehrsaufkommen b) Kiosk

54 *Vorrang:* a) Vorfahrt b) Vorgesetzter

55 *Weichsel:* a) Fluss in Süditalien b) Sauerkirsche

56 *Plastiksackerl:* a) Plastiktüte b) Papiertüte

57 *Klubobmann:* a) Fraktionsvorsitzender
b) Alpenvereinsvorsitzender

58 *gefinkelt:* a) eine Vogelstimme imitierend b) schlau

59 *Na geh!:* a) Verschwinde! b) Das gibt's doch nicht!

60 *Kren:* a) Meerrettich b) Diözesanbischof

61 *Leiberl:* a) kleines Brot b) T-Shirt

62 *Häf'n:* a) Gefängnis b) zwei Schiffsanlegestellen

63 *Kasten:* a) Schrank b) indischer Botschafter

64 *Knödel:* a) Kloß b) Magersüchtiger

65 *Schwammerl:* a) Schwämmchen b) Pilz

66 *Leberkäse:* a) Alkoholiker b) Fleischkäse

67 *Mist:* a) Müll b) Käfer

68 *Kübel:* a) Eimer b) schlechte Laune

69 *Mistkübel:* a) Mülleimer b) schlecht gelaunter Käfer

70 *äußerln gehen:* a) um die Häuser ziehen
b) den Hund spazieren führen

71 *Germ:* a) Hefe b) Germane

72 *Piefke:* a) Deutscher b) Deutscher

73 *Licht abdrehen:* a) Licht einschalten b) Licht ausmachen

74 *Nationalrat:* a) Bundestag; b) Verteidigungsminister

75 *Paradeiser:* a) Adam b) Tomate

76 *Beistrich:* a) Schnurrbart b) Komma

77 *Marille:* a) Gesellschaftstanz b) Aprikose

78 *Gugelhupf:* a) Napfkuchen
b) Leichtathletik-Meeting in Linz

79 *Stelze:* a) Eisbein b) Krücke
80 **recht:** a) Recht b) ziemlich
81 *Matura:* a) Reifeprüfung, Abitur
   b) österreichischer TV-Detektiv
82 **a bisserl:** a) ein wenig b) ein kleiner Happen
83 *Landeshauptmann:* a) Feuerwehrkommandant
   b) Ministerpräsident
84 *Bub:* a) Junge b) Furz
85 *Fleischhauer:* a) Metzger b) Massenmörder
86 *Marmelade:* a) Berg im Burgenland b) Konfitüre
87 *Servus:* a) Hallo/Auf Wiedersehen/Tschüss
   b) altertüml. für Serviette

Auflösung:

1 b), 2 b), 3 a), 4 b), 5 a), 6 b), 7 a), 8 b), 9 a), 10 b), 11 b),
12 a), 13 b), 14 a), 15 a), 16 b), 17 a), 18 b), 19 a), 20 b), 21 a),
22 b), 23 a), 24 b), 25 a), 26 b), 27 a), 28 b), 29 a), 30 b),
31 a), 32 b), 33 a), 34 b), 35 a), 36 b), 37 a), 38 b), 39 a),
40 b), 41 a), 42 b), 43 a), 44 b), 45 a), 46 b), 47 a), 48 b),
49 b), 50 a), 51 b), 52 a), 53 b), 54 a), 55 b), 56 a), 57 a),
58 b), 59 b), 60 a), 61 b), 62 a), 63 a), 64 a), 65 b), 66 b),
67 a), 68 a), 69 a), 70 b), 71 a), 72 c), 73 b), 74 a), 75 b),
76 b), 77 b), 78 a), 79 a), 80 b), 81 a), 82 a), 83 b), 84 a),
85 a), 86 b), 87 a)

Katrin Wilkens
50 einfache Dinge,
die typisch deutsch sind

208 Seiten. Gebunden

Deutsche fahren in den Urlaub und finden es toll, hinterher erzählen zu können, man habe keinen anderen Deutschen getroffen. Und sie haben eine Draußensitzmanie, was man hart-
näckig für beiläufig-lässig südländisch hält. Drinnen sitzen
ist »Oma«. Es ist typisch deutsch, nicht typisch deutsch sein
zu wollen, und doch gibt es so viele Dinge, die es so ganz
offensichtlich nur in Deutschland gibt oder geben kann.
Katrin Wilkens zeigt Deutschland von seiner vielseitigen,
vielschichtigen und merkwürdigen Seite. Bunt, lustig und auf-
regend.

11/1009/01/R

WESTEND

Andreas Schlumberger
50 einfache Dinge, die Sie tun können, um die Welt zu retten

256 Seiten mit einem Vorwort von Ernst Ulrich von Weizsäcker. Gebunden

Was kann man als Einzelner schon gegen Dinge wie die globale Erwärmung oder den ökologischen und sozialen Raubbau ausrichten? Eine ganze Menge – und nebenbei lässt sich auch noch Geld sparen. Ob Haushalt, Mobilität oder Ernährung: Überall verstecken sich Ausgabequellen, die der Umwelt schaden und das Portemonnaie belasten. Sie lassen sich clever umgehen, nahezu ohne Komfortverzicht und ohne am bisherigen Lebensstil zu rütteln.

»Ein empfehlenswertes Buch!«
Greenpeace

»Alle Vorschläge taugen dazu, das Gefühl der eigenen Ohnmacht im Angesicht gravierender Umweltprobleme zu nehmen.«
Dr. Ernst Ulrich von Weizsäcker,
Deutscher Umweltpreis 2008

11/1008/01/L

PIPER

Heinrich Steinfest
Gebrauchsanweisung für Österreich

192 Seiten. Gebunden

Österreich, das Land, das sich als Riese schlafen legte und als
Zwerg wieder aufwachte, eingeschlossen in das Innere
einer Mozartkugel. Wiener Schnitzel und Schwedenbombe,
dramatische Bergkulissen und pompöse Architekturen,
Zwölftonmusik und Alpenjodler, Burgtheater und Kasperl-
theater – Österreich hat viele Seiten, und Heinrich Steinfest
kennt sie alle. Der preisgekrönte Krimiautor und leidenschaftliche Österreicher nimmt uns mit auf seine Tauchfahrt in
die k.u.k-Seele, weist uns ein in die verborgenen Riten, führt
uns zum Heurigen, in die Unterwelten, Schneewelten und
Scheinwelten und weiht uns ein in das süße Geheimnis der
Mehlspeisen und das dunkle Geheimnis des österreichischen Fußballs. Ein Vademekum für Ihre Reise auf die ab-
gründige »Insel der Seligen«.

01/1712/01/R